La parole qui guérit

EUGEN DREWERMANN

La parole qui guérit

*Traduit de l'allemand
et introduit par Jean - Pierre Bagot*

4e édition

« Théologies »

LES ÉDITIONS DU CERF
29, bd Latour-Maubourg
75007 PARIS
1993

ISBN 2-204-04300-1
ISSN 0761-4330

Introduction
à l'édition française

Pourquoi ce choc ressenti dès mon premier contact avec l'œuvre de Eugen Drewermann, au cours d'un semestre d'enseignement à Paderborn, voici déjà quatre ans? Il fut tel que je me promis de consacrer le temps nécessaire à l'introduction de ses livres en France.

D'où vient ce bouleversement que j'ai si régulièrement observé chez mes amis auxquels je passai tel ou tel chapitre de ce livre, en réponse aux questions graves dont ils étaient venus m'entretenir?

Et comment expliquer la réaction si passionnée de l'opinion publique allemande: d'énormes livres se vendent par dizaines de milliers. Les émissions de radio ou de télévision où apparaissent Drewermann font recette. « Nous sommes tous des fanatiques de Drewermann », me disait le leader d'un groupe de jeunes pèlerins à Jérusalem. Et vingt-cinq mille lecteurs, souvent venus d'horizons très divers, ont signé une lettre de protestation contre la menace de Mgr Degenhardt, archevêque de Paderborn, de décharger de son enseignement le Maître assistant de son séminaire universitaire.

Paradoxe! cet auteur, déjà mondialement célèbre, reste encore inconnu en France. Ce premier ouvrage a pour but de l'introduire dans notre pays en faisant entrevoir quelques facettes de son œuvre.

Je comparerai ici Drewermann à un organiste inaugurant un nouvel instrument dans une Église pleine.

Jouer de l'orgue, ce n'est pas seulement juxtaposer les différents jeux de tuyaux: clarinette + hautbois + flûte + ... C'est savoir les faire jouer ensemble. Or cela, notre auteur sait le faire de façon remarquable. Disposant de plusieurs claviers, et sur chaque clavier d'un plus grand choix de jeux que la plupart des autres orgues, il produit une symphonie aux harmonies nouvelles qui font vibrer les uns, grincer des dents les autres. Applaudissements des premiers, protestations des seconds... inquiétude du curé de l'Église qui, devant le tapage possible, songe à résilier le contrat de l'artiste.

Quelle est donc cette façon de jouer qui provoque tant d'émotion? Il nous faut tenter de l'analyser.

Premier clavier de l'orgue: l'expérience humaine. En particulier celle à laquelle Drewermann s'est heurté dans son ministère de jeune prêtre, et qu'il continue à découvrir quotidiennement dans sa paroisse, comme thérapeute, ou à travers son invraisemblable courrier: celle de gens de toutes conditions, coincés dans leurs problèmes, dans leurs conflits, dans une angoisse qui renvoie finalement au mal profond de chacun de nous comme à celui de la société tout entière.

Écoutons au départ le simple récitatif: quelques mesures, et tout le monde dresse l'oreille. Il évoque simplement quelques cas, tels qu'il en rencontre dans son travail de conseiller. Les lignes mélodiques ont des accents tragiques. Saisi, on fait silence.

Puis Drewermann « harmonise ». Il tire de nouveaux jeux.

D'abord celui du freudisme. Il a étudié la théorie des névroses. Il montre la variété des compositions possibles, aux harmonies grinçantes, mais impressionnantes: sa prestation use de tonalités modernes auxquelles le public est dans une certaine mesure familier. Certains psychanalystes murmurent sans doute qu'il n'en respecte pas parfaitement les accords; d'autres l'approuvent. Pour le moment, le public demande le silence: que l'organiste continue. Sa musique plaît.

L'organiste tire alors un troisième jeu, philosophique celui-là: Kierkegaard. Au siècle dernier, il avait vraiment été par excellence l'analyste génial de l'angoisse omniprésente dans la vie des individus comme dans celle de la société: pensée puissante qui a profondément marqué la réflexion religieuse de notre époque. En y faisant appel en même temps qu'à la psychanalyse, Drewermann en tire des accents nouveaux: il montre comment ses tonalités mettent en valeur le jeu psychanalytique, mais comment en retour celui-ci le scande. Pour bien faire percevoir le résultat de cette interférence, il joue quelques sonatines empruntées à des partitions de littérature moderne: Jean-Paul Sartre est son préféré; il grince génialement.

Nouveaux jeux: saint Augustin, et la crise pélagienne du IVe siècle sur fond des premiers chapitres de la Genèse, ou les données d'histoire des religions: Drewermann rejoue maintenant l'histoire bien (mal) connue du péché originel. Accords inouïs! Se fondant avec les harmonies précédentes, le vieux texte, apparemment si désuet, prend un sens inattendu. Il nous fait voir le ressort cassé en nous, la confiance refusée à la racine de la vie. Sa musique est un percutant diagnostic de notre drame, de l'abîme ouvert devant nous.

Drewermann n'est pas musicien. Il est écrivain. Dans son œuvre, ce premier clavier est un livre: *Les structures du mal* [1]. Trois volumes de 1 600 pages: sa thèse de théologie, difficile d'accès. Heureusement, l'auteur sait en redire l'essentiel en termes simples: dans des interviews à la radio ou à la télévision. L'ouvrage présent, en particulier le premier chapitre, en donne donc quelque idée.

Mais revenons à notre récital. Mouvements d'inquiétude chez certains assistants. Le mal, le péché, ce sont des thèmes connus, rebattus même. Le plus souvent, quand on les joue, on n'y fait même plus attention. Aujourd'hui ce sont les interprètes habituels qui sont gênés par la façon dont leur collègue les traite: ce n'est pas comme cela qu'il faut jouer l'air. Si on renonce à faire gronder les grands jeux, comment impressionner le public? Impossible de scander de belles entrées de mariages ou d'émouvantes sorties d'enterrements.

Alors Drewermann se retourne et attaque: « Mauvais musiciens, qui, au lieu de refléter l'angoisse des gens pour la guérir, la renforcez en croyant ainsi mieux pouvoir conduire les foules! Votre grand jeu de la faute et de la culpabilité, de la *morale*, ne fait qu'écraser les hommes. Loin de les changer, de les sauver en les délivrant de leur peur, vous les y enfermez. Pélagiens! » (Une grande injure, en théologie! Pélage, le grand adversaire d'Augustin, était un moine breton pour lequel tout était simple: rien de cassé en l'homme; avec un petit coup de pouce de Jésus, il suffit de vouloir faire le bien, et tout marche. Les bons sont les bons. Mais les

1. *Strukturen des Bösen*, 3 vol. Paderborn, F. Schöning, 1978.

méchants sont bien les méchants. La vie est un long fleuve tranquille... qui ne cesse d'accumuler des épaves.)

Le curé, responsable de l'Église, est mal à l'aise. Sans doute Drewermann a-t-il raison: il lui a lui-même fait passer son examen de musique. Mais il n'avait pas songé à toutes les conséquences pratiques de ce nouveau style d'orgue. Il pense aux bruits que cela va faire dans les autres Églises, et aux réactions en haut lieu: les directives officielles usent de tout autres tonalités.

Ce débat est celui que Drewermann exprime dans trois autres volumes: *Psychanalyse et théologie morale*[2]. Il y prolonge les grands thèmes de sa thèse, et en souligne les conséquences en morale pratique: vie sexuelle, mariage, guerre, écologie. Il y explique sa vision du vrai « musicien », du pasteur. Plusieurs interviews reproduits dans l'ouvrage présent reprennent ces thèmes.

Dans l'assemblée, l'attention et les tensions grandissent. Nombreux sont ceux qui ne reconnaissent plus « leur » morale.

Drewermann recourt alors à son second clavier: celui du symbolisme. Il joue ces mélodies que sont les grandes productions symboliques de l'humanité. Il fait tour à tour écouter des légendes et contes populaires, des vieux mythes religieux; bref, les rêves universels de l'homme. Il parle des songes d'un chaman indien, des images d'un temple hindou, des sagas médiévales, et surtout des grands récits mythiques de l'Égypte. En les rapprochant les uns des autres, il les fait chatoyer. Tirant le jeu « Jung », il en montre l'unité fondamentale et le sens profond. Cette musique parle de mort et de vie, d'abîme et de résurrection, de division des êtres et d'unité retrouvée. Concrètement, cela se traduit par toute une série de livres portant aussi bien sur des contes de Grimm que sur les traditions pharaoniques de naissance virginale et de résurrection[3].

2. *Psychonalayse und Moraltheologie*, 3 vol. Matthias Grünewald, 1982-1984. Traduction partielle à paraître (Cerf).

3. Sept petits volumes sont consacrés à des interprétations des contes de Grimm (*Grimms Märchen tiefenpsychologisch gedeutet*. [Les Contes de Grimm à la lumière de la psychologie des profondeurs], Walter Verlag). Drewermann a également publié et présenté une interprétation psychanalytique du *Petit Prince*, de SAINT-EXUPÉRY (*Das Eigentliche ist unsichtbar*, [L'Essentiel est invisible], Herder 1984).

Le public est de nouveau saisi. Il vibre. Cette musique le ravit. On lui avait souvent dit que l'imaginaire n'avait pas d'importance; qu'il était même nocif, parce qu'il détournait du réel. Passe encore pour les contes, sans doute utiles pour les enfants. Mais les mythes païens? La Parole de Dieu ne contredit-elle pas ces fruits de l'imagination, donc du désir humain? Jésus est venu dissiper ces ténèbres du passé! Homme bien réel, il nous appelle à assumer notre histoire, dans une histoire bien *réelle*, elle aussi. Haro sur l'imaginaire, au nom de l'Evangile. Un théologien fameux proteste donc: « Rêverie! Gnose! » (Nouvelle injure, en théologie: elle désigne toutes sortes de théories qui entraînent l'homme dans un monde fantasmagorique, hors du temps, et réservé à des initiés qui, à la différence du public naïf, « savent ».)

Alors Drewermann tire sur le jeu « Bible ». Utilisant à plein les deux claviers, il fait monter une extraordinaire musique: psychanalyse, histoire des religions, philosophie, Évangiles ne font plus qu'une seule voix. Bien sûr, certains psychanalystes avaient déjà commencé à jouer quelques variations de ce genre et à en faire la théorie: en France, Françoise Dolto, Marie Baltari, Dominique Stein. Mais ce que déclenche Drewermann, toujours en s'appuyant sur l'immensité et la variété de son savoir, c'est une immense cantate. Concrètement, elle prend la forme d'un énorme commentaire de saint Marc, deux volumes de quelque 1 500 pages [4].

Certains exégètes de l'assemblée, interprètes patentés de l'Écriture, s'inquiètent. La révélation chrétienne est essentiellement *historique*. Comprendre la Bible, c'est donc d'abord retrouver le passé. Or, selon eux, le musicien étouffe celui-ci sous le poids d'une psychanalyse intemporelle[5].

Drewermann a déjà consacré deux énormes ouvrages à ce problème[6]. Il ne conteste absolument pas les données de la

4. *Das Markusevangelium. Bilder der Erlösung*, [L'Évangile de Marc. Images du salut], 2 vol. Walter Verlag, 1985. Traduction partielle prévue au Cerf. Cf. aussi *Voller Erbarmen rettet uns* [Dans sa miséricorde, il nous sauve], interprétation psychanalytique de la légende de Tobie. Il faut aussi signaler un ouvrage plus pastoral: *Der offene Himmel*, [Le Ciel ouvert], méditations pour le temps de l'avent et de Noël, Patmos Verlag, 1990.

5. Rudolf PECH, Gerhard LOHFINK, *Tiefenpsychologie und keine Exegese*, [Psychologie des profondeurs, et non pas exégèse], Walter Verlag.

6. *Tiefenpsychologie und Exegese*, [Psychologie des profondeurs et exégèse], 2 vol. Walter Verlag, 1984-1985.

critique historique concernant Jésus. Bien au contraire, il en admet certaines des thèses les plus radicales: la quasi-impossibilité de savoir exactement comment les choses se sont passées. Mais il s'insurge contre la thèse de Bultmann selon laquelle les Églises devraient débarrasser leurs récits fondateurs de leurs images mythiques: récits de révélations angéliques, de naissance virginale, de miracles, etc. (Cf. dans cet ouvrage le chapitre sur le « retour aux mythes ».) Pour lui, c'est précisément à travers ces récits que des croyants nous font part de l'expérience *intérieure* bien réelle qu'a suscitée en eux la rencontre bouleversante de Jésus. Il reproche donc aux exégètes historico-critiques de disqualifier la voix puissante du symbolisme biblique. Rien d'étonnant que leur jeu, après avoir un instant séduit, n'intéresse plus guère de monde (et il analyse la retombée du « renouveau biblique »: groupes d'étude, cercles, etc.): elle est religieusement nulle. Elle a sans doute aidé à se défaire de la naïveté, aujourd'hui intenable, avec laquelle on interprétait l'Écriture, naïveté qui reste encore celle de tant d'hommes d'Église, incapables d'affronter la pensée moderne. Mais elle finit par masquer le seul vrai problème: celui de notre éveil à la dimension profonde de notre vie. D'où la faillite d'un certain « renouveau biblique ». L'arbre se reconnaît à ses fruits[7].

En fait, cette réaction de Drewermann dépasse de beaucoup la simple critique de l'exégèse historique. Elle touche à la nature de la Parole de Dieu. Contrairement aux thèses du grand théologien protestant Karl Barth, l'auteur se refuse à *opposer la* « révélation chrétienne », née d'une Parole de Dieu radicalement neuve, et *les* « religions », fruits du désir humain. Entre l'une et l'autre, il affirme une continuité. L'expérience *religieuse* que rapporte l'Évangile est *celle* qu'évoquaient déjà les grands récits imaginaires de l'humanité, ceux de l'Égypte, par exemple[8]; ceux-ci comportent

7. *An Ihrer Früchten sollt Ihr sie erkennen,* [Vous les reconnaîtrez à leurs fruits]: réponse au livre de R. Pech et G. Lohfink.

8. Dans *Dein Name ist wie der Geschmack des Lebens*, [Ton nom a le goût de la vie], Herder 1986, Drewermann compare les récits d'annonciation de l'Évangile et les récits de naissance mythique des autres religions, et en particulier des naissances pharaoniques. Traduction prévue aux éditions

donc tous une révélation qui aide l'homme à vivre en réveillant en ceux qui le perçoivent une dimension oubliée: celle qui les insère dans une sécurité fondamentale les arrachant à l'angoisse. Cela signifierait-il que la révélation chrétienne perd toute originalité? Non, car cette foi universelle ne peut vraiment trouver sa pleine dimension qu'à travers la rencontre d'un être concret dont le regard de compréhension et d'amour suscite de notre part une réponse de confiance totale, permettant ainsi le déploiement de cet imaginaire où Dieu se révèle. L'extériorité suscite l'intériorité. C'est à travers Jésus, historiquement bien réel, que nous découvrons la grandeur du rêve que Dieu suscite en nous: Dieu est notre Père, il nous aime, et notre existence est donc justifiée. Finie l'angoisse mortelle: Jésus nous sauve en nous révélant que nous sommes tous enfants de Dieu, aimés gratuitement.

Peu importe alors que les récits évangéliques ne nous permettent pas de reconstituer exactement les événements extérieurs de la vie du Maître: ce n'est pas leur but. Mais, à travers leurs *récits symboliques*, ils nous révèlent l'intelligence religieuse que les témoins ont acquise en rencontrant Jésus; et par là ils nous révèlent à tous sa vérité profonde, qui est aussi notre vérité profonde. Le Fils de Dieu nous fait enfants de Dieu.

C'est maintenant à certains théologiens, représentants du dogme officiel, de s'inquiéter. Ce n'est pas sans plaisir qu'ils avaient entendu Drewermann attaquer les exégètes historico-critiques: en mettant continuellement en doute la réalité événementielle de ce que rapporte la Bible, ceux-là n'ont-ils pas sapé la foi des gens simples? Après les avoir chassés, au temps du modernisme, il a bien fallu leur concéder une place dans l'Église, au lendemain de l'encyclique *Divino afflante Spiritu*, par laquelle Pie XII reconnaissait la légitimité de la recherche historique sur l'Évangile. Mais, la tendance fondamentaliste reste bien vivante. Il y a dans le Credo des vérités absolues sur lesquelles il vaut mieux ne pas s'interroger: « Fils unique de Dieu, né de la Vierge Marie. »

du Seuil. *Ich steige hinauf in die Barke der Sonne* ([Je monte dans la barque du soleil]: méditation sur la mort et la résurrection à propos de l'ancienne Égypte et de Jn 20-21), Walter Verlag, 1989.

La façon symboliste dont Drewermann parle des évangiles ne fait-elle pas voler en éclats le réalisme de la révélation? Il fausse la partition.

Ici Drewermann rugit: Vous prenez la partition pour la musique! Votre appel au réalisme n'est qu'un matérialisme. Il tue le langage religieux. En tenant à faire de la virginité mariale un événement biologique, en en faisant un merveilleux physique, vous croyez sauver la révélation chrétienne, mais vous en détruisez la profondeur. En transposant ce schéma sur la « filiation divine », vous en faites une idée merveilleuse, mais abstraite qui court-circuite la vie concrète. La défense de la « thèse », de la partition, vous dispense de jouer la musique. La filiation divine de Jésus se montre à travers la façon dont nous guérissons aujourd'hui l'homme de son angoisse, en lui révélant l'amour. C'est cette mission de guérison que Jésus a confiée à ses disciples; non celle de défendre son dogme.

Comment donc « comprendre » les formulations dogmatiques de l'Église? Débat de fond! Au début du siècle, on l'avait interrompu en condamnant le modernisme. Mais on n'arrête pas la pensée: en fait, il n'est de chrétien qui ne se fasse sa « petite idée » d'un dogme, ne se l'« imagine », ne lui prête un « sens » grâce auquel il se fait sa « petite religion ». Drewermann, lui, oblige à se reposer explicitement la question de ce sens.

Mais ne faut-il pas défendre la doctrine? N'est-elle pas *elle-même* la Parole de Dieu?

Il y a une doctrine-loi qui pense que la partition est la musique. Oubliant que les notes, les mots, ne font que fixer une expérience créatrice, et qu'elles appellent en retour une autre création, elle prétend en définir une fois pour toutes le sens; les coupant de leur inspiration vivante, elle en détruit alors le caractère symbolique: alignant des notes, elle croit définir la cantate, une cantate dont il n'est plus besoin de faire chanter les images sonores. Il est grand temps de redonner aux portées de la partition leur vraie fonction: elles appellent les hommes à s'insérer dans la grande cantate, dans le grand chant qui a jailli de la rencontre de Jésus.

C'est de ce type de doctrine que Drewermann se réclame. Il tente de redonner chair à des formulations de plus en plus théoriques et abstraites, sans prise sur la vie des hommes, en les reliant aux images originaires dont elles procèdent. Pour nous permettre de penser, il nous entraîne aux racines de la pensée. En nous redonnant accès à l'imaginaire religieux, il rouvre les écluses des canaux irriguant le sol de la pensée. Ces eaux, trop longtemps retenues, apparaissent merveilleusement vivifiantes aux uns; mais d'autres ont l'impression de s'y noyer. Comme saisis dans un tourbillon, ils voient leurs points de repère submergés par le flot. Les symboles, dont on croyait avoir épuisé le sens en les réduisant à des mots de reconnaissance du groupe, à des panneaux de signalisation de l'orthodoxie, redeviennent sang vivant et viennent irriguer un corps de doctrines qui n'était plus qu'un squelette. Ils lui redonnent forme, couleur et vie.

Mais une grande partie du public demande le silence. Il se sent de plus en plus intéressé par la musique de Drewermann. Elle les émeut personnellement. De plus, nombre d'assistants entrevoient soudain quelque chose qui les touche au cœur de leurs préoccupations de parents, d'éducateurs, de catéchètes: Voici quelqu'un qui semble savoir parler de Jésus *au cœur* de l'expérience humaine. Chose combien difficile! Car, si on part de l'expérience, comment ne pas s'y enliser (ce qu'en terme technique, on appelle « immanentisme », du latin *immanere*, rester dans)? Et si on parle de Jésus, comment ne pas le « plaquer » de l'extérieur (ce qu'en terme technique on appelle « extrinsécisme »... rester *à l'extérieur*)? Comment surmonter l'abîme qui existe entre le langage religieux et le monde moderne? Immense problème! Celui de la transmission de l'Évangile aujourd'hui! Drewermann aurait-il un secret? Qu'on l'écoute!

Mais, loin de s'arrêter, le débat ne fait alors que rebondir. Il prenait jadis nom d'immanentisme. Il est aujourd'hui celui de la conversion anthropologique (et de son prolongement, l'inculturation): la doctrine doit bien se dire en un langage qui parle à l'homme.

Avec le Concile, cette expression a été à la mode, même si la tendance actuelle des théologiens officiels est plutôt de l'oublier. Intellectuellement, elle a ses lettres de noblesse, acquises par un Blondel et « la méthode d'immanence », et par tant d'autres qui se sont engouffrés dans la voie ouverte. Cette méthode a pour règle d'or de partir, non pas du langage institué, mais de l'expérience vécue, afin d'instaurer un dialogue vivant entre l'homme concret et la communauté déjà riche du langage de la tradition. Loin de nier la transcendance de la révélation, elle la valorise en y reconnaissant la force qui aimante et soulève toute l'action humaine. Mais elle s'oppose au « placage », à l'extrinsécisme d'une doctrine dont l'autorité ecclésiastique détiendrait le savoir. C'est elle qui sous-tend la partie la plus vivante de la recherche actuelle de l'Église, tant au niveau de la réflexion théorique que de la pratique (liturgique, catéchétique, sociale...).

Mais voici que Drewermann lui donne un nouveau souffle par son appel systématique aux sciences humaines. Il ne se contente pas d'élaborer une « doctrine transcendantale » de l'esprit, à la manière de K. Rahner. Il l'incarne en faisant systématiquement appel à la psychanalyse. Cela fait peur. La transcendance divine ne va-t-elle pas s'y perdre? Ou, plus exactement, une certaine autorité de l'Église, garante de cette transcendance, ne va-t-elle pas s'effondrer?

C'est à ce moment que le curé de la paroisse où se déroule le concert commence à se demander sérieusement s'il ne doit pas décharger son organiste de sa fonction.

Mais voici qu'au moment même, à pleins jeux, le musicien passe à un nouveau clavier[9]: celui de l'analyse institutionnelle. Sa partition, cette fois, porte sur l'Église, et plus particulièrement sur ceux dont la situation psychologique traduit le mieux ses contradictions internes: les clercs[10].

Les clercs? Il les connaît. Il en est. Il en reçoit souvent en thérapie. Il sait ce qui grince en eux. Il sait aussi comment, de ce fait, ils font grincer le concert de l'Église. Il ressent pour eux une profonde commisération. Mais il souhaite

9. Ce « nouveau clavier » n'est cependant pas entièrement inattendu. En appliquant sa réflexion morale à la guerre et à l'écologie, Drewermann esquissait déjà une analyse critique de l'Eglise et de la société. Cf. *Der Krieg und das Christentum,* [Le Christianisme et la guerre], et *Der tödliche Fortschritt* [Le Progrès mortel], (Verlag Pustet). Il nous semble toutefois que, en dépit de leur caractère percutant, ces deux ouvrages étaient encore loin de faire droit à toutes les exigences des sciences historiques et sociales.

10. *Die Kleriker*, [Les Clercs],Walter Verlag, 1989.

surtout leur permettre de remplir vraiment leur tâche, dans la continuité de la mission que Jésus confiait à ses disciples en les envoyant « guérir les malades, chasser les démons, annoncer la proximité du Royaume de Dieu ». Il psychanalyse donc, non seulement des individus, mais le système qui les fait fonctionner. Et cela hurle.

Immense succès de librairie... prix d'une fête internationale du livre... Succès de scandale? Pour les uns, oui! Enfin un clerc qui parle vraiment de l'intérieur de la « boutique »! De quoi rire, pour tous les anticléricaux du monde. Mais le débat va beaucoup plus loin qu'il n'y paraît. Car ce qu'étudie Drewermann, c'est une véritable psycho-sociogenèse des systèmes de pouvoir. Quelle institution ne se sentirait concernée? Et si l'auteur commence par tenter de revivifier sa propre institution, c'est bien pour que, retrouvant toute sa vitalité, elle puisse jouer à nouveau son rôle prophétique dans la société tout entière. On peut penser que ce nouvel ouvrage marque un tournant dans la recherche de l'auteur et que, sur le nouveau clavier qu'il se donne, il jouera bien d'autres symphonies.

Mais ces autres récitals auront-ils lieu sur ce même orgue? Le conflit entre Drewermann et son évêque est désormais ouvert[11]. Pour l'instant, le concert est fini. Reprendra-t-il? On en est là.

A la sortie du récital, sur le pas de l'église, les conversations s'éternisent. Il y a ceux qui reprochent à Drewermann sa cantate sur Jésus. Il a aussi ceux qui regrettent qu'il n'ait pas poussé à fond son jeu.

Dans ses ouvrages, Drewermann fait souvent allusion à la théologie de la libération: c'est une tout autre musique, qui part non plus de l'expérience intérieure des personnes, mais des structures collectives destructrices de la liberté. Il affirme le lien profond qui existe entre elle et sa propre pensée. Mais il ne le montre pas. Ou faut-il dire tout simplement qu'il ne l'a pas encore montré? Son livre sur les clercs marquerait-il le début d'une réflexion plus sociologique qui dépasserait

11. Un ouvrage collectif contenant en outre le dossier de la controverse entre E. Drewermann et Mgr. Degenhardt est déjà paru en juillet 1990: P.EICHER (éd.), *Der Klerikerstreit*, [Le Conflit des clercs], Kösel.

l'analyse des structures intérieures de l'imaginaire pour faire voir comment cet imaginaire se reflète dans la société à travers le jeu des structures politiques, économiques, culturelles? Ce serait d'autant plus intéressant qu'au même moment on voit la théologie de la libération, non seulement pousser ses analyses sur la signification de Jésus dans l'évolution concrète de la société, mais tenter de rejoindre le soubassement psychologique du fonctionnement du pouvoir oppressif du monde occidental[12].

Ceci ne va pas sans rejoindre certaines insatisfactions qu'exprimaient déjà quelques auditeurs de son concert, et celle que traduisait sans doute maladroitement le reproche de gnosticisme.

Drewermann a bien marqué que l'homme retrouvait les symboles *dans* l'histoire (et de façon unique, à travers la rencontre de Jésus). Mais ces symboles ne sont-ils pas eux-mêmes livrés *à* l'histoire? Quand Jésus reprend les images de l'Égypte pour exprimer son expérience unique de Dieu, il les retrouve déjà « joués » dans l'histoire de son peuple, et il ne les utilise donc plus de la même façon. Ils ne renvoient donc plus seulement à une expérience primitive éternelle présente en chacun de nous, mais à une expérience collective qui les a comme « surdéterminés », et donc enrichis.

Nous ne pouvons nous étendre sur cette réflexion qui est moins une critique qu'un souhait. Dans l'Évangile de Matthieu, le récit du voyage de l'Enfant Jésus en Égypte permet à l'évangéliste de souligner la valeur de la parole vétérotestamentaire: « D'Égypte j'ai appelé mon Fils. » Il ne s'agit ni d'oublier l'Égypte, matrice de nos symboles chrétiens, ni d'y retourner comme si rien ne s'était passé depuis, mais de refaire le voyage; et ce voyage, l'Exode, est celui de l'histoire d'un peuple, histoire paradigmatique de celle de tous les peuples du monde. C'est une histoire de passage par le désert, de constitution de groupe, d'affrontement aux réalités politiques, économiques, religieuses. A travers elle, le voyage initiatique et symbolique que propose la religion égyptienne (et toutes les religions du monde) prend une

12. Cf. par ex. HINKELAMMERT, *La fe di Abraham y el oedipo del Occidente*.

dimension *nouvelle*. Il y a passage du mythe au réel. C'est finalement dans la dialectique de l'imaginaire et du social que Dieu parle.

C'est dire que la conversion anthropologique que Drewermann concrétise par son recours à la psychanalyse appelle aussi le recours à la totalité des sciences humaines: à une psychosociologie (dont on peut entrevoir l'amorce dans *Die Kleriker*) capable d'analyser la genèse des groupes, mais aussi aux autres disciplines sur lesquelles s'est justement appuyée en priorité la théologie de la libération.

Le temps presse! L'abîme entre un certain langage classique de l'Eglise et les appels de nos contemporains devient de plus en plus béant. A un moment où tant de croyants désespèrent de pouvoir parler aux autres de leur foi, où ils cessent parfois eux-mêmes de percevoir le sens de mots que, croyants, ils continuent cependant à rabâcher avec obstination, de textes où ils s'entêtent à voir encore la Parole de Dieu, Drewermann vient élaguer ce qui pouvait ne plus paraître qu'arbre moribond. Et voici que certaines pousses reverdissent, que des surgeons insoupçonnés jaillisent.

Eh oui! il faudra se dépouiller de bien des sarments morts. Il faut une fois de plus faire davantage confiance à la sève jaillissante de la Bonne Nouvelle qu'à l'écorce des définitions et des mots nés dans un monde aujourd'hui dépassé. Mais pourquoi avoir peur? la sève de l'Évangile continue à monter du terreau de nos symboles. C'est elle qu'ont perçue d'emblée tous ceux (et moi le premier) que j'ai vus tressaillir à la lecture de ces pages. Je suis heureux d'avoir pu les présenter au public, en attendant d'autres traductions à venir.

Introduction biographique

Les entretiens avec Eugen Drewermann, dont nous présentons ici la traduction française, commençaient souvent par une introduction biographique faite par le présentateur, et par diverses demandes d'explication sur son évolution intellectuelle. Pour éviter la lourdeur des répétitions, nous avons préféré en regrouper l'essentiel dès le départ.

Eugen Drewermann est né en 1940. Etudes de philosophie à Münster, et de théologie à Paderborn. Prêtre en 1966, il a alors suivi une psychanalyse à Göttingen. Actuellement inséré dans une paroisse de Paderborn, il est maître de conférences en théologie et en histoire des religions au séminaire universitaire de la ville. Il consacre une grande partie de son temps à la psychothérapie, pour lui une forme de ministère « particularisée ». Connu en Allemagne par ses conférences, sessions, interventions dans les médias, il a été l'objet de nombreuses attaques à l'intérieur même de l'Église, au point d'être souvent considéré comme un nouveau « cas Küng ». Le bruit avait même couru qu'il serait déchargé de son enseignement, ce qui n'a pas été le cas.

Son œuvre écrite, déjà importante, était jusqu'à présent totalement inconnue du public français, alors que, en dépit de leur épaisseur, nombre de ses ouvrages sont de véritables best-sellers.

Sa thèse, *Les Structures du mal*, en 3 volumes, publiée en 1980, a reposé de façon brûlante le problème de la faute originelle et de la culpabilité.

Ont suivi *Psychanalyse et théologie morale* (3 vol., 1982), *Psychanalyse et exégèse* (2 vol., 1984), livre qui a provoqué le début de la polémique dont il sera souvent question dans l'ouvrage présent, avec un ouvrage-réponse de sa part; *Images du salut*, commentaire de l'Évangile de Marc (en 2 vol., 1987), plusieurs livres sur la guerre, l'écologie, le progrès; une série de commentaires de contes de Grimm, un ouvrage de quelque 800 pages sur le prêtre, des livres sur Saint-Exupéry, Tobie, les évangiles de l'Enfance; et trois volumes d'entretiens dont reproduisons ici l'essentiel.

Nous reprenons ici quelques explications sur son travail, telles qu'il les a lui-même fournies au cours de ses entretiens.

— *Monsieur Drewermann, quand et comment en êtes-vous venu à la psychanalyse?*

— Avant tout à travers deux expériences que je dus faire immédiatement après mon ordination sacerdotale.

Ma première expérience de travail comme prêtre, dans une station thermale — Dieu merci, devrais-je tout de suite ajouter — m'obligea dès les premiers jours à entrer en contact avec des gens qui me posaient des questions auxquelles je n'étais pas préparé à répondre, même après six ans d'études théologiques. Ils me parlaient de leur maladie, de leur comportement, de leur angoisse, de tout ce à quoi ils ne comprenaient rien; et, à juste titre je pense, ils attendaient de moi, prêtre, une réponse adaptée à leurs problèmes. Or j'avais uniquement appris à juger des formes extérieures de comportement, autrement dit à ne considérer que ce que les gens font, mais non ce qui leur arrive. Bref, je découvris que, en dépit de ma bonne volonté et de mes efforts, je ne savais absolument pas comment les rejoindre et entrer dans leurs problèmes, ce qui me semblait cependant ma tâche. D'où mon recours à la psychanalyse: c'était la seule méthode qui avait tenté de comprendre ce qui se passait dans l'inconscient, donc d'éclairer ce à quoi j'avais manifestement à faire. Ce qui m'a alors fasciné, c'est la façon dont cette thérapeutique me permettait une présence humaine, une façon d'accompagner les gens, totalement libre de tout préjugé et de toute tentation de pouvoir. Pour moi, ce fut un peu une façon de répondre à l'appel du Nouveau Testament: « Si quelqu'un te presse de faire un mille avec lui, fais-en deux. » Les gens demandent beaucoup, mais ne savent trop souvent l'exprimer que sous forme de plaintes ou de reproches. Et on doit comprendre qu'ils en voudraient plus encore qu'ils n'oseraient le dire, même sous la menace. Ce qu'il leur faut, c'est un chemin leur permettant de rentrer chez eux, et non pas quelqu'un qui vienne leur déclarer: « Cela va aller, je sais ce que vous devez faire. » Cela, les gens le savent bien tout seuls.

Je perçus alors la démesure avec laquelle l'Église insistait sur la morale dans la vie chrétienne. À mes yeux, le christianisme est avant tout une religion de salut, et on ne rend pas justice à l'homme en venant censurer ses comportements de l'extérieur: le recours à une norme objective figée conduit le plus souvent à le condamner. Or il me paraît beaucoup plus important de comprendre le mal que l'homme se donne et ce qui se passe en lui. Ce que la psychanalyse réussit aujourd'hui beaucoup mieux à faire que la théologie.

Ma seconde expérience est liée à l'époque du IIe Concile du Vatican, temps où j'étais alors vicaire. On mettait de grands espoirs dans l'interprétation de l'Écriture, telle qu'on la pratique aujourd'hui dans les chaires. On souhaitait ainsi éveiller chez les fidèles l'intérêt pour la Bible et par là renouveler leur vie religieuse. Or j'ai dû constater que, au bout d'un ou de deux ans, les groupes bibliques qu'on avait tant bien que mal mis sur pied s'effondraient dans l'ennui. On y déversait à pleins seaux un flot d'informations extérieures à la vie des gens. Mais on ne traitait absolument pas de leur expérience intérieure, de leurs problèmes réels, des questions qu'ils se posent en ouvrant la Bible.

1

Les récits bibliques de la création et du péché originel [1]

Entretien entre Eugen Drewermann et Hildegard Lüning.

— *Mesdames et Messieurs, bonsoir.*

Il nous arrive parfois d'émettre un « magazine du mardi » venant répondre à notre propre attente. C'est aujourd'hui le cas. Voilà des années, à vrai dire depuis mon enfance, que j'ai tenté de comprendre l'enseignement de l'Église sur le péché originel. En vain. Je réfléchissais, je lisais, je questionnais des gens. En fait, plus j'allais, plus je découvrais que la majorité des chrétiens de notre époque n'y comprenaient pas plus que moi, si même cela les intéressait. Or la doctrine de l'Église ne se contente pas de constater ce dont nous faisons tous quotidiennement l'expérience: nos chutes, et le plaisir que nous pouvons y prendre. Elle affirme le caractère inné du péché originel: nous en sommes entachés dès notre naissance. Les Pères de l'Église catholiques, par exemple, enseignent que seul le baptême nous en délivre au point que, jusqu'à tout récemment, et peut-être encore aujourd'hui, dans certains cimetières catholiques, on enterrait en un lieu séparé les nouveau-nés morts sans avoir été baptisés; car, nous expliquait-on, ces enfants ne peuvent

1. Émission du 11.12.1984, deuxième programme de la Süddeutsche Rundfunk.

jouir de la vision béatifique, puisqu'ils restent souillés. Ces images de cimetière, cette façon de mettre à part ces malheureux ne faisaient qu'augmenter mon incompréhension de cette doctrine. Juger ainsi des êtres totalement innocents me paraissait absolument inconciliable avec l'idée que je me faisais de Dieu. Mais je ne veux pas vous ennnuyer davantage avec tout ce qui me paraît encore inconcevable, avec tout ce qui me choquait et me choque encore dans cette doctrine de foi. Car cette doctrine est un dogme.

Or, dans ma quête de réponses, ou tout au moins d'un peu plus de lumière en ce domaine, je suis tombée sur un théologien, sur un professeur de théologie catholique, qui a réussi à me faire un peu mieux comprendre la chose. Ce théologien, c'est Eugen Drewermann, mon hôte de cette émission. Au cours de ce « magazine du mardi », il répondra à la question: « Qui hérite du péché originel? » Il tentera de nous éclairer ce sujet à la lumière du récit biblique de la création et de la chute d'Adam.

Ce qui m'intéresse d'abord, c'est de savoir comment vous en êtes arrivé à vous consacrer aussi totalement à cette question.

— Au départ, le fait que votre question a été des années la mienne. Dès le jardin d'enfants, je trouvais absurde l'idée dont on nous rebattait les oreilles: les gens étaient coupables sans même le vouloir, et il leur était impossible de s'arracher tout seuls à cet imbroglio. Quel sentiment de culpabilité m'a-t-on inculqué dès mon enfance un sentiment finalement fondé sur la doctrine de notre péché et de notre besoin de salut. Autant je croyais volontiers à ce besoin de salut, autant je trouvais effarant ce caractère inéluctable et nécessaire de la transmission de la faute.

J'ai voulu comprendre. Pourquoi ce sentiment de culpabilité? Pourquoi cette souffrance? Au bout de bien des années, j'en suis arrivé à la conviction que la doctrine chrétienne du péché originel repose sur une observation extrêmement fine de notre réalité humaine, et sur un diagnostic dont on ne trouve nulle part ailleurs l'équivalent. Il ne s'agit donc pas de la remettre en cause sous prétexte qu'elle culpabilise et écrase les gens, mais d'y recourir pour approfondir notre intelligence de la déréliction humaine. Elle propose en effet un instrument extrêmement fin qui nous permet de déceler toutes les facettes de l'angoisse de l'homme, de son sentiment d'impuissance, de l'échec de ses efforts, de l'effondrement de ses projets, du dévoiement de ses meilleures intentions. Bref, ce qui ne m'apparaissait jusque-là que construction doctrinale inquiétante a totalement changé de sens pour moi. J'y ai découvert une lumière éclairant intensément les replis de l'âme et les méandres de notre société; ce qui justifie notre appel au salut. Cet effort, non plus pour condamner l'homme, mais pour le comprendre, constitue à mes yeux un des acquis les plus importants de la vieille idée dogmatique du péché originel.

Voilà pourquoi les récits bibliques des origines ont pour moi une importance extraordinaire. Ces récits, qu'on peut qualifier de mythiques au sens classique du terme, m'ont permis de conjuguer trois types de réflexion: l'interprétation classique de la Bible, autrement dit l'exégèse; la psychanalyse, dans la mesure où elle porte essentiellement sur la dynamique de l'angoisse et de la culpabilité; et la philosophie existentielle, celle qui, partant de la liberté, éclaire de façon originale les notions de projet personnel, de faute et d'angoisse. Il n'existe pas de texte biblique meilleur que ceux-là pour permettre de reconnaître comment des domaines du savoir, apparemment si disparates, s'engrènent en réalité les uns sur les autres: ils nous proposent une vision d'ensemble extrêmement précieuse pour fonder théologiquement la doctrine chrétienne du salut.

— *Je pense que nous devrions commencer par réécouter cette histoire exactement comme vous nous l'avez fait entendre lors de votre dernière conférence de Stuttgart: en nous identifiant à ces personnes qui l'ont vécue et découverte comme un récit leur ouvrant des horizons nouveaux. Je parle du récit de la création de l'homme, tel que nous le propose le livre de la Genèse au début de l'Ancien Testament; non pas du premier récit, mais du second, en réalité le plus ancien; celui qui prend pour thème central, non pas la création de l'ensemble du monde, mais l'homme, sa vocation et son expérience.*

Au temps où le Seigneur fit la terre et le ciel, il n'y avait encore aucun arbuste des champs sur la terre et aucune herbe des champs n'avait encore poussé, car le Seigneur n'avait pas fait pleuvoir sur la terre et il n'y avait pas d'homme pour cultiver le sol. Toutefois un flot montait de terre et arrosait toute la surface du sol. Alors le Seigneur Dieu modela l'homme avec la glaise du sol, il insuffla dans ses narines une haleine de vie et l'homme devint un être vivant.

Le Seigneur Dieu planta un jardin en Eden, à l'orient, et il y mit l'homme qu'il avait modelé. Le Seigneur Dieu fit pousser du sol toute espèce d'arbres séduisants à voir et bons à manger, et l'arbre de vie au milieu du jardin, et l'arbre de la connaissance du bien et du mal. Un fleuve sortait d'Eden pour arroser le jardin et de là se divisait pour former quatre bras. Le premier s'appelait le Pishôn: il contourne tout le pays de Havila, où il y a de l'or; l'or de ce pays est pur et là se trouvent le bdellium et la pierre de cornaline. Le deuxième fleuve s'appelle le Gihôn: il contourne tout le pays de Kush. Le troisième fleuve s'appelle le Tigre: il coule à l'orient d'Assur. Le quatrième fleuve est l'Euphrate. Le Seigneur Dieu prit l'homme et l'établit dans le jardin d'Eden pour le cultiver et le garder. Et le Seigneur Dieu fit à l'homme ce commandement: « Tu peux manger de tous les arbres du jardin. Mais de l'arbre de la connaissance du bien et du mal, tu ne mangeras pas, car, le jour où tu en mangeras, tu deviendras passible de mort. »

Le Seigneur Dieu dit: « Il n'est pas bon que l'homme soit seul. Il faut que je lui fasse une aide qui lui soit assortie. » Le Seigneur Dieu modela encore du sol toutes les bêtes sauvages et tous les oiseaux du ciel, et il les amena à l'homme pour voir comment celui-ci les appellerait; chacun devait porter le nom que l'homme lui aurait donné. L'homme donna des noms à tous les bestiaux, aux oiseaux du ciel et à toutes les bêtes sauvages, mais, pour un homme, il ne trouva pas l'aide qui lui fût assortie. Alors le Seigneur Dieu fit tomber une torpeur sur l'homme, qui s'endormit. Il prit une de ses côtes et referma la chair à sa place. Puis de la côte qu'il avait tirée de l'homme, le Seigneur Dieu façonna une femme et l'amena à l'homme. Alors celui-ci s'écria: « Pour le coup c'est l'os de mes os et la chair de ma chair! Celle-ci sera appelée "elle", la femme, car elle fut tirée de "lui", l'homme. » C'est pourquoi l'homme quitte son père et sa mère, et s'attache à sa femme, et ils deviennent une seule chair. Or tous deux étaient nus, l'homme et la femme, et ils n'avaient pas de honte l'un devant l'autre.

— Telle est donc la première partie de la description de la création de l'homme au paradis. Peut-être serait-il bon de commencer par tirer au clair quelques images. Donc, un

jardin, préparé exprès pour l'homme. La première créature, c'est l'homme. Avant lui, il n'y a encore rien.

— C'est lui le premier, ce qui est très étonnant. En fait, cela tient à ce que, pour l'auteur du texte, la question essentielle, c'est le sentiment de déréliction de l'homme. Pour nous faire comprendre ce désarroi, il commence par présenter une scène vide. Car, pourquoi, nous, hommes, sommes-nous si insatisfaits de nous-mêmes, alors que le monde environnant nous offre tout ce dont nous avons besoin pour nous en tirer et être heureux? Nous n'aurions pas tant de mal si nous ne portions au fond de notre âme une image de notre nature, de notre destinée. Et tel est bien le sens de ce récit du paradis. Il n'a rien à voir avec la description d'un quelconque état historique de l'homme, il y a un million ou un million et demi d'années, à l'origine de l'hominisation. Il s'agit d'une affirmation essentielle sur nos virtualités, sur la façon dont nous avons été pensés.

Dès le départ se pose le problème: pourquoi y a-t-il quelque chose plutôt que rien? C'est une question que nous, hommes, sommes les seuls à pouvoir poser au monde, et c'est celle qui suscite en nous l'angoisse la plus extrême: la constatation que ni nous, ni notre environnement, ne sommes nécessaires.

Au départ, le récit de la création nous présente le monde enveloppé comme d'une nuée. Une lumière pointe, mais elle est soustraite à notre clair regard: nous sommes immergés dans le mystère. Puis les mots : « il n'y avait encore ni ceci, ni cela », suscite une réflexion qui nous est propre, à nous les hommes. Nous pouvons interroger tout ce qui nous entoure sur ce « quand il n'y avait rien ». Et nous en arrivons tous à nous dire que, quelques décennies plus tôt, nous n'existions pas, et que personne ne se souciait de ce que nous pourrions exister. On peut aussi questionner les arbres, les étoiles, tous les êtres. Cette découverte de la contingence de tout ce qui existe, de l'abîme du temps béant au plus profond de chaque être, soulève le problème auquel l'auteur du récit du paradis répond en renvoyant à Dieu. A la question « quand as-tu été là? et pourquoi existes-tu? », Dieu est le seul qui puisse répondre: « J'étais de toute éternité, et je dois être ». C'est le terme de tout notre questionnement. Sur ce point, le texte ne s'exprime pas; mais il repose entièrement sur cette expérience et il en vit.

Et c'est en contraste total avec Dieu que se dessine l'image de l'homme. C'est un être totalement intégré dans l'univers, absolument contingent, amorphe. Si on ne le considérait ainsi que comme une partie de l'univers, le matérialisme aurait parfaitement raison de ne voir en son organisme qu'un agrégat de matière, et la meilleure formule pour le décrire est probablement celle du mercredi des cendres: « Nous ne sommes que poussière. »

— *Une image de nous très humiliante!*

— Dieu merci, ce n'est pas la seule vérité sur l'homme. Il y en a une seconde. Elle ne porte plus sur notre origine, mais sur notre destinée. Au cœur de notre contingence, nous sommes porteurs du souffle de Dieu, et c'est vraiment ce souffle qui nous fait exister. C'est lui qui nous permet d'ouvrir les yeux et nous donne le courage de vivre. Entre l'homme, sur la terre, et son créateur, il y a ce lien fragile, invisible certes, mais qui confère à la créature sa nature et lui donne de vouloir exister. A cet endroit du texte, la question se pose déjà de savoir ce qu'il en adviendra de l'homme si ce lien si fragile se déchire. L'auteur indique que le monde ne reste jardin merveilleux, paradis, pays de rêve de bonheur, que dans la mesure où l'homme persévère dans l'état où Dieu l'a établi.

— *Mais il s'agit là d'un second temps. Au début, l'homme est seul, et Dieu lui adjoint les animaux. Auparavant, avant cette lecture et cette relecture, je n'avais jamais aussi bien remarqué la chose. C'est comme si Dieu se disait: Je vais d'abord lui procurer la compagnie de bêtes. Il a besoin d'une aide signifie alors: il lui faut des animaux, et il devra leur donner un nom. Puis à un moment quelconque surgit l'idée: mais tout cela n'est encore rien; ce n'est pas du tout de cela que l'homme a besoin.*

— C'est effectivement la chose étonnante dans ce texte. C'est comme si Dieu avait lui-même quelque chose à apprendre de la créature qu'il vient de façonner. Au début, il y a la scène, ce pays paradisiaque à l'aube de la création. C'est un univers dès le départ centré sur un point focal: l'arbre du milieu du jardin. Il s'agit là d'une image mythique très archaïque. En y recourant, la Bible veut montrer que les humains sont atta-chés à un axe central qui leur préexiste et qui leur permet de trouver leur orientation spirituelle. Le monde ne reste un jardin ordonné que dans la mesure où il possède ce centre. Et l'homme a pour vocation de s'insérer lui-même dans cette ordonnance préexistante.

— *Il a aussi reçu tout de suite la mission de cultiver le jardin, de l'entretenir, de le protéger, de le soigner. Il est appelé à travailler.*

— Exact. Au cœur même de l'ordonnance qui lui préexiste, l'homme se serait vu accorder par Dieu la chance de contribuer à maintenir l'ordre existant en s'y insérant, donc en se mettant au service de la terre, ou, ainsi que cela est dit littéralement, de la garder.

Si l'image de l'arbre au milieu du jardin colle, il peut y réussir. Du point de vue de la psychanalyse, il s'agit là d'une image maternelle très primitive. Il faudrait la comprendre de la façon suivante: l'homme trouverait abri sur la terre au lieu où le ciel et la terre se rejoignent, là où un fragment de la terre vient interroger le ciel et où Dieu se rend proche de l'homme. On pourrait aussi reprendre ici comme images les vieux symboles de l'échelle, de la tour construite jusqu'au firmament, de nos cathédrales gothiques dressées vers le ciel. Il s'agit d'une ordonnance verticale coupée par l'horizontalité des branches de l'arbre qui s'étendent sur l'homme à la façon d'un abri protecteur. Donc, nul besoin d'avoir peur: assuré de cette protection maternelle, l'homme peut s'appliquer à maintenir l'ordonnance du monde, à se mettre à son service. Mais la peur peut aussi le conduire à s'en excentrer. Venant ainsi opposer son ordre propre à celui du monde, il gâche tout.

Autre image: celle des quatre merveilleux fleuves paradisiaques, dont l'idée est empruntée à la géographie antique. Elle nous en apprend beaucoup. Si on considère le paradis, non plus comme un espace géographique, mais comme un pays psychique, comme un paysage du rêve, elle indique l'incroyable richesse qui est en nous, dès lors que nous vivons correctement. C'est de l'or, de la pierre précieuse, bref tout ce dont a besoin le magicien des contes désireux d'arracher une princesse au monde souterrain. Nous sommes donc en possession d'un fabuleux trésor royal. Notre cœur est porteur de la plus magnifique gemme qui soit. Encore faut-il s'insérer entre les quatre fleuves (ce que ne cessent de redire nombre de mythes de peuples liés à la nature, lorsqu'ils ordonnent horizontalement le monde suivant quatre directions). Il ne s'agit pas tant là de la répartition de l'espace sur la rose des vents que d'une expérience du temps: le soleil façonne le temps en parcourant les quatre maisons de l'univers selon les quatre directions du ciel; de même, nous, hommes, devons comprendre le cours de notre existence sur le modèle de cette courbe séparant le commencement de la fin. Naître signifie vivre en vue de la mort, et la jeunesse renvoie à la possibilité de vieillir. En chaque point de notre existence, nous devrions nous trouver en accord avec l'anneau du temps qui va de l'origine au terme. Cela va parfaitement à l'encontre de cette peur qui imprègne notre âme, donc de la vision du temps qui nous conduit à échafauder plans sur plans.

— *Mais ce que vous dites est très loin de cette image de la création où il n'est question de la mort que sous forme de punition: « Si tu ne désobéis à aucun commandement, tu vivras. Tu dois au contraire te tenir pour responsable d'une mort éventuelle. »*

— C'est bien l'interprétation qu'on donne souvent au texte, mais elle est extravagante.

— *Mais cette idée du paradis sous-tend bien l'image suivant laquelle, à l'origine, l'homme était destiné à la vie éternelle et à l'immortalité?*

— Je pense au contraire que, lorsque la Bible parle de la mort, elle entend parler d'une forme de vie qui n'est pas la vie. Dans la pensée de l'auteur, la mort-punition n'est pas le contrepoint d'une immortalité physique. Si nous étions restés dans l'ordre de l'existence, la nécessité de mourir physiquement n'aurait pas pris ce caractère scandaleux que nous lui trouvons aujourd'hui. A mon avis, si les fleuves du paradis sont au nombre de quatre, comme les points cardinaux, c'est pour nous faire percevoir le temps comme un mouvement nous conduisant progressivement à la sagesse devant la mort. Nous sommes ainsi conduits à penser constamment à la nécessité de mourir, donc à celle de nous adapter à notre finitude, d'accepter les limites de notre vie, d'admettre ce qui va de soi, puisque nous sommes créés.

On a fait dire à ce texte des choses aberrantes. Les espérances qu'on a voulu y trouver sont en parfaite contradiction avec les sciences de la nature. Quand on leur fait justifier certains de nos désirs, ils ne sont pas sans danger. C'est ainsi qu'on a voulu voir dans les progrès de la médecine une espèce d'approche du salut que proposerait la foi: en nous faisant rêver de vivre le plus longtemps possible, ou même de devenir un jour absolument immortels, ils nous rapprocheraient de la situation paradisiaque. Voilà une idée qui ne nous a rendus ni plus sages ni plus heureux. Je suis au contraire convaincu que le sens du récit du paradis est de nous permettre d'affronter en toute sérénité la finitude et la mort à laquelle nous sommes voués, en tant qu'êtres créés.

C'est en tout cas ainsi que le comprennent tant de mythes des peuples proches de la nature: ils parlent de la maison de l'univers en montrant comment on y pénètre avec le lever du soleil, comment on se tourne ensuite vers le sud, puis vers l'ouest, enfin vers le nord. ce qu'a traduit un jour de façon très belle Cerf Noir, Chaman indien : « Songe que toute tente d'Indien est ronde. Tu y entres quand le soleil se tient dans toute sa force, doré dans le ciel; puis, lorsque les nuages commencent à obscurcir la terre, tu te tournes vers l'ouest et tu entres dans la force du pays; puis tu te tournes vers le nord, d'où vient le blizzard, et tes cheveux deviennent blancs comme de la neige; enfin tu te retournes vers l'est, où le soleil se lève rouge comme du sang, et tu dois alors apprendre que la mort, c'est ta vie. »

Je pense que cette découverte du caractère cyclique du temps n'a rien du scandale que nous y voyons si facilement: elle fait partie du vrai paradis.

— Mais pourquoi alors le récit voit-il dans la mort une punition?

— Pour le comprendre, il faudrait saisir ce qui arrive à l'homme lorsqu'il s'écarte de l'abri du milieu du jardin. Ceux qui se décentrent ainsi ne peuvent plus reconnaître la valeur de la mort. Plus on perd le sens de la vie, plus on s'accroche à elle afin de lui conférer encore un sens que l'on ne trouve pas. Paradoxalement, plus on est malheureux, plus on se tracasse de la mort. Si la nécessité de mourir revient à ratifier une existence qu'on n'a jamais vraiment eu la chance de vivre, si la mort ne consiste qu'à donner quittance d'un bilan qui signale l'inutilité de notre vie et le non-sens total de notre passage ici-bas, on ne peut que se défendre contre l'idée de devoir signer. Car la mort est alors châtiment. Du fait de notre insignifiance, elle vient se profiler comme une menace constante à l'horizon de notre vie. Elle ne cesse de nous faire peur, parce que nous avons peur d'une vie que nous ne savons pas comment affronter. Dans ce cas, c'est la nature elle-même qui devient punition, la création qui nous torture. Mais ce n'est pas le sens du récit et ce ne devrait pas le devenir. Le problème, c'est de comprendre que celui-ci ne nous décrit pas une nature fantastique. Il nous la fait voir telle qu'elle est, pleinement accordée à l'homme lorsque celui-ci est lui-même en pleine harmonie avec Dieu.

— S'il s'agissait d'une nature fantastique, il n'y aurait pas besoin de la travailler.

— Très exact.

— Encore quelques mots sur la compagne de l'homme. En ce qui me concerne, j'ai longtemps été choquée de voir le conteur biblique mettre l'homme à l'origine et ne considérer la femme que comme dérivée de lui. Alors que toute l'expérience humaine nous dit fondamentalement le contraire: la femme est la mère de tous les humains - d'ailleurs la Bible elle-même dit par la suite qu'Eve devint la mère de tous les vivants. Mais, dans ce récit, Adam est le premier et la femme ne lui est adjointe que dans un second temps. Je trouve tout au plus une légère consolation dans ce

que le texte ajoute: Adam doit quitter la maison familiale, donc rompre ses anciens liens de dépendance, pour entamer une nouvelle vie avec elle. Je n'en comprends pas moins fort bien que certaines femmes, disons des théologiennes féministes, se réfèrent à des images différentes de la création. Elles s'y retrouveront beaucoup mieux, au moins quant à leur vie de femme.

— Je pense qu'on comprend mal ce passage lorsqu'on y voit une preuve du caractère patriarcal des premiers Hébreux. Vous avez déjà posé la question de savoir ce qu'il en était de ces animaux que Dieu crée avant la femme. Pour ma part, j'aime mentionner ce trait du récit biblique de la création, parce qu'il paraît le mieux poser le problème central du débat écologique moderne.

On a toujours compris le récit où Dieu charge Adam de nommer les animaux qu'il lui présente comme une façon de dire que l'homme, en leur donnant un nom, en devient le maître. Une fois de plus, les mythes des peuples proches de la nature donnent à ce symbole un sens plus large: ils nous parlent du temps primitif où l'homme était capable d'entendre les animaux. Si on veut entrevoir le sens de ce don du nom, il faudrait le penser à la manière des Grecs anciens, quand ils racontaient le mythe d'Orphée: il lui suffisait de pincer les cordes de sa lyre pour voir les dauphins, les arbres, les pierres, se pencher pour l'écouter. La qualité de ce langage est celle d'une harmonieuse symphonie. Elle n'est possible que dans la mesure où l'homme est lui-même à l'écoute du chant qui l'entoure. Chaque fleur, chaque pierre, chaque animal possède son propre chant et, comme le disent les Indiens, toutes les créatures doivent unir leurs voix pour que l'harmonie de l'univers puisse trouver son propre accord. C'est pourquoi par exemple, dans les grandes plaines du Dakota, les Indiens ont des cantiques pour les roses sauvages ou une danse du buffle: ces chants répètent rituellement et religieusement les chants des bêtes. Car, en donnant un nom aux êtres qui les entourent, les hommes ne font que leur rendre ce qu'eux-mêmes leur ont dit. C'est là une façon poétique de considérer l'univers. Et je pense que Dieu a eu tout à fait raison de se dire: personne, sur terre, ne mérite d'épouse avant d'avoir appris à se comporter pacifiquement et poétiquement avec les êtres. En tout cas, je considère ce détour comme très plausible: la tendresse me paraît nécessaire pour acquérir la dignité d'homme. Le développement de la personne montre également que, après la mère, les animaux sont les premiers compagnons auxquels l'homme donne un nom. On le constate aussi dans les premiers jeux amoureux: prenez tous ces mots doux qui se réfèrent sans cesse aux animaux: ma biche, mon lapin, ma colombe, ou autre chose.

Quand vous me demandez ce qu'il en est de la création de la femme à partir d'une côte d'Adam, on ne peut tout simplement rien y comprendre si on ne considère pas tout l'arrière-plan de la tradition mythique, bien connue de l'auteur du récit. Pensez au vieux mythe grec concernant le châtiment infligé à l'homme pour avoir volé le feu: jusqu'alors, les humains étaient comme des billes qui roulaient sur la terre. Ils avaient une forme si parfaite qu'ils n'avaient besoin d'aucun vis-à-vis. Et voilà que, pour les punir, Zeus eut l'idée de les diviser en deux. A cette idée du plus grand des dieux d'adjoindre une femme à l'homme, et donc de provoquer son malheur éternel en lui embrasant le cœur d'un feu inextinguible, tout l'Olympe se mit à rire. Pour les Grecs, imprégnés d'une vision patriarcale de l'univers, la création de la femme est une mesure qui n'a d'autre raison d'être que le plaisir pris par les dieux à voir deux humains se torturer sur la terre: ils se trouvent désormais liés l'un à l'autre, mais ils ne font ainsi que se jouer sans fin une tragi-comédie, comme l'illustrent fort bien les drames de Strindberg.

Or le souci du rédacteur du récit du paradis est précisément de montrer l'inverse. A bien considérer sa propre créature, c'est Dieu lui-même qui découvre son besoin d'un complément. Ce besoin ne va pas de soi. Car, si, selon les autres mythes, Dieu a besoin d'un pendant féminin en la personne d'une bien-aimée, la Bible tient au contraire à bien marquer que son Dieu se suffit à lui-même, qu'il est l'absolu. Et c'est pourtant ce Dieu qui découvre que sa créature diffère de lui et qu'elle a donc besoin d'un vis-à-vis. Il se plie à la logique de ce qu'il a lui-même fait en procurant à l'homme ce vis-à-vis auquel il aspire, la femme.

C'est vrai: c'est toujours en termes méprisants que je réentends évoquer ce récit: la femme ne serait qu'un appendice de l'homme, ou une côte. Je voudrais faire deux remarques à ce sujet.

La première, vaste sujet d'exégèse, c'est que ces images renvoient probablement aux vieilles mythologies lunaires: la première et la plus belle des femmes, c'est la déesse lune, suspendue au ciel; et il faut quatre semaines à la mince faucille pour s'épanouir en forme parfaite dans la nuit, ceci se renouvelant constamment. La lune est la maîtresse de la vie et de la mort, la porteuse de la lumière au milieu des ténèbres. Pour les tribus nomades de l'Orient antique, elle est la réalité vénérable par excellence.

Ma seconde remarque part de l'expérience humaine. La façon la plus simple de rendre compte de la soif amoureuse, c'est de la décrire comme un appel du cœur, un peu comme si on sentait en soi un vide, un appel, source d'une douloureuse blessure. Et ce vide ne saurait être comblé que grâce à la rencontre d'un autre être lui-même engendré par le rêve, le désir, la peine, au point de prendre la forme la plus aimée, celle dont on a besoin pour devenir pleinement homme. Découvrir que, pour devenir pleinement soi, on a besoin qu'un autre vienne combler ce creux éprouvé au fond de soi-même, c'est aimer. En disant cela, je vais un peu à l'encontre de nombres d'idéologues béats de l'amour ou du mariage qui veulent n'y voir que le don, la consécration de l'existence à un autre. L'amour comporte bien cet aspect, sans aucun doute. Mais ce qu'il y a en lui de plus vital, de plus central, c'est bien cette expérience du besoin de l'autre pour devenir soi-même. Si cet autre n'existait pas, il faudrait à la lettre se l'arracher du côté. C'est précisément ce que la Bible entend dire de l'amour. Avant qu'il ne survienne, la vie n'était qu'un sommeil prolongé. Après, les yeux s'ouvrent, et on découvre soudain que la vie recommence à zéro.

— Oui. Et elle commence à se transformer complètement, car il nous faut maintenant considérer la seconde partie du récit de la création, l'histoire du péché originel. Mais commençons par la réécouter.

Le serpent était le plus rusé de tous les animaux des champs que le Seigneur Dieu avait faits. Il dit à la femme; « Alors, Dieu a dit: "Vous ne mangerez pas de tous les arbres du jardin?" La femme répondit au serpent: « Nous pouvons manger des fruits des arbres du jardin. Mais, du fruit de l'arbre qui est au milieu du jardin, Dieu a dit: "Vous n'en mangerez pas, vous n'y toucherez pas, sous peine de mort." » Le serpent répliqua à la femme: « Pas du tout! Vous ne mourrez pas! Mais Dieu sait que, le jour où vous en mangerez, vos yeux s'ouvriront et vous serez comme des dieux, qui connaissent le bien et le mal. » La femme vit que l'arbre était bon à manger et séduisant à voir, et qu'il était désirable pour acquérir le discernement. Elle prit de son fruit et en mangea. Elle en donna aussi à son mari qui était avec elle, et il en mangea. Alors leurs yeux à tous deux s'ouvrirent, et ils connurent qu'ils étaient nus. Ils cousirent des feuilles de figuier et se firent des pagnes.

Ils entendirent le pas du Seigneur qui se promenait dans le jardin à la brise du jour, et l'homme et la femme se cachèrent de devant le Seigneur Dieu parmi les arbres du jardin. Le Seigneur Dieu appela l'homme: « Où es-tu? » dit-il. « J'ai entendu ton pas dans le jardin, répondit l'homme; j'ai eu peur parce que je suis nu, et je me suis caché. » Il reprit : « Et qui t'a appris que tu étais nu? Tu as donc mangé du fruit dont je t'avais défendu de manger? » L'homme répondit: « C'est la femme que tu as mise auprès de moi qui m'a donné de l'arbre, et j'ai mangé! » Le Seigneur Dieu dit à la femme: « Qu'as-tu fait là? » et la femme répondit: « C'est le serpent qui m'a séduite et j'ai mangé. »

Alors le Seigneur Dieu dit au serpent: « Parce que tu as fait cela, maudit sois-tu entre les bestiaux et toutes les bêtes sauvages. Tu marcheras sur ton ventre et tu mangeras de la terre tous les jours de ta vie. Je mettrai une hostilité entre toi et la femme, entre ton lignage et le sien. Il t'atteindra à la tête et tu l'atteindras au talon. » A la femme, il dit: « Je multiplierai les peines de tes grossesses, dans la peine tu enfanteras des fils. Ta convoitise te poussera vers ton mari, et lui dominera sur toi. » A l'homme, il dit: « Parce que tu as écouté la voix de ta femme et que tu as mangé de l'arbre dont je t'avais interdit de manger, maudit soit le sol à cause de toi. A force de peine tu en tireras subsistance tous les jours de ta vie. Il produira pour toi épines et chardons, et tu mangeras l'herbe des champs. A la sueur de ton visage tu mangeras ton pain jusqu'à ce que tu retournes au sol, puisque tu en fus tiré. Car tu es glaise et tu retourneras à la glaise. » L'homme appela sa femme Eve, parce qu'elle fut la mère de tous les vivants. Le Seigneur Dieu fit à l'homme et à sa femme des tuniques de peau et les en vêtit. Puis le Seigneur Dieu dit: « Voilà que l'homme est devenu comme l'un de nous, pour connaître le bien et le mal! Qu'il n'étende pas maintenant la main, qu'il ne cueille pas de l'arbre de vie, qu'il n'en mange pas et ne vive pas pour toujours. » Et le Seigneur Dieu le renvoya du jardin d'Eden pour cultiver le sol d'où il avait été tiré. Il bannit l'homme et il posta devant le jardin d'Eden les chérubins et la flamme du glaive fulgurant pour garder le chemin de l'arbre de vie.

— *Je trouve que nous aurions avantage à suivre ce passage verset par verset pour en comprendre les symboles et peut-être aussi le contexte. En tout cas, c'est vraiment là la source de la doctrine du péché originel, traditionnelle dans l'Église. Encore que, dans cette histoire, et cela me frappe une fois de plus, Dieu ne profère aucune malédiction contre la descendance.*

Il y a donc un serpent, un animal qui suggère à l'homme (en l'occurrence à la femme) de faire quelque chose d'interdit. Dans certaines traductions de la Bible, il est dit qu'il s'agit d'un animal rusé. Dans d'autres il est dit de lui que c'est la plus habile des créatures, et parfois on le décrit comme subtil. Cela change chaque fois la perspective de départ.

— Effectivement, ce récit entend bien décrire la raison pour laquelle le paradis du monde se transforme en cette chambre de torture où nous sommes actuellement enfermés. Dans ce passage, nul besoin de proférer une quelconque malédiction sur la descendance, car le texte veut précisément conduire le lecteur à se situer lui-même dans le lieu même où se trouvent Adam et Eve. Or Adam, c'est l'Homme. Pour bien comprendre ce passage, il faut être au net: tout ce qui se trouve décrit ici se rejoue en nous, jour après jour, et sans aucune différence. Il n'y a donc aucun serpent réel à chercher. Mais, sous forme symbolique, il continue à nous parler.

Si on tient compte de ce que les mythes nous en disent, le serpent est la créature située au carrefour de l'être et du non-être. Il est à la frontière entre le dur et le mou, entre la forme nette et la forme inconsistante. Il est souterrain, sournois, inquiétant, vénéneux. C'est un être nocturne, insai-sissable, à l'aise dans les abîmes, les endroits creux, fangeux. Pour résumer le sens de ce symbole, pas de meilleure image que le vieux mythe germanique de Midhgardht: avec son immense corps, ce monstre enserre la terre; en se contractant, il la contracte, rétractant ainsi la place d'un homme qui en est complètement paniqué. La mythologie aztèque offre l'image similaire d'un monstrueux caïman souterrain, à la gueule grande ouverte, toujours prêt à entraîner le monde dans l'abîme. Entre ces monstres et le symbole du serpent, le lien est évident. Bien sûr, le langage mythique part d'une expérience humaine objective: le serpent existe. Mais pour comprendre le rôle qu'il joue ici, il faut le comprendre symboliquement.

Le récit commence par un étrange dialogue débutant par une question vraiment pernicieuse. Je pense que les mots « ruse » ou « astuce » sont ici insuffisants: il s'agit vraiment d'un satanisme raffiné. Car quoi d'apparemment plus inoffensif que cette demande de renseignement sur ce que Dieu a permis ou défendu dans son jardin? Or telle est la question que le serpent pose à la femme, comme s'il voulait savoir exactement ce que Dieu a dit. Elle manifeste un véritable art de la séduction. Martin Buber l'a très bien mis en valeur dans sa traduction: « Est-ce que Dieu a bien dit que vous ne deviez manger du fruit d'aucun des arbres du jardin? » Question? Affirmation? Pur problème d'accent! Ce n'est en tout cas pas une provocation directe: car, comprendre ainsi le texte, ce serait dire que le serpent entend nettement suggérer à la femme de ne pas tenir compte de Dieu: forme de tentation peu maligne, auprès d'une personne fort soucieuse de respecter l'ordre divin! Elle aurait conduit à l'échec certain!

La façon dont le serpent ébranle la parole de Dieu est infiniment plus raffinée: elle consiste à semer le doute sur la bonté de Dieu, à se servir de la parole divine elle-même pour suggérer une idée nouvelle. Car Dieu n'a en fait interdit de toucher qu'à un arbre bien précis situé au milieu du monde, ceci pour des raisons dont nous devrons parler. Le serpent présente donc les choses comme si, en créant un paradis parfait, un jardin de délices, Dieu avait eu comme seul but de soumettre l'homme à une torture insupportable en lui défendant de rien manger. On peut le constater: cette façon de semer le doute suscite toujours créance. Je pense que si nous interrogions la majorité des chrétiens croyants sur l'idée qu'ils se font ici de Dieu, ils répondraient spontanément: Dieu a bien précisé les choses: « Le monde pourrait être merveilleux s'il n'était pas interdit. Nous pourrions vivre en paix s'il n'y avait pas constamment le péché. »

— *Autrement dit tout ce qui fait plaisir est interdit?*

— C'est un peu ça. C'est à partir de cette vision des choses que le serpent intervient, et il suggère par là une nouvelle image de Dieu jusque-là absente du tableau. Originellement, Dieu avait émis son interdit en vue de protéger l'homme. Mais la question du serpent fait tout d'un coup de cet interdit une façon de l'humilier et de le tourmenter. Ce qui me frappe toujours dans cette scène, c'est l'art avec lequel l'auteur montre le caractère progressif du mal. Dans la doctrine catholique du péché originel, on voit toujours l'idée que l'homme a péché par désobéissance ou par orgueil, et on appuie cette idée sur ce texte. Mais c'est faux! La réponse de la femme le montre bien: elle s'efforce désespérément de redire au serpent ce que Dieu a dit, de défendre celui-ci contre toute remise en question, contre tout soupçon. Or, finalement, c'est justement cette femme si préoccupée d'être fidèle à Dieu qui culbute dans la faute. Si on veut rendre justice au rédacteur du récit, comprenons ce qui se passe! Il ne défend pas du tout l'idée que l'homme serait originellement mauvais. Rien à voir avec ces films de Far West où on sait du premier coup d'œil qui sont les bons et qui sont les méchants selon qu'ils sont bien ou mal rasés. Nous sommes loin de cette psychologie du blanc ou noir! Ici, c'est précisément, et paradoxalement, en s'efforçant d'être bon que l'homme crée l'occasion de la chute, une occasion qui saute aux yeux dans le récit: à la question du serpent sur la parole de Dieu, la femme se montre incapable de répondre en répétant exactement l'ordre, tel que Dieu l'avait proféré. Elle y ajoute quelque chose que celui-ci n'avait pas dit. Selon elle, « nous pouvons manger de tous les arbres du jardin. Mais du fruit de l'arbre qui est au milieu, Dieu a dit, vous n'en mangerez pas, vous n'y toucherez pas sous peine de mort ». Et ce « vous n'y toucherez pas » qui lui échappe ajoute quelque chose qui n'était pas dit sous cette forme.

Je pense qu'ici il faut bien voir ce qui se passe quand l'homme remet Dieu en question. Le problème posé n'est pas neutre: il s'agit finalement de savoir pourquoi l'homme existe. Un jour, furieux, Jean Paul disait qu'on ne peut pourtant pas discuter de l'existence de Dieu comme on le fait de celle d'un corbeau ou d'une licorne. Pour l'homme, tout se décide sur la question de savoir comment il voit Dieu, comment il le vit. S'il lui prête la figure d'un tyran, d'un despote qui, pour le faire souffrir, lui interdit toute possibilité de bonheur, ce Dieu devient effectivement inquiétant et on se doit d'avoir peur de lui. Et si cette façon de se le représenter est exacte, on peut alors lui faire toute confiance: il est en état de tuer l'homme d'un revers de la main, à la façon d'un ange exterminateur. Son interdit n'a plus rien d'une protection, mais constitue une menace. Et l'homme a peur devant lui. Il a aussi peur de soi-même, car il est capable de faire le mal, tout comme il a peur de toute une partie du monde, car il y entrevoit tout ce qui pourrait le précipiter dans la mort.

Voilà de quelle angoisse est soudain saisie la femme. Et du coup, elle renforce le commandement. Elle ne veut même pas toucher à ce qu'il est interdit de manger.

Je pense que nous connaissons tous cette situation où nous voudrions éviter quelque chose de pénible et où nous finissons pas en être comme fascinés. Désormais l'arbre du paradis n'est plus simplement là comme il l'était jusque-là. Il se transforme en pôle magnétique qui oriente toutes les lignes de force. Impossible d'échapper à son attraction, tant l'hypnose d'angoisse lui confère de force. C'est alors tout à fait logique de voir ensuite le serpent proposer à Eve un moyen d'échapper à sa mortelle angoisse. Avec un art raffiné, il s'insinue dans ses sentiments. Il en arrive même à tancer Dieu pour son mensonge, et cela avec une psychologie parfaitement adaptée aux anxieux: « Un commandement, et en plus une menace de mort? Qu'est-ce que c'est donc que ce Dieu? Ce souverain n'a vraiment rien de grand et de fort. Il n'a vraiment rien d'un souverain particulièrement fort! Car, l'expérience le montre, ce sont les maîtres incertains de leur position de force qui sont à la fois les plus faibles et les plus cruels. »

Dans un monde où les hommes ont peur de Dieu, la provocation du serpent pousse donc à s'insurger contre lui: il n'y a vraiment pas à le craindre! Il faut au contraire reconnaître que c'est lui qui a peur des capacités de l'homme: « Pas du tout! Vous ne mourrez pas! » Exactement la phrase qu'on attend comme la planche de salut. Au bout de l'angoissante impasse qu'il a laissé entrevoir par sa seule force de suggestion, le serpent se présente comme celui qui offre la possibilité de retrouver une vie tranquille.

Il est exact que les hommes ne devaient pas mourir s'ils avaient laissé l'arbre où il était. Mais c'est justement ce qu'ils n'ont pu faire. Finalement, c'est comme si toutes les possibilités de bonheur du monde se trouvaient réunies en un seul point, celui sur lequel plane l'interdit, le domaine tabou. Dans le récit du paradis, ce qui vaut pour tous les arbres, le fait qu'ils soient beaux à voir et bons à manger, ne vaut plus que pour celui-là seul.

— *Celui-ci semble particulièrement beau et merveilleux. Il est lié à l'annonce et à la promesse de devenir comme Dieu, de connaître le bien et le mal: « Vous serez comme des dieux ». Et, abstraction faite de l'histoire de la peur, que je n'avais pas vue ainsi, tout me paraît très clair. L'arbre situé au milieu du jardin signifie bien que je ne puis passer à côté. Cet arbre est constamment devant mes yeux, toujours identifiable comme l'arbre particulier. Et, dans le cadre de ce paradis, je n'ai jamais qu'apparemment vécu toutes mes virtualités vitales; il doit me manquer quelque chose. Cela a toujours constitué la question essentielle de la théologie féministe — comment se fait-il qu'Eve soit séduite, alors que, si l'on en croit le récit, la femme n'a même pas entendu la défense faite à Adam, puisque celle-ci a été proférée avant même sa création? On peut en déduire qu'elle était douée d'une sensibilité particulière, qu'elle était particulièrement marquée par le désir, encore plus que maintenant. Ce qui en soi ne doit rien avoir de mauvais.*

— Voyons d'abord d'où vient la difficulté. Sous-jacente aux mythes antiques (mais aussi à la façon de voir de maints théologiens actuels) il y a l'idée que Dieu se doit de refuser à l'homme ce à quoi il serait raisonnablement en droit de prétendre. Le raisonnement que lui prête le serpent correspondrait donc bien à sa logique.

Mais cette façon de comprendre Dieu n'est au grand jamais celle de l'auteur. Le récit du paradis veut justement dire qu'il ne manque rien à l'homme, qu'il a autour de lui tout ce qu'il faut pour être heureux. Le problème de l'auteur c'est de savoir pourquoi les humains veulent outrepasser leur mesure et devenir comme Dieu. Et je crois que c'est le vrai problème: quelle est donc la pulsion qui empêche les hommes d'accepter de n'être que des hommes? Qu'est-ce qui les conduit à se percevoir comme êtres de manque, au point de croire devoir être Dieu pour se garantir leur humanité ?

— *Dans le récit, ils ne se découvrent vraiment comme êtres de manque qu'après avoir mangé le fruit.*

— Et seulement du fait de ce qui vient de se passer. Le cercle vicieux consiste en ce que l'homme croit devoir devenir comme Dieu pour se défaire de la peur qu'il en coûte d'être homme, et que, rétroactivement, plus il veut être Dieu, plus il éprouve de honte à n'être qu'homme. Ce qu'il y a de fou dans cette histoire, c'est que le serpent tient exactement la promesse qu'il a faite. Et le sens du texte consiste à montrer que, en se précipitant dans le mal qu'ils ne désirent ni ne cherchent, les hommes sont en réalité dupés. Le problème du mal n'est pas qu'on n'obtient pas ce qu'on attend. C'est que, pris au mot, on l'obtient finalement sous une forme totalement différente de celle qu'on pensait.

— *Alors leurs yeux s'ouvrirent et ils connurent qu'ils étaient nus.*

— Sûrement. Ils étaient déjà nus auparavant, mais il n'y avait rien de mal à se trouver exposé au regard de l'autre, à affronter l'autre dans sa vulnérabilité. Il n'y avait rien de mal à se trouver dans l'état de nature où on avait été créé. Mais cela devient un scandale dès qu'on désire devenir un être absolu. Et je comprends maintenant fort bien que les hommes en butte à la peur, isolés dans leur peur, soient livrés à la hantise de devenir parfaits, à la façon d'un être total, absolu, finalement à la façon d'un être divin. Il ne faut plus commettre une seule faute, ne plus se permettre une seule défaillance, rien qui puisse tomber sous la critique, rien auquel on puisse avoir à redire. Il faut retrouver l'état de boule fermée sur elle-même, sans plus éprouver le besoin d'un complément, d'un vis-à-vis, finalement sans besoin d'amour. La tragédie, c'est que, ce faisant, l'homme ne fait que perpétuer sa peur. Il impose fondamentalement la logique de l'angoisse et il sombre finalement dans un monde qui ne connaît plus la pitié, mais seulement le jugement, le masque, la dissimulation, le préjugé. Il faut cependant encore ajouter que la logique interne de l'histoire interdit pratiquement toute autre conclusion: nous, les hommes, nous sommes comme hypnotisés, et nous succombons finalement à ce sur quoi nous avons fixé les yeux. Il suffit d'un regard jeté sur le domaine tabou, et celui-ci prend instantanément un caractère magique, narcotique; et on doit alors finalement faire ce qui est défendu parce qu'on ne voit plus d'autre moyen de trouver le bonheur. C'est exactement ce que décrit la Bible.

Si vous me demandez pourquoi la femme joue ici un rôle central, je dois vous fournir quelques explications supplémentaires. Quand on étudie l'évolution des traditions, on découvre qu'à l'origine, les récits de tentation ne mettaient pas en cause la femme. On ne mentionne celle-ci que tardivement, sûrement à partir du moment où on lui prête une position dominante. On est donc fort loin du sens que les féministes reprochent au texte. La femme est l'être qui décide souverainement de la vie et de la mort; c'est elle qui régit le mystère de la fructification, et donc logiquement celui de la mortalité. La découverte de la femme et du serpent dans le cercle de la sexualité engendre aussi la mort. C'est pourquoi, dans les mythes, c'est la femme qui, à travers la découverte de la fructification, prépare l'homme à la punition de la mort. Les vieux rites initiatiques sont tous liés à cette idée, ceci indépendamment de la question de la faute ou de l'innocence.

— *Je n'ai pas parfaitement saisi. Tout cela se bouscule trop rapidement.*

— Je vais vous l'expliquer avec une histoire africaine. Dieu demande à toutes les créatures ce qu'elles désirent, aux pierres, aux hommes, aux crapauds. Les pierres répondent qu'elles souhaitent l'immortalité, mais sans avoir à se multiplier, sans avoir d'enfants. Les hommes déclarent finalement qu'ils veulent avoir des enfants. Mais cela n'est logiquement possible que s'ils acceptent la mort. Aujourd'hui, nous connaissons le problème de la surpopulation. Les vieux textes savaient que l'on ne doit pas engendrer plus d'hommes qu'il n'en meurt. Cet équilibre de la création exige que la sexualité n'ait de sens qu'en s'accompagnant de l'expérience de la mort. Dans cette mesure, la femme joue un rôle mystérieux en tant qu'elle est la dispensatrice, dans la sexualité et dans la fructification. La terre mère règne, non seulement sur la sortie de son sein, mais aussi sur le retour en lui. Or ces vieilles images ressurgissent sûrement à l'arrière-plan de la tradition biblique.

Mais, à vrai dire, ce n'est pas le problème de l'auteur du récit de la tentation. Il aurait aussi bien pu parler d'un homme que d'une femme. Je crois que pour lui, le plus important, c'est que la femme devient la tentatrice de l'homme par amour pour lui. Elle veut retransmettre à l'homme qui est à côté d'elle le meilleur de ce qu'elle a acquis, et l'amour, l'appartenance réciproque, devient de ce fait même ce par quoi le péché s'étend. D'un seul coup débute la tragédie: l'homme et la femme ne peuvent plus se comprendre; d'où la honte. Quand chacun se doit d'être dieu, l'amour s'effondre. Prétendre à la perfection, c'est nécessairement avoir honte.

— *D'où les feuilles de figuier?*

— Ce qui ne va pas sans ironie, si on se rappelle que, dans l'antiquité, c'est précisément la feuille qui symbolise la mort. La honte conduit à se voiler sous le regard de l'autre; mais, ce faisant, on ne fait qu'étaler son caractère fragile et périssable. Commence alors le jeu du mensonge réciproque. Cette dissimulation donne de découvrir tout d'un coup pourquoi on attendait originellement un complément capable de vous comprendre. On doit se cacher ce qui, dans la lumière de l'amour, rendait possible l'échange et l'entraide réciproque. Voilà que ce qui devait lier se transforme en point de mire. Voilà ce qui arrive, quand le désir de se faire semblable à Dieu déclenche l'angoisse. Je tiens à bien marquer que ce qui nous pousse, c'est fondamentalement l'angoisse, et non une tendance originelle à l'orgueil; et la psychanalyse ne fait que confirmer combien les sentiments de peur, de désarroi et d'infériorité sont à la base de notre oubli de notre mesure humaine. Rappelons-nous la fable d'Esope: à la vue d'un bœuf, la grenouille veut se faire aussi grosse que lui; elle s'imagine qu'elle n'aura plus peur; mais elle finit par éclater. Le mot indo-germanique « méchant » a la même racine que souffler, s'enfler. Quand on veut s'enfler aux dimensions de l'absolu dont on rêve, on rend l'angoisse intolérable et on devient méchant.

— *C'est une chose dont nous n'avons que trop l'expérience, dans notre histoire présente.*

— Oh oui! Il me suffit de rappeler comment, au lendemain de la Seconde Guerre mondiale, l'existentialisme français en particulier a mis l'accent sur le fait que nous, hommes, partant d'une liberté, source d'angoisse, nous ne pouvions que nous projeter dieux en rêvant de devenir semblables à Dieu. Toute la philosophie de Jean-Paul Sartre revient à dire: nous sommes portés par un désir infini qui se corrode sous l'effet de sa vanité. Dans notre rêve de perfection, nous ne cessons de nous battre pour nous dépouiller de notre humanité, et nous n'en sommes que plus renvoyés à notre condition malheureuse. Ne sachant plus comment nous comporter les uns envers les autres, nous recourons à la peur comme à une arme de domination, d'asservissement, d'oppression et de terreur.

— *C'est d'ailleurs une des suites de l'histoire de la tentation. Entre l'homme et la femme, on voit tout d'un coup s'instaurer une relation de dominateur à dominé. Mais il faudra naturellement y revenir.*

— Avant de réfléchir à ce qui se joue au niveau des relations interhumaines, je tiens à éclairer les paroles concernant la connaissance du bien et du mal et le sens de l'interdit divin, car ces mots ont donné lieu à toutes sortes d'interprétations. On a souvent voulu comprendre cette connaissance comme un savoir moral, comme une capacité de discerner entre le bien et le mal.

— *On a aussi souvent dit que ce serait une simple nécessité dans la croissance de l'homme.*

— Une sorte de maturation immanente de la raison, ou, du point de vue du développement de la personne, une façon de devenir adulte à l'époque de l'initiation. Mais ces façons d'interpréter la chose ne nous aideraient en rien à comprendre l'auteur biblique; car elles conduiraient à penser que Dieu aurait voulu interdire à l'homme tout ce qui le fait précisément homme. On en arrive alors au schème mythique, ou, au niveau de la pensée philosophique, à l'idée hégélienne, suivant lequel Dieu serait en lui-même contradictoire et devrait en conséquence engager l'homme, doué d'un esprit, à entrer en contradiction dialectique avec soi-même et avec son origine. De façon plus brutalement pratique, des exégètes modernes ont pensé que la connaissance du bien et du mal ne concernerait que notre relation à la nature: nous aurions à discerner en elle ce qui nous est utile ou nuisible. De cette façon de voir, je peux toutefois retenir que le bien et le mal ne sont pas à prendre en un sens moral: en les traduisant librement, je devrais dire qu'il s'agit de reconnaître le bonheur et le malheur, autrement dit le salut ou la perdition.

— *Ou le vrai et le faux?*

— Le vrai et le faux, oui; la joie et la douleur. Je crois que, dans sa bonté et pour notre propre bien, Dieu se devait de ne nous interdire vraiment qu'une chose: la découverte de ce que signifie notre condition de créature séparée de son créateur car cette connaissance ne peut engendrer en nous que l'angoisse et la souffrance de ne se percevoir que comme fragment de la nature. Le péché originel n'a absolument rien changé au monde. Mais, à partir du moment où la peur a commencé à proliférer en lieu et place de la confiance originelle, c'est notre façon de nous percevoir et de percevoir notre environnement qui s'en est trouvée entièrement transformée. L'univers paradisiaque antérieur se transforme d'un seul coup en chambre de torture où, chose effroyable, il nous faut voir la mort en face. Nous découvrons que nous sommes nés de la poussière, et nous ne cessons de combattre cette idée jusqu'à nous en épuiser. Nous nous trouvons continuellement confrontés au regard critique de celui qui se tient à notre côté, et nous ne pouvons le supporter. Nous nous faisons une certaine idée de la vie, et nous tentons de l'imposer à la nature. Nous devons bien constater que la nature se défend. La peur nous lance dans un combat usant contre nous-mêmes et contre le monde qui nous entoure.

— *Parce que nous ne voyons pas comment vivre comme une créature au sein de la création?*

— Exactement. Ce sentiment d'avoir à vivre en créature coupée de son créateur est vraiment la seule chose que Dieu se devait de nous épargner, et à en croire le témoignage biblique, c'est ce qu'il a voulu faire. Ce savoir, seul le péché pouvait nous le donner. Il ne nous a vraiment procuré aucun avantage. Il ne fait que nous torturer.

Mais ceci m'amène à revenir sur la ruse du serpent en approfondissant un peu plus le sens du jeu de mots hébreu. Car, il est dit du serpent qu'il est « arum », c'est-à-dire malin, puis d'Adam et Eve qu'ils sont « arumim » (forme plurielle du même mot), c'est-à-dire nus. A s'en tenir à l'image qu'utilise l'Écriture pour désigner la promesse du serpent, c'est une seule et même chose que de devenir intelligent et malin. Mais, à la vérité, ce savoir ne conduit à rien d'autre qu'à découvrir sa nudité. D'où la panique et un sentiment intolérable de scandale.

— *Et ceci continue. En somme, toute cette histoire ne nous explique pas l'origine du mal et de la déchirure dans le monde. Elle nous fait seulement voir que ce mal est là et qu'il agit.*

— Pas seulement.

— *Telle qu'elle se présente, elle n'explique finalement rien, tout au moins pas pour moi.*

— Cela reste caché sous le chiffre du serpent. Mais, s'il me fallait parler en termes philosophiques ou théologiques, je dirais ceci: Aucun Dieu ne peut créer de monde sans serpent. Le propre de la création, c'est d'être tirée du néant. C'est ce que les mythes veulent dire dans leur langage, quand ils placent ce monde sur la gueule du serpent, ou enlacé dans son corps. D'autres mythes le présentent nageant sur les eaux primitives du chaos, sur le corps du serpent qui le porte. Aucun Dieu ne peut faire un monde qui n'émerge de l'abîme du néant. Ce monde est impossible. Rien ne pourrait exister sur terre si Dieu ne le voulait. Or c'est cela qui pose question à l'homme. Car, ce qu'aucun animal ne sait, lui le sait constamment dès qu'il a pris conscience de cet abîme que constitue un univers non nécessaire en soi. Il découvre que lui non plus n'est pas nécessaire. Tel est à mon avis le sens de la découverte de sa nudité et de sa nature de poussière. Il n'est pas un être absolu. Sur terre, il n'y a rien d'absolu. Et cette certitude de n'être pas nécessaire est à la source de l'espèce de peur la plus effroyable qui soit.

Pour mieux redire tout cela, je me référerai à Jean-Paul Sartre. Dans une scène fameuse de sa biographie *Les Mots*, il décrit une soirée de fête de son enfance. Tout y est: lumière, piano, public choisi. Mais lui, le petit Jean-Paul, est parfaitement superflu. On n'a pas besoin de lui. On ne prête pas la moindre attention à lui. Or, au cours de cette soirée, on parle d'un absent, un certain Monsieur Simonnot. Et Sartre écrit: « Cette absence prodigieuse le transforma...Puisque c'était mon lot, à moi, d'être situé parmi certaines personnes, en un certain lieu de la terre et de m'y savoir superflu, je voulus *manquer* comme l'eau, comme le pain, comme l'air... » J'oserais dire que c'est ce qui se passe réellement en arrière-plan du récit la tentation. Il n'y a d'homme qui n'interroge le monde sur sa raison d'être. C'est une question que chacun pose à tous les êtres qu'il rencontre. Si Dieu est absent, il ne peut découvrir aucune réponse. Personne n'est nécessaire. Personne ne peut dire: je dois exister parce que mon père, ma mère l'ont voulu, ou parce que la femme qui est à mes côté, ou mon mari, ou mon enfant, le veut.

— *Ils ne peuvent que constater que j'existe.*

— La tragédie vient de ce que, dans leur anxiété de se sentir nécessaires, les hommes se crispent sur cette question de savoir pourquoi ils existent. C'est leur façon de devenir eux-mêmes Dieu. Il me semble qu'on pourrait retraduire toute la théorie psychanalytique de la névrose comme une tentation de trouver un moyen de se faire Dieu. Pensez à ces gens qui ne veulent commettre aucune faute, afin d'échapper à toute critique, qui veulent tout accomplir à la perfection, comme Dieu, qui veulent tout savoir, tout régir selon des normes, sans aucune faille. Finalement, ils sont comme des dieux tout-puissants. Et, pour calmer leur angoisse immanente, ils ont constamment besoin de déployer leur force. On peut comprendre toutes ces façons de passer à côté de la vie, toutes ces carences existentielles comme des réactions à l'angoisse de n'être pas nécessaire. Telle est la question que la Bible nous posera jusqu'à la fin des temps: nous les hommes, comment répondons-nous à l'angoisse liée au fait d'avoir un esprit, d'être libres, de reconnaître que nous ne sommes pas nécessaires, que nous ne sommes que créatures? Si, pour répondre à cette question, nous nous laissons prendre dans la pure dynamique de la peur, il est parfaitement logique de réagir comme nous le propose le serpent, résumé de toute la création: Faites-vous vous-mêmes dieux, et vous n'aurez plus besoin d'avoir peur. Voilà bien la raison du caractère inquiétant, torturant, et littéralement mauvais de l'existence humaine.

— Et l'homme devient lui-même tortionnaire?

— Très exact. Celui qui souffre au plus profond de soi provoque la souffrance. C'est bien ce que raconte le récit suivant, l'histoire de Caïn et d'Abel. On cherche à faire de son mieux; on donne, on offre, on produit, on s'engage avec l'idée de devenir digne d'amour, et on entre en concurrence avec le voisin qui, sur ce terrain, vous bat peut-être. On finit alors par devenir meurtrier de son frère. Voilà à quel drame on peut en arriver. A moins d'apprendre à résorber notre angoisse et de transcender notre expérience habituelle pour mettre notre confiance en la volonté d'un être envers qui nous nous reconnaîtrions redevables de notre existence. Seule l'existence d'un Dieu pourrait nous permettre de supporter de n'être qu'hommes, d'un Dieu qui nous veut, non comme des êtres nécessaires, mais comme des créatures vulnérables.

— Peut-être pouvons-nous nous attarder un peu sur ce point. Aurais-je tort? Mais je perçois que la quintessence de tout votre travail vous conduit à croire, non pas en une vie exemptée du péché originel, mais à la possibilité de le surmonter. Ou, pour parler en image, à la possibilité de retourner au paradis.

— Ce n'est pas faux. Je crois que, dans le Nouveau Testament, Jésus ne cherche rien d'autre qu'à nous rouvrir la route vers un paradis perdu.

— *Mais maintenant le paradis est fermé, et ses portes sont gardées par les chérubim. Dire que Dieu a chassé l'homme du paradis reviendrait à dire que l'homme, dans son état actuel, ne saurait vivre éternellement: « À cette espèce d'homme, je barre l'accès à l'arbre de la vie. »*

— C'est sûrement ce qu'on doit dire. Je pense qu'il serait parfaitement faux de voir dans les punitions de Gn 3, 8 et sv. une espèce de jugement divin tombant sur l'homme...

— *Le fait d'avoir à engendrer dans la souffrance et de devoir travailler à la sueur de son front?*

— Oui, ou la domination de l'homme sur la femme. Si Dieu punit, il ne le fait jamais à la façon d'un juge de ce monde qui prononce une sentence de l'extérieur, en fonction de certains manquements à la loi et aux normes. En punissant, il ne fait qu'exprimer ce qui découle naturellement de la volonté humaine. Cessons de penser que les paroles divines de châtiment et de malédiction auraient eu pour résultat de changer le monde extérieur: ce qui est totalement changé, c'est la façon dont l'homme vit et perçoit celui-ci. Dieu continue à venir dans le jardin du monde exactement comme auparavant. Mais il est désormais devenu objet de crainte, et l'homme le fuit. Les hommes sont nus, exactement comme ils l'étaient précédemment, mais ils ont maintenant une raison de se cacher les uns aux autres. Avant comme après, ils ont à agir en êtres responsables et solidaires. Mais, d'un seul coup, leur action devient un moyen de se soustraire à eux-mêmes. Après être tombés dans le péché par peur, les hommes continuent à pécher en se montrant incapables d'affronter leur faute. Ils deviennent des menteurs chroniques. Ils tordent leur être en se conférant un statut d'irresponsabilité: c'est de la faute des circonstances, des autres, jamais de soi. Voilà la tragédie: c'est par peur que l'homme tombe dans le péché. Le paradoxe du récit, c'est que l'homme voudrait être bon, mais ne le peut pas du fait de son angoisse. Puis, une fois le forfait accompli, cette angoisse continue à l'affliger. Elle l'empêche d'affronter sa faute et le conduit une fois de plus à fuir. D'où toutes ces tragédies que nous pouvons constater aujourd'hui.

A quelles attrapes n'avons-nous pas recours pour parader à la façon d'animaux en rut, et pour ainsi nous prétendre dignes d'amour? Quelle comédie! On s'est marié, on s'appartient l'un à l'autre, mais on n'ose jamais proférer une parole vraie ni regarder les choses en face. Déclarations factices, apparences prétentieuses: tout est bon pour séduire. Mais ce ne sont que des feuilles de figuier masquant la vérité. En réalité, nous avons peur de toute critique; nous frémissons de panique à l'idée de trébucher sous le regard hargneux ou même impitoyable d'un tiers. Et finalement l'amour lui-même se transforme en rapport de force. Chacun cherche à faire chanter l'autre, à le faire marcher, et l'affection elle-même se transforme en crainte et en soumission. Et voilà le patriarcalisme, celui dont tant de féministes sont si négativement marquées! Mais il faut bien voir que l'auteur de ce texte voit dans ce patriarcalisme, dans cette domination masculine, une suite du péché. C'est quelque chose d'épouvantable qui semble pourtant aller de soi dans un certain type de culture.

Puis cette malédiction suivant laquelle l'homme doit travailler à la sueur de son front sur une terre parsemée d'épines et de chardons! Dans le paradis, l'homme devait déjà garder la terre et la gérer: c'était alors une tâche pleine de sens, parce qu'insérée dans tout un contexte d'ordre et de sagesse. Mais voilà tout d'un coup qu'elle devient absurde! La terre se mue en ennemie. Il faut alors « trimer », comme on dit. Bien sûr! Il faut bien pressurer la terre, si on veut lui faire rendre ce qu'elle ne veut pas donner.

C'est là que se branche le problème de la véritable immortalité. La vieillesse, la maladie, la mort: là, pas moyen de nous en sortir. Face à elles, nous sommes saisis de terreur et nous nous engageons dans une lutte sans merci, au lieu d'y reconnaître tout simplement une disposition de la nature. Lorsque, dans notre hantise du danger, nous aurons réussi à éliminer du monde le dernier bacille et le dernier virus, la nature, enfin stérile, ne sera plus que notre cimetière.

Je pense qu'on pourrait ainsi résumer toute cette histoire:

ce monde pourrait être paradisiaque et notre cœur pourrait se révéler un trésor de perles et de diamants. Mais à partir du moment où nous nous percevons comme un agrégat de poussière, donc comme une créature misérable, nous n'avons plus qu'une hantise: comment transmuer ce tas de charbon en diamant? Mais notre surchauffe n'y peut rien. Finalement, le rideau tombe sur la dernière scène du paradis: Dieu y intervient avec le masque que lui prêtent les mythes. Il est là, furieux, vengeur, jaloux, l'épée de flammes à la main.

Je trouve extrêmement juste ce que l'auteur du récit de la chute dit finalement de lui: il est là, présent dans notre malheur, et il fait le seul geste qui puisse encore nous soulager, tant est profonde notre honte et notre sentiment de nullité: il nous permet de continuer à vivre ensemble sans avoir pour autant à mourir de honte.

Mais, dans l'histoire de Caïn et d'Abel, tout transpire la peur. Pas moyen de s'en débarrasser. Ce qui transparaît, c'est ce sentiment que nous portons tous: celui d'être sans patrie, pourchassé.

— *Et quelles sont nos chances? Que se passerait-il, si nous parvenions enfin à nous admettre comme créatures et à adopter un autre comportement envers notre créateur?*

— Je pense que l'auteur de l'Ancien Testament auquel nous devons ce texte voit la première lueur d'esproir dans l'élection d'Israël. Il s'est dit que, à travers Israël saisi par l'appel lancé à Abraham, l'homme pourrait repartir à zéro.

— *Mais n'était-ce pas déjà le cas avec le déluge? Au moins pour Noé et les siens, c'était bien une chance de repartir à neuf?*

— Une chance négative.

— *Négative?*

— Oui. Car je pense la Bible sage quand elle ne montre de vie possible que là où nous renonçons aux solutions radicales. Vouloir un monde sans histoires, sans péché, un monde où l'homme serait absolument forcé d'être bon, un monde où nous devrions tous mener une vie parfaite, c'est le vouer dès aujourd'hui à s'évanouir. Dieu est sage, et il laisse l'histoire se poursuivre telle qu'elle est. Il l'assiste. Mais surgit alors la question de savoir si elle peut reprendre sens. L'Évangile de Marc commence par la prédication de Jean-Baptiste à ceux qui viennent à lui: « Convertissez-vous et faites-vous baptiser. » Je me dis parfois que c'est là une belle image. Si nous baptisons les enfants, c'est pour leur signifier qu'ils ne doivent leur existence ni à leurs parents ni à un concours de circonstances: le nom qu'ils reçoivent leur est conféré dans l'espace du sanctuaire. Pour parler bibliquement, ce nom affirme qu'ils sont membres d'un royaume invisible. Nous pouvons donc tous apprendre à nous considérer, non comme un agrégat de poussière, mais comme les enfants d'un roi éternel, donc revêtus d'une dignité et d'une beauté qui nous conduisent à nous respecter les uns les autres.

Quand j'assiste à un baptême d'adulte semblable à celui que conférait Jean-Baptiste, je laisse tomber les théories et je me plais à rêver que nous sommes assis dans un train qui démarre, sans avoir à nous soucier de savoir s'il va à Munich ou à Hambourg, à Varsovie ou à Paris, certains seulement qu'il fait bon dans le compartiment. Essayons encore de rêver une vie repartant à zéro, une vie où nous pourrions devenir ce que nous sommes vraiment, où nous découvririons la magnificence des rêves que nous portons dans notre âme. Y croire en dépit de toutes les résistances, cela nous rendrait plus libres, plus humains, meilleurs. Jésus souhaitait-il autre chose que de nous voir cesser de nous soucier du lendemain, et de devenir enfin capables de résister à la peur qui nous habite, d'apprendre à la vaincre par la confiance. D'un seul coup on pourrait rouvrir le monde comme un livre qui nous parlerait de bonté et d'action de grâces pour la vie qui nous est donnée. Au lieu de nous contaminer, nous découvririons la fraternité qui nous lie, une fraternité presque impossible quand nous gangrène la peur, mais cependant à chaque instant possible, une fraternité à laquelle nous sommes sûrement appelés. Si nous savions ce qui vit en nous, nous ne souffririons pas tant.

— Votre livre se termine par un simple appel: Que Dieu nous donne de calmer notre peur. Puisse cet appel retentir à la fin de cette émission. Au revoir, chers auditeurs.

2

Lecture psychanalytique de la Bible [1]

Entretien entre Eugen Drewermann et Hildegard Lüning

— *Mesdames et Messieurs, bonsoir, et bienvenue à ce « magazine du mardi ». Ce soir, il est consacré à Eugen Drewermann. C'est la cinquième fois que celui-ci est notre hôte. Depuis 1982, nous l'avons régulièrement invité, permettant ainsi à nos auditeurs de découvrir le cheminement d'un des théologiens catholiques les plus originaux de notre temps — c'est tout au moins mon opinion* [2].

Aujourd'hui, E. Drewermann nous proposera sa clef de lecture de l'Écriture, fort différente de celle à laquelle nous sommes habitués. Il l'a déjà exprimée dans son ouvrage Psychanalyse et théologie [3]. *Elle est sûrement capitale pour qui veut tirer profit du vieux texte.*

Monsieur Drewermann, nombreux sont ceux qui voient dans Psychanalyse et théologie *un ouvrage marquant (c'est d'ailleurs le slogan de la publicité qui le présente). Il serait à la base d'une renouvellement total de la théologie. Je n'oserais tout de même pas faire de vous le Karl Marx de la théologie, son révolutionnaire. Mais il me semble que l'une*

1. Émission du 11.2.1986 de la Süddeutschen Rundfunk, deuxième programme.
2. Nous n'avons pas gardé ici l'exposé de la biographie de l'auteur, intégré dans la présentation générale que nous en avons faite.
3. Traduction française en cours.

de vos remises en question fondamentales concerne la critique biblique moderne, ou tout au moins l'exégèse historico-critique qui, depuis cent-cinquante ans, a axé en priorité la réflexion sur la vérité historique du texte biblique. Vous y voyez une impasse, et vous dites qu'elle a dans une large mesure entravé ou même barré le chemin de la vérité intérieure de l'Écriture. Qu'est-ce qui vous permet de parler ainsi?

— En gros, je pense effectivement que la théologie s'est trop rationalisée, qu'elle a trop cherché à comprendre la révélation divine en termes de raison. Personnellement, je crois l'échec évident, ceci à partir du choc avec la philosophie des Lumières: en cherchant à faire entrer le mystère dans les catégories de la raison, on s'aperçoit de l'impossibilité d'expliquer ainsi adéquatement le dogme. C'est évident surtout à propos du miracle. Plongés dans leur misère, les hommes voudraient voir Dieu les arracher à leur condition, avec tout ce qu'elle comporte de limité et de pénible, et ils implorent son assistance. Or, dans le Bible, on raconte souvent comment ce Dieu intervient en faveur de son peuple, ou même en faveur de personnes particulières. On espère donc que cela va continuer. Mais on risque d'être fort déçu! A partir du moment où on ne considère le miracle que comme une exception aux lois de la nature, on ne voit plus bien comment le justifier théologiquement devant les sciences humaines. Or, dire cela, c'est décevoir les croyants, incapables de renoncer à l'objet de leur espérance et de leur prière. Ce problème constitue donc un exemple typique de la façon dont nous nous sommes laissé entraîner dans une guerre sur deux fronts: le premier résultant du fossé creusé entre la théologie et la pensée profane (philosophie et sciences humaines); le second, plus important encore, vient de notre rupture d'avec les couches profondes des affects: je pense que dans l'Église, nous parlons une langue très éloignée de la réalité concrète, ceci du fait de notre oubli du monde imaginaire et poétique; ce qui tue notre influence sur l'âme humaine. On a alors cherché à compenser cette carence d'intelligence en recourant au dirigisme moral et à l'incantation du type: « Tu dois... » Cela a conduit à un système de contrainte qui, au lieu de guérir, débouche sur la névrose, pour le plus grand dommage de l'homme.

— *Peut-être sommes-nous allés un peu vite en besogne. La méthode de l'exégèse, celle qu'on appelle historico-critique, celle qui règne encore à l'heure actuelle, repose sur le projet suivant: en s'appuyant sur les données actuelles de la science, découvrir ce qui est vraiment historique dans les données bibliques. Par exemple: Qu'est-ce que Jésus a vraiment dit, quelles sont les paroles qu'il a authentiquement prononcées et quelles sont celles qui ne sont pas de lui? Qu'est-ce qui s'est vraiment passé dans l'Ancien Testament, et quand? Est-ce que l'histoire telle qu'on la raconte repose réellement sur des faits? Que comporte-t-elle au contraire de légendaire? En ce domaine, l'exégèse a beaucoup progressé. Mais le simple croyant en reste toujours à cette question fondamentale: « Qu'est-ce qui est vrai? » En ce qui concerne les mots de Jésus, le nombre de ceux qu'on reconnaît comme certainement authentiques s'est bien réduit, et si on s'en tenait simplement à eux... Quant aux miracles du Nouveau Testament, faut-il aller jusqu'à dire que ce sont simplement des récits destinés à montrer en Jésus une force de salut, à illustrer son caractère de messie, de sauveur...*

— Je pense qu'il y a dès le départ deux difficultés. La première, c'est que l'interprétation actuelle de la Bible hérite d'une tradition déjà présente dans la Bible elle-même. Dans l'Ancien comme dans le Nouveau Testament, les écrivains ont voulu se démarquer des mythes païens. Ils ont alors mis l'accent sur le lien de Dieu à l'homme, en particulier sur sa présence au cœur de l'histoire à travers laquelle l'homme tente de comprendre son action et son être. D'où l'insistance de l'Église primitive à présenter la Bible comme un livre renvoyant à des faits, et non à des inventions humaines. Exigence qu'elle a maintenue par la suite en réaffirmant que sa prédication de la Bonne Nouvelle reposait sur une réalité historique. Ce n'est qu'à partir du XVIe siècle, de la Renaissance, plus précisément de Spinoza, qu'elle a dû admettre pour la première fois à quelles objections se heurtait cette affirmation théologique de l'historicité factuelle de ses sources. À la suite de quoi les théologiens chrétiens du début du XIXe siècle ont adopté les exigences d'objectivité qui régissaient alors la recherche historique profane, même s'ils le faisaient, eux, avec un zèle fort religieux: en reprenant ses méthodes, ils espéraient encore établir la vérité factuelle des récits bibliques...

— *Une vérité qui s'y trouve?*

— Qu'on y trouve, sans aucun doute. Le seul problème est de savoir sous quelle forme. En ce domaine, la figure sans doute la plus frappante est celle d'Albert Schweitzer. Dès sa jeunesse, cet homme s'était demandé: « Comment est-il possible de dire de la "Sainte Famille" qu'elle était pauvre, alors qu'elle avait reçu l'or des rois mages? Ou comment est-il possible de savoir ce que fut la prière de Jésus au Jardin des Oliviers, puisque ses disciples dormaient? Ce sont des questions qu'un gamin de huit ans peut déjà se poser, et il en était lui-même torturé. Toute sa recherche sur Jésus repose sur son désir de fonder la personne de Jésus de Nazareth sur de l'histoire solide. Et le fiasco sur lequel il a débouché l'a laissé si désespéré qu'il a fini par se dire: « Ce n'est que comme médecin que je pourrai *pour ma part* prolonger l'impulsion du Christ. Quant à savoir ce que celui-ci a réellement été, la Bible ne me permet guère de le savoir. »

Après Albert Schweitzer, la recherche est encore allée plus loin. Avec Bultmann, elle s'est faite radicale. Aujourd'hui, nous pouvons dire que la quête de ce qu'il y a d'historique dans les paroles et les gestes de Jésus se perd dans les nuages, ce qui n'a rien d'un hasard. Je voudrais une bonne fois pour toutes dire ceci: Plus un événement donné a d'importance du point de vue religieux, moins la tradition qui le rapporte sera historique, au sens moderne du terme. Pour nombre de nos auditeurs, le problème vient de ce que, quand nous disons: « non-historique », ou tout au moins « non constatable en tant que fait », ils comprennent « parfaitement imaginaire », « totalement inventé ». *Ce dont nous aurions besoin*, et c'est le second point sur lequel il me semble nécessaire d'insister au lendemain du fiasco lié à la valorisation de la recherche historique, *c'est notre besoin* urgent d'une autre vision du réel que celle qui domine dans notre monde moderne. Notre éducation de la pensée et du sentiment nous a habitués à ne considérer comme réelles que les *choses* objectivement observables dans l'espace et dans le temps, celles qui relèvent des lois rationnelles...

— *Celles qu'on peut mesurer et peser...*

— Si possible physiquement et chimiquement. Et quand nous nous y arrivons, nous sommes tout contents. La vérité, c'est qu'il existe des réalités qui restent alors incasables, et telles sont précisément les réalités religieuses.

Il y a quelque temps, j'ai reçu la visite d'un homme au bord de la psychose. Il m'a expliqué que sa famille avait voulu l'influencer en empoisonnant sa nourriture et même l'air qu'il respirait. Il en avait la pensée pourrie, se sentait incapable de prendre une décision claire : bref, il ne s'y retrouvait plus. C'est ce que disent nombre de ceux qui démissionnent en sombrant dans la maladie psychique, ceux que nous envoyons chez le psychiatre. Ils subissent les conséquences de cette parodie du réel qu'implique notre idée moderne de la réalité. On ne leur a jamais appris ni à percevoir ni à exprimer leurs sentiments, à s'observer eux-mêmes profondément, à se laisser pénétrer de réalités humaines. On ne leur a enseigné qu'une chose: ce qui existe *réellement*, ce qui agit effectivement, ce sont les ingrédients physiques, chimiques. Celui qui admet cette vision des choses finit un jour ou l'autre par passer à côté de sa propre vie, et il sombre alors dans la maladie psychique. Or je pense que l'ensemble de notre société a opéré une telle réduction du réel que cela en devient insupportable: prenez nos conversations, nos relations, notre rapport au rêve. Le problème qui me préoccupe n'est pas seulement celui de bien choisir le point de départ de l'interprétation de la Bible, mais aussi d'admettre l'idée de l'homme telle que l'a proposée la psychanalyse, au début de ce siècle. L'étonnant, c'est qu'il nous suffit pourtant de fermer les yeux pour nous en rendre compte: ce qui se passe vraiment en nous, ce n'est pas seulement ce qu'une caméra peut constater objectivement, ce qui tombe sous les yeux; c'est quelque chose de beaucoup plus abyssal: c'est un élément d'un processus psychique.

Et nous en arrivons alors au point brûlant: nous devons prendre conscience que les réalités intérieures, les réalités psychiques, se donnent à connaître sous forme de symboles.

La nuit, il nous arrive à tous de réfléchir au *sens* de certaines choses qui nous sont arrivées pendant la journée. Et soudain nous nous découvrons la merveilleuse capacité d'en percevoir l'épaisseur. Le récit que nous en donnons le lendemain pourrait rivaliser avec celui de bien des poètes: vraiment, nous sommes en mesure de dire ce qui s'est *réellement passé*. Relisant notre histoire, nous y découvrons l'explication de notre état de santé ou de nos réactions. Nous y trouvons le reflet de notre caractère, la façon dont notre enfance était déjà grosse de notre situation d'adulte: bref, nous nous y retrouvons tout entier. C'est cette réalité, telle qu'elle se traduit en symboles, qui nous intéresse vraiment et immédiatement.

Eh bien, c'est exactement ce que nous trouvons dans la Bible. Elle ne fait rien d'autre que de traduire le contenu essentiel des événements historiques, leur sens, de telle sorte que tous les hommes, de tout temps et de tout lieu, s'y retrouvent.

Mon propos est alors simple: je demande de lire les textes, j'entends les textes religieux importants, comme si nous les avions nous-mêmes rêvés la nuit précédente, comme si nous nous y retrouvions vraiment, comme si ces histoires nous permettaient de dire ce qu'il y a de plus fondamental en nous. En ce sens, donner de l'épaisseur à l'histoire, la poétiser, ne veut absolument pas dire y surajouter arbitrairement quelque chose. Les songes qui surviennent pendant la nuit sont régis par des lois internes. Nous ne sommes pas libres d'inventer nos cauchemars: ils s'imposent à nous. *C'est bien pourquoi* la Bible peut déclarer que les songes sont des messages divins, qu'ils nous mettent en contact avec les puissance célestes, que ce sont des révélations angéliques. Les rêves sont des routes qui nous conduisent dans des profondeurs nous permettant soudain de découvrir une autre forme de réalité, souvent *plus vraie* humainement parlant. En résumé, nous croyons pouvoir dominer la réalité extérieure, la peste, le choléra. Mais nous restons accablés par la faim, la guerre, l'injustice, bref, par tout ce qui sourd de nous et qui se révèle beaucoup plus dangereux que ce dont nous pouvons vérifier l'existence dans la nature extérieure. La religion devrait nous guérir de cette peur en nous. C'est pourquoi il nous faut comprendre ses symboles. D'où la nécessité de lire la Bible, non plus comme un livre historique, mais comme un ouvrage nous révélant symboliquement ce qui vaut pour tous les temps.

— *Tout ceci est extrêmement éclairant, mais bien difficile à réaliser; car cela supposerait la connaissance préalable du langage symbolique tel qu'il s'est traduit depuis les origines dans les contes, les rêves, les légendes, en somme la masse de choses qu'on trouve en lisant vos livres. Car on vous voit comme un personnage avec d'épais fichiers, des classifications, des mots clefs grâce auxquels vous pouvez tirer au bon moment la fiche adaptée à chacun. Bref, vous disposez, vous, d'une somme de connaissances mythologiques ou psychanalytiques qui vous permettent d'éclairer les textes bibliques, que ce soient des récits de miracles ou de quelconques autres événements. Mais sans cet acquis, ce que vous proposez est terriblement difficile, inconcevable même.*

— A vrai dire, je n'ai pas de fichier, et même pas...

— *Vous avez tout en tête?*

— C'est tout au moins ce que je *voudrais*, pour que tout soit vivant. Je me dis qu'il est inutile d'écrire ce dont je ne garde pas le souvenir vivant; c'est que cela ne vaut pas la peine de se le rappeler. Évidemment, en ce qui concerne les détails, les citations... Encore faut-il que cela reste vivant. Je ne crois pas que le problème vienne de notre carence de connaissances, de manque d'informations extérieures. Bien sûr: celui qui s'est frotté de psychanalyse, d'histoire des religions, d'ethnologie ou même un peu d'archéologie dipose sûrement d'un champ de savoir lui permettant de mieux comprendre les textes anciens, ou même, chose surprenante, ses propres rêves. Car, ce qu'il y a d'étonnant dans la psychanalyse, c'est qu'aux moments de crise, les gens sont toujours reconduits à eux-mêmes par des rêves similaires à ceux que raconte la Bible. Une femme a un enfant, ne sait pas de qui il est; on la tourne en dérision. Elle le met au monde au milieu des persécutions, le dépose en un endroit quelconque, tout à fait comme dans le récit évangélique de Noël. Ou bien quelqu'un traverse un torrent gonflé, sombre dans la marginalité et l'abandon, est en butte à la persécution, exactement comme dans le récit de l'Exode dans l'Ancien Testament. Ces images ne cessent de ressurgir et je pense que le problème n'est pas d'emmagasiner à foison tout ce savoir. Il est d'admettre le caractère fortement névrotique de nos rêves et de reconnaître combien nous vivons dans une société étrangère à la poésie, à l'art, au songe, une société radicalement incapable de comprendre le symbolisme.

Je me contenterai d'une allusion: regardez à quel point nos rites religieux sont devenus ennuyeux, au point de ne plus rien dire. Nos sacrements? Nous les justifions par une construction intellectuelle et par des déclarations dogmatiques. Mais ils ont cessé de vivre de l'intérieur. C'est là quelque chose de terrible, qui montre où nous en sommes arrivés. Allez voir ce qui se passe dans d'autres cultures, par exemple chez les Indiens d'Amérique du Nord: en 1850, J.G. Kohl écrivait avoir rencontré des peuples où, à sa grande stupeur, on initiait les enfants de dix ou douze ans à la réception des songes divins. Il existait donc un enseignement régulier pour leur apprendre à rêver correctement, chose admirable à laquelle la psychanalyse ne parvient que lentement et en balbutiant. Nous possédons quelques exemples fantastiques de ce genre de songes. En 1920, le chaman Cerf Noir racontait dans sa biographie que petit enfant, à l'âge de huit ans, il avait eu un songe au cours duquel il avait entendu l'appel à devenir guérisseur, prêtre-médecin de sa tribu. La rédaction qu'il fait de cet événement prend plus de vingt-cinq pages, et les images qu'il donne surpassent celles d'Ezéchiel ou de l'Apocalypse: il se voit transporté au centre de la terre, et le monde s'étend autour de lui comme un paradis abrité par un arbre fleuri, un Wagatchum. Sous lui, tous les peuples de la terre forment un cercle: c'est le monde de la paix; et les six ancêtres, donc les puissances du monde qui passe, l'appellent à trouver une herbe bien précise dont l'imposition symbolique guérira tous les bipèdes malades allongés autour de lui. Durant ce songe, le jeune garçon doit rester couché trois jours entiers dans son tipi, comme s'il était malade ou absent. Par la suite, il a gardé des années ce rêve secret. Mais, dit-il lui-même, tout était là, toute sa vie. Ce sont là des choses extraordinaires auxquelles nos cultures ne nous ont pas initiés, qu'elles ont même systématiquement éliminées, et c'est bien *cela* qui nous rend si difficile l'intelligence du message religieux.

— *Et, faute de pouvoir retrouver notre santé dans un de*

ces lieux où pourraient survivre ces civilisations indiennes perdues, nous nous lamentons de voir ce qui nous est advenu. Nous avons parfaitement su nous y prendre pour répandre notre mode occidental de penser et d'agir, mais à quel prix! Il n'en est rien sorti. La question est donc de savoir comment retrouver ce passé, au moins si nous comprenons l'urgence d'en revenir à une vie saine, réussie, heureuse. Comment reconstruire notre univers, si toutefois il y a encore quelque chose à faire?

En ce qui concerne les récits de miracles dans la Bible — nous aurons à y revenir — je n'éprouve pour ma part aucune difficulté, en dépit de mon « éducation » historico-critique. Il m'est parfaitement indifférent de savoir dans quelle mesure l'exégèse a démontré l'inexistence des miracles attribués à Jésus et établi que ce ne sont que des récits au service de l'annonce de la Bonne Nouvelle: cet homme n'est pas comme les autres; il est le Fils de Dieu. Il a plein pouvoir, même de commander à la nature; il peut faire marcher les paralysés et ressusciter les morts. Non, cela ne me cause aucune difficulté, tout au moins en ce qui concerne ces récits de miracles. Car, quelles que soient les conclusions de l'exégèse, je crois que ce sont là choses possibles, des choses possibles jusqu'à aujourd'hui encore. J'ai découvert qu'il y a aussi, maintenant encore, des gens capables de guérir en imposant les mains, en laissant sortir d'eux quelque chose qui guérit et sauve, quelque chose qu'ils avaient déjà en eux. Ils reconnaissent dans cette force de guérison un don divin, une force d'en haut. Vraiment, je n'éprouve pas de difficulté...

— Pour en revenir à votre point de départ: je crois aussi que nous avons terriblement réussi: tout autour du globe, nous ne rencontrons plus que des gens construits sur le type européen, et cela ne fait que s'étendre. C'est là un modèle parfaitement destructeur, et on voit s'évanouir toute possibilité de le guérir ou de le régénérer, même si nos maladies, disons nos névroses, nous conduisent à redécouvrir de façon confuse et fragmentaire ce que nous permettaient de vivre les anciennes religions. En ce qui concerne l'interprétation de la Bible, mon espoir est simplement qu'elle puisse accomplir ce qui devrait se passer dans toute conversation. Quand je propose de la relire comme si c'était nos propres rêves, je ne crois pas que ce soit difficile. Ce qui est difficile, c'est d'apprendre l'exégèse actuelle. La philologie, qui en est un élément, l'archéologie, l'histoire des formes, et toutes ces connais-sances hyper-pointues concernant la diversité des couches rédactionnelles du texte et des formes de tradition orale, les intentions sous-jacentes aux énoncés, bref, tout ce qui est œuvre de spécialiste, tout ce qui reste pratiquement inacces-sible aux gens ordinaires et qui se révèle inutile tant à l'école qu'en chaire. Je pense au contraire que nous devrions faire ce que nous faisons avec un ami quand il nous raconte quelque chose qui compte pour lui, une injustice par exemple: nous reposons des questions sur la façon dont cela s'est passé. Quand je souhaite garder un peu de distance avec des gens que je rencontre, je me satisfais de questions plus vagues: avec quelle auto est-il venu, l'autoroute n'était-elle pas trop encombrée, quel temps faisait-il sur la route?... En langage de psychiatrie, je tangentialise le débat, j'en reste à la super-ficie. C'est toujours commode à table, car cela ne suppose aucun engagement intérieur. À la fin, j'ai collecté des tas de renseignements sur l'autre, mais je n'en connais pas pour cinq sous de plus.

Je pense que c'est comme cela qu'on lit aujourd'hui la Bible. On s'intéresse à toutes sortes de choses qui ne font que nous écarter du texte et des problèmes de notre existence. Ce que fait la psychanalyse est apparemment très difficile et coûteux, donc réservé à quelques privilégiés de la société: elle recrée une forme intelligente de relation entre les gens. Elle fait réécouter l'autre en permettant d'entrer en résonance avec les sentiments qu'il exprime, de telle sorte que cet autre comprend qu'on l'accompagne vraiment dans ce qu'il *éprouve*, dans les détours de ce qu'il raconte.

C'est pourquoi je propose simplement de lire ces textes comme on écoute son meilleur ami. Autrement dit, au lieu de s'intéresser aux faits, de s'intéresser à ses sentiments; au lieu de vouloir découvrir les motifs objectifs expliquant l'enchaînement de ses actes, être à l'écoute de sa peine, de son angoisse, de ses besoins, de ses craintes telles qu'il les voit; et de cette façon, comprendre pourquoi il agit et parle de telle façon... On constatera alors que la question n'est absolument pas de savoir si Rachel, Jacob ou Esaü ont bien vécu il y a 2800 ans , mais de savoir s'il existe aujourd'hui, près de nous, une Rachel, un Jacob, un Esaü. Car ces figures restent toujours vivantes.

En ce qui concerne les miracles, j'aimerais vous donner un exemple. A la fin d'un cours, un prêtre vint me dire: « Monsieur Drewermann, j'aimerais vous poser une question: Croyez-vous aux miracles de Jésus? » Je lui répondit: « Sûrement, cher confrère ». « Non, reprit-il, ce que je veux exactement savoir, c'est si vous croyez par exemple que Jésus a marché sur les eaux. » « Oui, je crois que Jésus a marché sur les eaux. » Il continua: « Excusez-moi d'insister; mais je voudrais savoir si, pour vous, c'est réel ou symbolique? » Je lui répondis: « Maintenant je ne comprends plus le sens de votre question, car je crois que la réalité religieuse *n'est que* symbolique. C'est la seule qui soit réellement efficace. Que voulez-vous savoir? Au printemps 1945, lorsque des torpilleurs russes envoyèrent au fond des eaux glacées de la Baltique le *Wilhem Gustloff*, avec douze mille personnes à bord, il y eut bien des personnes à prier et à crier vers Dieu. Entendez-vous dire du haut de la chaire à vos paroissiens que Dieu fait des miracles, et que l'eau devient un tremplin? Dieu ne fait pas ce genre de miracle, il ne l'a jamais fait et il ne le fera pas. Je n'en crois pas moins que Jésus a marché sur les eaux et qu'il continue à le faire. Partagés entre la peur et la confiance, c'est toujours à nous de décider de savoir si le monde est un abîme, ainsi que cela saute aux yeux au moment où nous devons nous affronter à la mort. Verrons-nous simplement la houle, entendrons-nous seulement le bruit de la tempête, ou verrons-nous une forme se détacher de l'autre rive pour venir à nous? Suivant notre réponse, nous nous enfoncerons ou nous sentirons l'eau nous porter. »

Voilà ce qu'est la foi. C'est pour cela qu'il y a tous ces symboles. Ceux qui les découvrent suffisamment en profondeur comprennent que ce monde, que notre existence terrestre, au lieu de n'être qu'un piège, s'ouvrent et se transforment. Car ce monde est plein de miracles. Encore pour cela faut-il être prêt à les accepter symboliquement.

— Tâchez de préciser les choses à partir d'un exemple précis. Prenons le miracle rapporté en Luc 8, 40-56. Commençons par le relire. Pour ce faire, j'ai sélectionné la traduction œcuménique de la Bible — et ceci contre votre

souhait explicite — parce qu'elle est très usuelle et qu'on la lit constamment dans l'Église. Tous ceux qui en savent un peu plus que moi — et j'en ai bien conscience — disent qu'elle n'est pas particulièrement apte à porter vers un sens religieux et n'ouvre guère à une descente dans les profondeurs. Il s'agit de la résurrection de la fille de Jaïre et de la guérison d'une femme malade. Jésus vient du lac...

A son retour, Jésus fut accueilli par la foule, car ils étaient tous à l'attendre. Et voici qu'arriva un homme du nom de Jaïros: il était chef de la synagogue. Tombant aux pieds de Jésus, il le suppliait de venir dans sa maison parce qu'il avait une fille unique, d'environ douze ans, qui était mourante. Pendant que Jésus s'y rendait, les gens le serraient à l'étouffer.

Il y avait là une femme qui souffrait d'hémorragie depuis douze ans: elle avait dépensé tout son avoir en médecins et aucun n'avait pu la guérir. Elle s'approcha par-derrière, toucha la frange de son vêtement, et à l'instant même, son hémorragie s'arrêta. Jésus demanda: « Qui est celui qui m'a touché? » Comme tous s'en défendaient, Pierre dit: « Maître, ce sont les gens qui te serrent et te pressent. » Mais Jésus dit: « Quelqu'un m'a touché; j'ai bien senti qu'une force était sortie de moi. » Voyant qu'elle n'avait pu passer inaperçue, la femme vint en tremblant se jeter à ses pieds; elle raconta devant tout le peuple pour quel motif elle l'avait touché, et comment elle avait été guérie à l'instant même. Alors il lui dit: « Ma fille, ta foi t'a sauvée. Va en paix. »

Il parlait encore quand arrriva de chez le chef de la synagogue quelqu'un qui lui dit: « Ta fille est morte. N'ennuie plus le maître. » Mais Jésus, qui avait entendu, dit à Jaïros: « Sois sans crainte; crois seulement, et elle sera sauvée. » A son arrivée à la maison, il ne laissa entrer que Pierre, Jean et Jacques avec le père et la mère de l'enfant. Tous pleuraient et se lamentaient sur elle. Jésus dit: « Ne pleurez pas; elle n'est pas morte, elle dort. » Et ils se moquaient de lui, car ils savaient qu'elle était morte. Mais lui, prenant sa main, l'appela: « Mon enfant, réveille-toi », et elle se leva à l'instant même. Et il enjoignit de lui donner à manger. Ses parents furent bouleversés; et il leur ordonna de ne dire à personne ce qui était arrivé.

— Au fond, il y a deux récits en un, et il s'agit donc de l'interprétation de deux histoires.

— Et c'est bien là le problème, dès lors qu'on veut lire le texte en un sens historico-critique. Car il faut alors constater que la guérison de l'hémorroïsse est ce qui donne le temps à la maladie de la fille de Jaïre de devenir mortelle. La première guérison interrompt la seconde, et l'art narratif du récit donne alors à l'événement un caractère dramatique. C'est exactement ce qui se passe aujourd'hui dans des films très ordinaires, où le sauveur surgit naturellement au dernier moment; où c'est à l'instant où l'avalanche gronde que le pauvre sauveteur arrive. Du point de vue dramatique, de tels récits ont un effet considérable. Mais, historiquement parlant, ils sont d'autant moins crédibles qu'ils sont plus typés. C'est bien pourquoi on peut dire de cette histoire que ses éléments typiques sont à comprendre poétiquement plutôt qu'historiquement. Le récit entend faire voir que Jésus a la force d'accomplir des miracles. Mais cela ne suffit pas pour comprendre la quintessence du récit précis, car ici il est dit que Jésus exige une foi bien affirmée, seule capable d'arracher à la maladie. Et je pense qu'il nous faut chercher à nous glisser dans les sentiments des gens décrits tels qu'ils le sont ici. Il est absolument nécessaire de nous imaginer le vécu de ces gens — dans le cas précis, le désarroi et la souffrance tant de l'hémorroïsse que du père, Jaïre — pour pouvoir identifier notre histoire à la leur.

— Tout au moins en ce qui me concerne, c'est assez simple. La science exégétique me fait déjà connaître les conditions sociales et la mentalité religieuse de l'époque. Je perçois donc l'impression de drame que doit éprouver une femme vivant depuis douze ans dans un état d'impureté rituelle. Elle était vraiment marginalisée, ce qui ne serait plus le cas aujourd'hui. Cela, il faut bien le savoir, et c'est sûrement important. C'est ce qui me permet de participer un peu à ce sentiment de misère et de désespoir qui devait être le sien. Je compatis d'autant plus avec elle que, suivant le récit, personne n'avait pu la guérir. Une autre rédaction explique qu'elle était passée de médecin en médecin et qu'elle avait dépensé secrètement beaucoup d'argent sans avoir jamais été guérie.

Il est donc en somme assez facile de s'imaginer dans cette situation sans issue; d'imaginer également l'impossibilité où se trouvait cette femme de se mêler à la foule: que se passerait-il si on découvrait son mal, une impureté légale contagieuse par simple contact. Quelle audace ne lui fallait-il pas pour toucher Jésus sous prétexte qu'elle croyait en sa force de salut.

— Je pense que pour comprendre le véritable thème de ce récit, il faut effectivement prêter attention au lien entre les deux miracles. On a d'abord affaire à une femme qui, toute sa vie, a souffert d'être femme. C'est là un destin que seule une femme peut vivre ainsi. Puis on a à faire à une jeune fille qui justement devient nubile: elle a douze ans quand elle meurt. Autrement dit, il s'agit de deux femmes qui vivent un moment brûlant: ni l'une ni l'autre n'arrivent à se situer comme femmes dans une société masculine, l'une à l'orée de sa vie, l'autre en son milieu. Si on ordonne ainsi la scène, sa dramaturgie intérieure n'en acquiert que plus d'importance et de densité. Car, c'est exact: le livre des Nombres déclare que la femme souffrant d'une perte de sang est cultuellement impure. Elle est donc exclue et doit prévenir tous ceux qui l'approchent de s'éloigner d'elle....

— *Et cela valait aussi pour le cycle menstruel normal?*

— Exactement. Mais ici, il s'agit d'une ménorragie. Je pense cependant qu'il ne suffit pas de constater ce fait. C'est le moment de se rappeler aussi quelques données de psychosomatique et de la psychodynamique propre à cette maladie. Je plaide également beaucoup en faveur d'une interprétation de la Bible partant des expériences vécues et reconduisant à l'expérience vécue. Or, cette histoire, c'est une femme qui me l'a expliquée à partir de son expérience: elle avait souffert de la même maladie. Elle était d'une de ces familles qu'il suffit de connaître pour vous hérisser à la seule idée de se marier. Cette fille ne pouvait croire à la possibilité d'aimer ou d'être aimée. Elle avait fini par fuir de chez ses parents et avait cherché une compensation à ses problèmes dans ses études. Ceci jusqu'au jour où elle découvrit un étudiant qui devint pour ainsi dire le modèle de toute sa vie. Lui la supporta près d'un an, puis lui déclara qu'elle était vraiment trop compliquée. Elle commença le jour même une perte de sang. Elle me l'a dit elle-même: « C'était pire que la mort, je ne cherchais qu'à fuir. » Les autres maladies peuvent tuer le corps. Mais celle-là peut tuer l'âme. On peut avoir le corps sain, mais que faire, quand on ne sait plus pourquoi on vit? Brève interruption du mal, à la suite de la connaissance qu'elle fit d'un autre jeune homme plus âgé dont elle s'éprit. Mais celui-ci lui répéta les mêmes propos: « Tu es trop compliquée pour moi. » Elle en conclut: « Les hommes désirent tous la beauté de mon corps; ils m'utilisent et je me laisse avoir. Tant que je ne suis pas amoureuse d'eux, ils m'aiment bien. Mais dès que je parle de moi, ils me laissent tomber. »

Je pense que c'est ainsi qu'on doit se figurer l'histoire. A certains moments décisifs de leur vie, les actions des gens ne sont qu'un raccourci de leur être véritable. Car, à ces moments-là, ils n'agissent pas par pur hasard. Face au récit évangélique, je me dis alors que l'attitude de cette femme dans cette scène résume toute sa vie. Ce n'est pas à cause de sa perte de sang qu'elle a une difficulté de contact. C'est le contraire. Elle craint tout contact; elle a peur de faire confiance à l'amour. Et c'est cela qui l'a rendue malade. A travers sa maladie, elle ne fait que confirmer son angoisse, celle qui a toujours été la sienne. Les blessures de son corps ne font que traduire celles de son âme, beaucoup plus profondes que les premières. A partir de ce moment, tout est coincé, ainsi que le montre fort bien l'Évangile de Marc: il n'y a plus que des contacts d'apparence, de commande, de type mercantile. Il devient désormais parfaitement impensable de trouver quelqu'un qui accepterait d'avoir à faire à elle. Bien sûr, si elle paye, très cher peut-être, on devra bien s'occuper sérieusement d'elle, mais professionnellement. On en arrive alors à un véritable cercle vicieux: dans toute sa vie, cette femme ne cesse de se fuir toujours plus. Elle ne peut plus jouer que sur l'argent qu'elle dépense. Mais elle ne reçoit rien en retour. Il lui faut sans fin saigner, autrement dit se sacrifier, sans jamais rien garder pour elle. Il lui faut se jeter aux pieds des autres en espérant un peu de reconnaissance. Vous notez fort justement combien son idée d'aller toucher le Nazaréen est étonnante. Elle en a elle-même peur. Elle ne peut la mettre à exécution que sous forme de vol, en douce, par-derrière, comme s'il s'agissait de quelque chose de malséant. Il faut ici comprendre de l'intérieur ces idées, aujourd'hui apparemment surannées, d'une guérison au contact d'une force quasi magique qui s'écoule. Imaginonsnous une rencontre qui appelle une énorme concentration d'énergie; un contact si tendre et si humain qu'il est capable de guérir; une forme de relation susceptible de brider une plaie saignante. Si je lis *ainsi* le texte, c'est bien ce que Jésus a dû ressentir: au millieu du tourbillon de cette foule, il a senti à la dérobée une présence d'une tout autre nature. Alors il réagit (je me dis que cela pourrait constituer l'objet d'une véritable thèse d'exégèse: dans la Bible, comment Jésus ou comment Dieu posent-il des questions? Cela ne prend jamais forme inquisitoriale obligeant les gens à sortir leur histoire; mais c'est toujours une façon *d'aider* les gens ainsi interrogés). Je pense que c'est le sens de la question de Jésus: « Qui m'a touché? » Il se refuse à un contact qui lui serait volé: il entend qu'il soit clair. Si c'est bien ça, je trouve cette scène fantastique. Une femme, qui a passé sa vie dans la honte d'être femme, et plus encore d'être *cette* femme, doit admettre publiquement qu'elle a elle-même pollué un homme, qu'elle a volé ce contact, sans tenir compte de la Loi; et elle s'entend justifier! Elle découvre que Jésus lui donne raison! Quand celui-ci lui dit: « Ta foi t'a sauvée », c'est vraiment merveilleux. Cela signifie en particulier qu'elle a bien fait d'oser outrepasser la Loi écrite. Pour parler en image: selon la Loi, la femme guérie d'un épanchement de sang doit normalement offrir une colombe en sacrifice; mais je pense qu'ici il n'y a plus rien à sacrifier: c'est l'âme qui est offerte au ciel, telle une colombe. Quel courage inouï est celui de Jésus, pour prendre ainsi publiquement parti en faveur d'une malade de ce genre et défendre la confiance qu'elle a mise en lui! Ce que confirme le fait qu'il n'éprouve lui-même aucun besoin de se purifier. Le problème est réglé.

La foi de cette femme n'est sûrement pas foi au Christ, au sens dogmatique du terme, celui d'une sorte de vérité de catéchisme. C'est une foi qui jaillit du tréfond d'une douleur et d'un désespoir sans issue. Croire de cette façon, c'est lester sa vie de confiance, d'une confiance telle qu'elle chasse l'angoisse. Or Jésus entre dans cette démarche; il y répond. Quelle connivence du masculin et du féminin! Comment celle-ci ne ferait-elle pas sauter l'angoisse.

Continuons l'histoire. Elle s'est comme arrêtée un instant. Mais il y a là cet homme qui attend, un peu à l'écart. Il bout d'impatience, parce que sa fille de douze ans est à la mort.

Représentez-vous un peu la réaction de ce Jaïre, chef de la synagogue, devant ce retard dû à cette scène avec l'hémorroïsse! Et voilà que des gens viennent lui dire: « Trop tard. » Choc! « Qui donc est ce Jésus, pour avoir perdu tant de temps à s'occuper d'un détail? Les gens d'envergure, eux, courent à l'essentiel! L'essentiel, l'urgent, c'était sa fille! L'autre? douze ans qu'elle était malade! Elle aurait bien pu attendre encore deux heures. » Mais non! Pour Jésus, c'est elle qui était importante, puisqu'elle était là. L'envergure d'un personnage pourrait donc aussi se mesurer au temps qu'il consacre aux incidents de parcours et aux cas individuels?

Maintenant, pour essayer de nous mettre dans la peau de la fille de Jaïre, essayons de comprendre la relation qui pouvait exister entre elle et son père, avec toute la différence de niveau que cela comporte. Dans l'Évangile de Marc, il est toujours question d'elle comme d'une « petite fille »: « Ma petite fille est malade », déclare le père, alors qu'il parle d'une fille qui en fait devient nubile. Il se pourrait que la maladie ne soit qu'une réaction à cette situation, nouvelle pour elle. Car elle est arrivée à l'âge où il lui faut prendre sa place de femme sur la scène publique. Or c'est ce qu'elle ne peut pas. Il suffit de se l'imaginer dans la situation de tous ces enfants dont les parents occupent une position analogue, professeur, pasteur, juge: ils vivent dans l'ombre d'un personnage qui tient tout naturellement à ce que ses enfants lui fassent honneur; il attend de pouvoir les produire en public, devant tout le monde, et il leur demande donc de bien tenir la place que la loi leur attribue. Représentez-vous maintenant une fillette qui aime son père, qui est prête à tout... sauf à prendre son indépendance, ou même à oser aimer. Il est fort possible que la maladie de la fille de Jaïre tienne à ce que son père l'ait étouffée à force d'amour. C'est en tout cas ce qui me permettrait de comprendre pourquoi Jésus se presse si peu et prend vraiment tout son temps, en dépit du risque, pourtant énorme; précisément ce risque auquel Jaïre n'a jamais pu consentir. Il me semble que la leçon indirecte qu'il doit tirer de l'affaire saute aux yeux: il lui faut renoncer à vouloir à tout prix, de gré ou de force, décharger sa fille de ses responsabilités: elle est assez grande! Elle a l'âge! Elle est mûre.

Ajoutons à cela que l'Évangile de Luc tend à arrondir un peu les angles. Marc est beaucoup plus carré, mais aussi plus crédible...

— *Marc est le plus primitif?*

— Dans le cas présent, c'est l'évangile le plus primitif, celui que Luc a sous les yeux quand il formule son propre texte. Chez Marc, il est dit qu'en entrant chez le chef de la synagogue, Jésus se heurte à des gens qui déclarent tout inutile. Ils ne font que pleurer et se lamenter. Il faut bien voir que...

— *Mais Luc dit la même chose: « les uns pleuraient et se lamentaient. »*

— Effectivement, c'est aussi dans Luc. Mais ce que j'allais vous dire n'y est plus: quand Jésus se heurte à ces gens, il entre immédiatement en conflit avec eux, et on peut vraiment parler ici d'un conflit à mort. Jaïre, un homme chargé d'interpréter la Loi, un homme qui se réclame de Dieu dans toute sa vie, se trouve, lui et sa famille, si abattu par cette mort qu'il la considère comme définitive. Si nous sommes pratiquants réguliers du dimanche, essayons donc un peu de nous demander lucidement à quoi nous croyons vraiment: quelle est notre vision de la vie? Si, inconsciemment ou en toute conscience, nous ne croyons *qu'à* cette vie terrestre, à celle qui dure quelques décennies, nous en suons d'angoisse. Pour garder en vie ceux que nous aimons, nous nous retroussons les manches, nous les étouffons sous nos soins, nous les mettons sous cloche. Mais, nous avons beau faire, nous n'échapperons *jamais* au piège que constitue cette existence. Or ces mêmes gens qui attendaient un miracle de Jésus sont les mêmes pour lesquels il n'y a maintenant plus rien à faire, parce que la mort est plus forte que Dieu. Marc indique alors bien — et c'est ce point que je voulais faire ressortir — que Jésus ne veut plus avoir à faire à eux. A peine leur a-t-il dit que la fillette n'est pas morte, mais bien vivante, et seulement endormie, qu'ils se mettent à rire. On ne saurait sans doute trouver dans toute la Bible de rire aussi railleur, aussi cynique, aussi satanique, parce que dépourvu de toute foi. Mauvais plaisant, celui qui dénie à la mort le dernier mot de la vie! Alors Marc se fait très énergique: il déclare simplement que Jésus les fout dehors (en grec, *ekballein*, jeter dehors). Discussion terminée! Puis il prend avec lui trois disciples — mention qu'on retrouve souvent dans l'Évangile — et j'y vois pour ma part bien autre chose qu'un réflexe de l'Église primitive désireuse d'illustrer les rapports qui existaient en son sein entre les apôtres: je pense qu'il s'agit d'un archétype, car le chiffre trois marque la concentration, et quatre indique une totalité; ce symbole est ici nécessaire pour marquer le salut et la vie. Nombreuses sont les scènes où on voit Jésus prendre trois personnes avec lui pour en faire les témoins de visions, de prières, ou de certains événements importants de sa vie.

Exactement à l'inverse de la guérison de l'hémorroïsse, où il avait obligé la femme à se confesser devant tout le monde, Jésus chasse donc la foule et ne se préoccupe plus maintenant que de la seule fillette; il la prend en main. Et on touche ici la grandeur et la puissance divine en même temps que la pauvreté de l'homme: je trouve admirable ce geste par lequel Jésus rend leur fille aux parents qu'il a aussi emmenés dans la chambre; car je me dis qu'en psychanalyse, il faut souvent des années pour libérer des gens de la mort que constituent et qu'incarnent les parents. C'est vraiment une chose extraordinaire que de voir des gens se remettre à vivre, au point qu'on peut les rendre à leurs parents: ils recommencent à les aimer; ils sont désormais capables de supporter leur amour sans en être étouffés. « Faites-la manger », dit tout de suite Jésus dans Luc. « Que les gens la ferment », dit-il dans Marc. Il n'y a pas à faire connaître ce miracle à la foule, car elle s'est définitivement déconsidérée — publicité et propagande ne font ici pas le poids. C'est vraiment le miracle de la confiance, de cette confiance avec laquelle un homme, seul dans son malheur, s'est présenté devant Dieu.

— *On retrouve l'ordre de se taire à la fin de beaucoup de récits de miracles. Jésus redit souvent: « N'en parlez à personne ».*

— C'est vrai, en particulier dans l'Évangile de Marc (bien que Matthieu et Luc lui aient repris ce trait). A tort ou à raison, on en a tiré une christologie, celle du mystère messianique. Pour ma part, je pense que, dans cette histoire, Jésus ne *peut* pas faire autrement. Ce qui se passe est simplement logique; car les deux guérisons, celle de l'hémorroïsse et celle de la fille de Jaïre, sont aussi relatives l'une à l'autre que la main droite et la main gauche: la vieille femme et la jeune femme; la guérison publique, la guérison secrète. Dans le premier cas, la femme s'est pressée contre Jésus *à l'encontre* de la Loi; dans le second, Jésus intervient à l'encontre de toute espérance; dans le premier cas, c'est la femme qui le touche, dans le second, c'est lui qui prend la main de la fillette. Les deux récits se renvoient l'un à l'autre, comme en miroir, et c'est pourquoi ils *doivent* se répondre comme la droite et la gauche: la femme *doit* avouer sa guérison devant une foule qui voulait l'interdire; mais, dans le cas de la guérison de la fille de Jaïre, on ne doit plus faire connaître le miracle, car il ne *vaut* que pour la jeune fille. Devant le miracle, les gens qui viennent de déclarer la mort toute-puissante et définitive ne sauraient que blablater.

Ces événements ne concernent que des individus. En cela déjà ils sont admirables. Impossible d'en transposer le sens, encore moins de les utiliser publicitairement. Mais le miracle, c'est toujours le fait que des gens se mettent à sa hauteur, et même, comme c'est ici le cas, que cela puisse se faire comme par délégation: quelque ambiguë que soit l'attitude de Jaïre, il n'en contribue pas moins à la guérison du désordre.

— *Quand j'ai réussi à comprendre un récit de miracles, ou deux, comme c'est ici le cas, qu'en tirer? Au fond, qu'est-ce que cela veut dire pour moi? Je puis y vibrer, mais ce n'est finalement pas mon affaire. Je pose cette question parce que je me demande souvent si ce type de lecture biblique ne comporte pas le danger de ne valoir que pour un cercle restreint de personnes, pour celles qui se trouvent immédiatement dans la même situation. Il y a d'ailleurs eu cette parole de Jésus (celle-là, je la pense certaine) selon laquelle il n'est pas venu pour les bien-portants, mais pour les malades. C'est là son premier message, et je pense le plus important, si les opprimés, les paumés, les foutus, viennent y puiser la force de se redresser et de se mouvoir librement dans la société. Mais la Bible attend manifestement plus que cela, et c'est en cela que je voudrais la suivre. Elle entend me dire: vous, faites la même chose. Soyez la même chose. Comportez-vous de la même façon les uns envers les autres. Donnez un visage semblable à votre société.*

— C'est ce dont je ne doute pas un instant. L'Église a même cité en araméen la parole que Jésus a adressée à la fille de Jaïre. C'est une façon de dire que c'est un exemple à suivre. Pour l'Église primitive, le texte marquait que, pour Jésus, il était absurde pour l'Église de continuer à pratiquer la Loi, ou même de réinstituer sous une forme nouvelle les ordonnances et les préceptes touchant la maladie et la santé. La femme est guérie, et cela fait partie de la foi qu'elle a montrée en envoyant promener les règlements. Jésus ne se contente pas de le dire: il agit en conséquence. Puisse l'Église qui l'annonce s'en inspirer un peu. Des femmes de ce genre doivent avoir leur chance. On peut imaginer toutes les variations possibles sur ce qui peut conduire les femmes à cette extrémité (les hommes aussi d'ailleurs): sur le clavier de la vie, ce thème s'y prête à l'infini.

Je ne pense pas pour autant que cette sorte de lecture biblique soit réservée à des initiés ou à des « insiders ».

— *Puis-je pousser plus loin? J'ai l'impression que, dans cette société masculine, dans cette « Église catholique » purement masculine, nous les femmes, nous restons aujourd'hui comme hier marquées d'une tache originaire, et que cela durera tant que l'Église maintiendra l'idée de notre incapacité d'être prêtres, donc de conférer les sacrements, ceci en raison de notre seul sexe. Car ce sont ces sacrements qui sont aujourd'hui les signes efficaces de salut. Cette situation qui nous est faite nous aide sûrement beaucoup à nous couler dans cette histoire.*

— Vous avez parfaitement raison. Pour moi, quand l'Église voit dans les sacrements la forme sous laquelle se reproduisent aujourd'hui les miracles de Jésus, elle parle avec toute son autorité dogmatique. Les miracles marquent le retour à un paradis perdu, et c'est dans les sacrements qu'on les vit. C'est là que l'Église exprime le plus fortement la vie qu'elle propose. Mais je ne vois en cela rien qui justifie en pratique l'exclusivisme masculin. Dans la première Église, il y a eu des femmes apôtres, par exemple Junie. Jésus lui-même n'a absolument pas eu peur d'entrer constamment en contact avec les femmes: elles sont nombreuses à s'être jointes à lui, y compris celles qui, pour cela, quittaient leur famille. Au chapitre 8 de son Évangile, Luc parle de Jeanne, la femme de Chuza, intendant d'Hérode. Il est très facile de s'imaginer les tensions que cela a dû provoquer au sein du ménage. En tout cas, on devrait dire que, presque nécessairement, plus il y a souffrance, plus il y a ouverture à la force salvatrice. Aussi bien que notre corps, notre âme a cette merveilleuse particularité de disposer de forces régulatrices capables de guérir nos maladies psychiques à travers des images, des rêves, des réactions inconscientes. Et ce seront toujours des images apparentées au religieux. Je trouve merveilleuse cette parole de Jésus, au début du Sermon sur la montagne — une parole incompréhensible si on l'arrache à son contexte de souffrance humaine: « Heureux ceux qui pleurent. » Je pense que la meilleure interprétation qu'en ait donnée la littérature est celle du roman *L'Idiot*, où une femme, Natacha Philippovna, souillée par le vulgaire Totzkij, véritablement saignée dans son honneur de femme, se trouve soudain sous les feux de la rampe dans la société de Saint-Petersbourg — où tout le monde la considère comme la poupée de la société. Elle souffre. Et il suffit au prince Mychkine de voir son image, sa photo, pour deviner la profondeur de sa blessure. Si seulement cette femme pouvait pleurer, au lieu de geindre ou de rire hystériquement, elle serait sauvée.

Dans notre société, il suffit de regarder tous ces gens stressés, paumés, un sourire de commande aux lèvres, anxieux de tenir, d'aller jusqu'au bout. Si seulement nous nous permettions parfois de pleurer! Mais non! Ce serait honteux. Quelle libération, dans cette seule parole: « Heureux ceux qui pleurent... » Mais qui le peut encore?

Je rêve souvent. Je rêve d'un christianisme qui prendrait au sérieux *l'idée pourtant présente* dans la Bible: celle du pouvoir de guérison qui est celui de la religion. Je tiens pour mauvaise la coupure que nous avons instaurée entre des choses qui vont ensemble. Nous avons les prêtres, qui s'occupent de religion, les « psy » qui s'occupent du psychisme, et les médecins qui s'occupent du corps. Il y a aussi les poètes, qui s'intéressent à certains sentiments. Et tout cela éclaté!

En réalité, tout cela ne fait qu'un. Exemple: les chamans décrits en ethnologie. J'ai déjà raconté comment Cerf Noir avait eu des rêves véritablement religieux, et par là salvifiques. La religion doit avoir le pouvoir de changer une société telle que la nôtre, une société qui coince les gens en ne les considérant que comme une machinerie faite de pièces réparables par d'autres machines. Qu'on puisse en arriver à ne voir dans les maladies psychiques qu'un problème de physiologie, de médicaments capables de remettre à plat un cerveau: voilà ce qu'il faut changer, au nom de la religion! Il suffit de revenir aux textes fondateurs de la Bonne Nouvelle chrétienne. Qu'attendre de cette religion, si elle ne prend même plus au sérieux son message, si elle renonce à son pouvoir de guérir en l'abandonnant à des cercles où il est permis de ne voir que de la charlatanerie, et si elle en vient à se contenter d'une pratique sacramentelle que personne ne prend plus au sérieux. Qui croit encore que l'extrême-onction est source de salut pour le corps et pour l'âme? Dans la Bible, ces deux aspects de la guérison ne faisaient qu'un. L'Écriture voyait dans la faute de l'homme la racine de sa détresse spirituelle et, par là, de sa maladie corporelle. Pour elle, c'était la séparation d'avec Dieu qui, marquant l'âme du sceau de l'angoisse, se répercutait jusqu'au niveau du corps. Nos séparations sont ruineuses et, en acceptant de ne se consacrer qu'à un aspect de ce qui est un, l'Église se rend coupable d'un véritable dépeçage.

— Les exemples bibliques que vous aviez choisis étaient sûrement plus parlants pour les femmes, car elles pouvaient s'y reconnaître. Je voudrais en prendre un autre qui sera peut-être plus facile pour les hommes. Il s'agit de la guérison du paralytique, au chapitre 5 de l'Évangile de Jean.

Après cela, il y eut une fête des Juifs et Jésus monta à Jérusalem. Or il existe à Jérusalem, près de la Probatique, une piscine qui s'appelle en hébreu Bethesda et qui a cinq portiques. Sous ces portiques gisaient une multitude d'infirmes, aveugles, boiteux, impotents, qui attendaient le bouillonnement de l'eau. Car l'ange du Seigneur descendait par moments dans la piscine et agitait l'eau.

Le premier à y entrer après que l'eau avait été agitée se trouvait guéri, quel que fût son mal. Il y avait là un homme qui était infirme depuis trente-huit ans. Jésus, le voyant étendu et apprenant qu'il était dans cet état depuis longtemps déjà, lui dit: « Veux-tu guérir? » L'infirme lui répondit: « Seigneur, je n'ai personne pour me jeter dans la piscine quand l'eau vient à être agitée et, le temps que j'y aille, un autre descend avant moi. » Jésus lui dit: « Lève-toi, prends ton grabat et marche. » Et aussitôt l'homme fut guéri; il prit son grabat et il marchait.

Or c'était le sabbat, ce jour-là. Les Juifs dirent donc à celui qui venait d'être guéri: « C'est le sabbat. Il ne t'est pas permis de porter ton grabat. » Il leur répondit: « Celui qui m'a guéri m'a dit: Prends ton grabat et marche. » Ils lui demandèrent: « Quel est cet homme qui t'a dit: prends ton grabat et marche? » Mais celui qui avait été guéri ne savait qui c'était. Jésus en effet avait disparu, car il y avait foule en ce lieu. Après cela, Jésus le rencontre dans le Temple et lui dit: « Te voilà guéri; ne pèche plus de peur qu'il ne t'arrive pire encore. » L'homme s'en fut révéler aux Juifs que c'était Jésus qui l'avait guéri. C'est pourquoi les Juifs persécutaient Jésus: parce qu'il avait fait ces choses-là le jour du sabbat. Mais il leur répondit: « Mon Père est toujours à l'œuvre, et moi aussi je suis à l'œuvre. » Aussi les Juifs n'en cherchaient que davantage à le tuer, puisque, non content de violer le sabbat, il appelait Dieu son propre Père, se faisant l'égal de Dieu.

— Si on veut considérer en lui-même ce récit de miracle, il faut commencer par mettre entre parenthèses l'interprétation que Jean en donne en situant cette guérison un jour de sabbat et en embrayant alors sur la controverse avec les Juifs. Il me semble aussi que la relation entre péché et salut, telle que Jean la met dans la bouche de Jésus, est fondamentale pour comprendre ce texte. Une doctrine de l'Église, très ancienne et très sage, me semble-t-il, dit qu'au début du monde, dans le paradis, il n'y avait ni mort ni maladie. Cette façon de voir s'oppose si manifestement aux données scientifiques sur le caractère inévitable de la mort de toutes nos cellules, dont chacune porte en elle son horloge interne déterminant sa durée de vie, qu'elle en devient apparemment incompréhensible. Si donc on accepte comme valable l'image du paradis, telle que la décrit le début de la Bible, cela doit être au sens suivant: aussi longtemps que l'homme se trouve dans un monde vraiment centré, aussi longtemps qu'il maintient dans sa vie un point de référence, un axe intérieur opérant la liaison entre la terre et le ciel, il échappe effectivement à ce que nous, séparés de Dieu et divisés en nous-mêmes comme nous le sommes, nous nommons maladie et mort. Sa vie reste étrangère au déchirement lié à l'angoisse et à la déréliction. Il ne se sent ni chassé ni exclu. Nul besoin de se torturer l'esprit à la recherche d'un moi perdu dont seuls quelques symptômes somatiques nous rappelleraient l'existence... Car ces maladies grimaçantes, si à la mode dans notre société hautement développée, ne sont que les produits du désaxement total de notre existence. Il en va de même de la mort: si elle nous tombe dessus, comme une obligation de quitter une vie que nous n'avons pas vraiment vécue, elle est horrible. Quand nos relations deviennent invivables, elles peuvent être pires que la mort. D'un point de vue strictement biologique, la vieillesse, la maladie et la mort sont à considérer comme des dons de la nature. Mais si nous les envisageons à partir de la contradiction constante qui nous habite, en fonction de nos complexes d'infériorité, de nos dégoûts de nous-mêmes, de notre méconnaissance de notre propre être, nous préférerions paradoxalement voir notre vie se prolonger, pour au moins y trouver un peu de sens: car l'essentiel ne s'est *jamais* produit. On traîne ses cauchemars et on s'éveille soudain avec la conscience qu'on a manqué quelque chose, mais on ne sait pas quoi. Aujourd'hui même, j'entendais quelqu'un me dire: « Je ne cesse de rêver d'un train qui démarre, je cours derrière et je ne le rattrape jamais. » L'homme a constamment peur devant la mort. Je dirais que la maladie et la mort sont les conséquences de notre déracinement ou, dans le langage de la Bible et de l'Église, de notre manque de foi.

— *C'est ce que voudrait dire la parole: Va et ne pèche plus?*

— « Ne pèche plus » ne signifie pas d'abord: « N'enfreins ni ce commandement, ni cet autre », mais « ne succombe pas à l'angoisse ». Je pense qu'il faut commencer par le rappeler. C'est ce que confirme immédiatement l'histoire de la piscine de Bethesda; car, en araméen, *Bethesda* signifie « maison de la grâce », et c'est là que quantité de malades se rassemblaient à la vue de tous, dans l'attente de la descente d'un ange de Dieu — à en croire tout au moins certains manuscrits occidentaux dont la version nous a été retransmise à travers la traduction latine, bien que ce passage soit manifestement plus tardif.

Ce serait merveilleux! Pouvoir penser le miracle comme produit par des anges venant effleurer notre vie. Nous découvririons que notre existence est entourée du battement d'ailes de puissances invisibles. Il y aurait l'eau de la vie, semblable à la source coulant du paradis jusqu'à nous. Telles sont les images à travers lesquelles la Bible, puis l'Église, ont tenté de nous proposer la vie. Quand nous prenons de l'eau bénite à l'entrée de l'Église, c'est comme une évocation de la source paradisiaque; c'est avec cette eau bénite que nous nous signons, que nous baptisons, que nous entrons dans le paradis, loin de la mort. C'est cela qu'on venait chercher à la piscine de Bethesda. Mais l'étonnant dans l'histoire, c'est cet homme qui a attendu trente-huit ans son salut et qui ne l'a pas trouvé. En lisant un récit de ce genre, je me demande parfois quels yeux il *fallait* à Jésus pour, simplement en passant, découvrir que cet homme était dans une tout autre situation que ses voisins et que, lui, avait besoin d'aide. Puisque cet infirme ne dit rien, il faut bien le repérer, et Jésus voit...

— *Oui, et il l'interroge: « Veux-tu être guéri? » N'est-ce pas une question extraordinaire pour quelqu'un qui gît là, pour quelqu'un dont on doit supposer que, s'il gît là, c'est qu'il veut guérir?*

— C'est le second temps notable dans les récits de miracles, par exemple celui de la guérison de Bartimée, dans l'Évangile de Marc (10,46-52). A des gens qui ont passé des années à mendier ou couchés sur un grabat, Jésus demande ce qu'ils veulent, *eux*. Cela montre manifestement que le miracle consiste en partie à réveiller des forces grâce auxquelles le malade peut demander ce qu'il veut. Où est-il permis, où est-il même exigé de dire soi-même ce dont on a besoin pour vivre, ce dont on éprouve le besoin pour exister vraiment?

— *Il est si facile de s'installer dans la maladie! Ici, trente-huit ans couché, trente-huit ans malade. Il est parfois plus facile de rester malade que de guérir.*

— En m'imaginant la vie de cet homme, je suis frappé de voir sa passivité. Il se plaint de n'avoir personne. En psychothérapie, je vois continuellement des gens me dire la même chose. Il est toujours question de dizaines d'années. Au cours de l'entretien, il faut alors chercher patiemment et attentivement à découvrir ce qu'ils ont fait, ou ce qu'ils n'ont pas fait, pour maintenir des contacts susceptibles de les aider; ont-ils eu le courage d'ouvrir la bouche ou se sont-ils trouvés bloqués? Quel rôle à joué le manque de confiance en soi ou le complexe d'infériorité? Dès avant sa paralysie, cet infirme devait être bourré de problèmes de ce genre. Il n'ose plus faire un pas. Il n'a pas un seul point d'appui...

— *Mais il n'ose n'ose non plus s'adresser à personne: si personne n'est là pour le jeter...*

— Oui. Le curieux, dans ces récits de miracles, c'est que symptômes et comportement des gens se répondent parfaitement. Quand nous disions au départ qu'il ne s'agissait pas de reportages historiques, mais de récits chargés de contenu, il ne faudrait sûrement pas entendre cela au sens de narrations imaginaires. Si on vibre ne serait-ce qu'un peu à ces histoires, on y verra que chacun de leurs éléments est exactement ce qu'il *doit* être; chaque détail doit s'insérer dans l'ensemble exactement comme il le fait. D'où le caractère si persuasif de ces récits.

En ce qui concerne l'homme de la piscine de Bethesda, je pense qu'effectivement tout s'engrène parfaitement: son incapacité de s'adressser à quelqu'un, de dire ce qu'il souhaite, son sentiment de solitude, sa résignation. Il gît là... Et vient alors le pire: la bousculade devant Dieu. Seul est guéri celui qui entre le premier dans la piscine. Il est vraiment triste de voir ce qui se passe devant cette mare de la grâce. Et le paralytique est impuissant. C'est pour cela que je voulais commencer par parler de la scène du paradis: là, il n'y avait rien de ce genre. Aucune lutte pour la vie. Ici, au contraire, au-delà de l'Eden, c'est le combat, même au cœur de la religion établie. Même devant Dieu, on est dans un système de concurrence et d'exclusion. C'est celui qui est en bonne santé qui m'enlève ce dont j'ai besoin pour vivre. Il n'y a rien de pire. Même la venue de l'ange ne fait que susciter envie, haine, résignation; elle provoque éternellement le même hurlement: je n'ai personne.

Ce qu'il y a d'admirable dans ce récit, c'est la façon très simple dont Jésus intervient. Règle à maintenir quand nous lisons ces histoires! J'ai déjà parlé d'une brusque *intensification* de la vie par accélération du temps. Pour comprendre comment ces histoires collent avec notre vie, il faut savoir que ce qui se passe ici en quelques minutes, ce qui est condensé en quelques phrases ou en quelques gestes, demande des années chez nous, thérapeutes. Ainsi certains rêves nous font-ils revivre en quelques instants des années de notre vie. De même, il suffit d'une séquence de film, de deux ou trois phrases d'un poème, pour résumer toute une longue période de notre existence. C'est la même chose ici. Un ordre sonne! Exécution imédiate: « Prends ton grabat et marche! » Autrement dit: N'attends plus, sois toi-même. Cesse d'attendre l'aide des autres, dresse-toi sur tes pieds.

— *Un grabat, c'est vraiment la couche d'un mort, même s'il ne s'agit pas d'un brancard. Mais si on est resté trente-huit ans allongé, on...*

— Oui... On retrouve ici en Jean 5 ce qu'on trouvait déjà en Marc 2: il s'agit du même objet: en grec *grabattos*, non pas brancard, mais bien grabat. Dans le grec populaire de l'époque, il s'agit presque d'une expression triviale. C'est pourquoi, dans certains textes, les Pères de l'Église ont changé le mot, provoquant ainsi presque un soulèvement. La Bible emploie un mot si vulgaire: ta « couche »! Si on voulait rendre cela aujourd'hui, on pourrait dire: « Allez! Prends ton matelas et mets tes chaussettes. » Cela donnerait à peu près la même chose. Cesse de traîner par là! C'est un ordre!

Avant de le traduire ainsi dans notre vie, avant d'en avoir le courage, il faut des années. Car il faut changer complètement *d'attitude*. Au lieu du « Qu'est-ce que les autres font ou ne font pas pour moi? », au lieu d'une résignation pleine de reproche pour les autres, il faut réveiller en soi la force d'oser entreprendre quelque chose. C'est ce qui se passe. Vient alors l'explication de Jean: nombreuses peuvent être les formes de paralysie, mais la pire est celle que l'homme s'impose au nom de la Loi. S'il y a bien un poison qui paralyse, c'est celui qui instille l'idée de Dieu comme d'un précepteur soucieux de voir respecter ses ordres, mais insoucieux de la vie de l'homme: genre de débat qui a sûrement tenu une grande place au temps de Jésus, mais qui est de tout temps. Je pense que ce serait encore s'écarter de l'essentiel que de rappeler certaines données exégétiques. On dira par exemple que ce texte évoque peut-être les conflits avec la secte de Qumrân dont les membres interprétaient les commandements de façon très stricte. Il est vrai que les nouvelles recherches montrent que l'Évangile de Jean pourrait être né dans ce cercle, mais qu'il s'en distancie...

— *Il suffit largement de dire qu'il était interdit à quelqu'un de porter son grabat le jour du sabbat...*

— et je reprends ici mon intervention contre la méthode historico-critique; il ne s'agit pas d'historiciser les problèmes, mais de montrer leur relation avec notre existence; ici, par exemple, que, dans les circonstances données, il est nécessaire pour le bien de l'homme d'enfreindre une loi divine; et non pas n'importe laquelle: un commandement dont la négligence pouvait mériter la mort. Inoui! Je voudrais prendre une comparaison. Il y a maintenant entre quarante et cinquante ans, sous le troisième Reich, nous nous trouvions devant le choix d'obéir ou non à une loi manifestement diabolique, sûrement pas voulue de Dieu. Question incroyablement difficile pour des millions d'Allemands! Je pense par exemple à Raoul Wallenberg, à Budapest en 1941: il lui faut décider du sort de tous ces Juifs que l'organisation de Eichmann embarquait dans des wagons à bestiaux vers les camps de concentration. Tout le monde savait que c'était un crime. Tout le monde savait ce qui allait se passer. Par trouille, tout le monde pliait devant des lois injustes. Sauf un! Il a pris sur lui de sauver des milliers de Juifs en recourant à un mensonge. Il a eu l'idée d'instituer un sauf-conduit et a ainsi tout débloqué. Fin de l'histoire pour lui: arrêté par les Russes comme espion américain. Comment croire qu'un homme eût donné de l'argent pour sauver des Juifs? Aujourd'hui encore, nul ne sait s'il gît encore dans quelque camp sibérien, dans quelque asile psychiatrique, ou s'il est mort. Voilà ce que peut avoir à affronter celui qui enfreint la loi, même quand elle est clairement et visiblement satanique. Qu'en est-il alors, quand il s'agit de lois dont on peut penser qu'elles sont sages, bonnes, voulues de Dieu? Le commandement du sabbat est un commandement merveilleux: il donne à une créature le droit au repos divin. Que dis-je, il lui fait une obligation de s'épanouir, de s'accomplir, de devenir homme. Loi vraiment admirable dont il faut retourner complètement le sens pour en faire une prescription conduisant à la destruction de l'homme! On doit pouvoir enfreindre les commandements, et tous les récits de miracles montrent la transformation à laquelle est appelée l'Église si elle veut devenir un exemple pour la société. Parlons net: je considère comme presque insupportable le fait qu'un Etat libéral puisse avoir des lois plus humaines que celles de l'Église. Impossible de continuer à vivre ainsi, plus mosaïquement que Moïse! Impossible! si on en appelle à ces récits.

— *Nous voici à la fin de notre émission. Je vous remercie. Au revoir.*

3

Théologie et psychologie [1]

Entretien entre Eugen Drewermann et Michael Albus

— *Monsieur Drewermann, à quoi attribuez-vous la méfiance si manifeste de l'Église vis-à-vis de l'usage de la psychanalyse en théologie.*

— Elle est injustifiée. Pour moi, la psychanalyse, la cure d'âme et la pastorale, et même la théologie, procèdent du même héritage culturel. Des siècles avant le christianisme, dans certains sanctuaires, des prêtres interprétaient déjà les songes, en tentant ainsi de reconduire les gens à eux-mêmes et à la divinité. Ce sont au reste des pratiques qui subsistent en marge de notre culture, chez ces peuples qu'on dit primitifs. Dans le christianisme, par crainte de tout ce que cela comportait de mythique et d'irrationnel, nous n'avons pas seulement cru devoir dénier toute valeur à cette couche d'expérience, mais nous avons même voulu y voir un obstacle à la foi. C'est ainsi que nous avons passé deux millénaires à avoir peur de nous-mêmes. Ajoutons le fait paradoxal auquel je n'ai absolument pas été préparé, jadis, au cours de mes études de théologie: je le dis carrément, l'Église me semble souvent le dernier réduit de notre société qui n'a pas encore vraiment fait sa place au droit, et où il est encore possible de

1. « Entretien du dimanche ». Émission de la deuxième chaîne de télévision allemande du 14.6.1987.

vivre au milieu d'un bric-à-brac psychique; toutes choses que Freud a décrites depuis quatre-vingts ans et que la masse des gens a déjà dépassées, mais qui n'ont rien perdu de leur mordant en ce qui concerne l'Église. Nous avons encore à apprendre à nous mettre sous la dent des problèmes tels que celui de l'Œdipe, encore totalement inassimilé par nos responsables. Plus encore: notre vision du développement psychique n'est pas assez ouverte pour nous permettre d'entrer en dialogue avec la psychanalyse.

— *Quelqu'un comme vous se trouve alors forcément pris entre deux fronts. Car le revers de la médaille, c'est le reproche des gens extérieurs à l'Église: selon eux, vous voudriez vous lancer dans une entreprise de « restauration de l'ordre religieux avec un zèle missionnaire dont il vaut mieux se méfier ». On vous regarde donc avec hargne, tant de l'extérieur que de l'intérieur. Est-ce que cela vous gêne, ou est-ce que vous vous en trouvez bien?*

— Je pense que la position entre deux chaises est souvent la bonne, humainement parlant, et qu'elle est difficile à éviter dès lors qu'on prend vraiment au sérieux ce qui apparaît relativement neuf à certains. Et il arrive souvent que vos adversaires vous comprennent mieux que vos amis. Ce qui m'intéresse effectivement, c'est la religion. Je crois aussi que la psychanalyse réveille certaines expériences en touchant à une couche, originellement religieuse, de la vie. Mais ce n'est pas ainsi que les gens voient habituellement les choses et, pour sa part, l'Église se refuse à les considérer ainsi. Pourtant, ce qui se produit en psychothérapie, c'est bien ce dont la religion devrait s'occuper en offrant aux gens un lieu où ils pourraient être eux-mêmes, sans dirigisme ni censure, et où la première question ne serait pas: « Que fais-tu? Est-ce que tu fais bien? » — autrement dit une question sur leur conformité à nos normes — mais: « Comment vas-tu? Qui es-tu? Quelle est ton histoire? Quelle est la vérité qui te fait vivre intérieurement? » Voilà ce dont nous devrions nous soucier, en renonçant à faire pression sur les gens, à les orienter. Je pense que cette prise au sérieux de la personne est fondamentalement d'ordre religieux; et c'est ce que je voudrais dire à ceux de l'extérieur. En ce qui concerne mon style de prédicateur, je rejoindrais Kierkegaard quand il disait: « Seule la vérité 'édifiante' est vérité pour toi. » Mon souci, c'est de parler de façon telle que chacun puisse m'entendre personnellement à la mesure de ce qu'il ressent. Je me méfie des idées qui laissent indifférents et des notions dont on ne peut se faire d'images. C'est ainsi que je parle. C'est dire que mon langage est normalement fort chargé d'affectivité.

— *Vous disiez que votre préoccupation, c'est la religion. Peut-on vous demander dans quelle mesure c'est aussi l'Église? Car on constate une incontestable renaissance des besoins religieux, mais en même temps la désertification des Églises, et cette contradiction pèse lourd sur nos contemporains.*

— Je tends à penser que l'Église fait tout pour réaliser le vieux programme de ses opposants: la réduction de sa doctrine à une morale. Au vu des écrits officiels, on s'aperçoit qu'on ne répond à la question « que faire? » qu'en termes de valeurs bien définies, de prescriptions précises fortement orientées. Pour moi, c'est mauvais! Dans la société, la religion devrait constituer le lieu où les gens pourraient retrouver une spontanéité enfouie, sans se trouver constamment soumis à la pression de l'extérieur. Pour parler en images: nous sommes dans un véritable Sahara. Nous savons qu'il y a des nappes d'eau à deux cents mètres sous le sable, et nous devons creuser pour les faire ressurgir. C'est ce que devrait faire la religion. L'Église dispose d'une masse d'images très profondes. Mais sa réflexion religieuse et sa théologie font essentiellement appel à la raison, à une raison dévoyée, rationalisée, catégoriale. Et ceci, me semble-t-il, à un niveau où la conscience se trouve aliénée. Car tout cela suppose pression, dressage, recours à la force, effort pour conquérir et élargir son monopole éducatif [2]. Nous sommes loin de cette attitude libérale, humaine et libre qui nous permettrait de nous situer au niveau de la psychanalyse. C'est pourtant à cet espace de liberté que les gens aspirent.

2. Rappelons ici qu'en Westphalie, les Églises disposent d'un pouvoir considérable en matière d'éducation (NDT).

— *Mais je pense que la raison a aussi sa place. Bien sûr, à certains moments — et encore aujourd'hui — on a trop insisté sur la rationalité. Mais j'ai l'impression qu'on assiste actuellement à un retour de l'affectivité qui tend à faire oublier ce que cette raison a de nécessaire.*

— Sûrement. Mais nous mettons un tel accent sur la raison que nous finissons par avoir peur de nous-mêmes, de nos sentiments, de rencontres vraiment humaines. Nous surévaluons le raisonnement en espérant que nous pourrons ainsi échapper à la folie. Cela nous a conduits à une série de vérités purement objectives, soi-disant valables pour tous, mais finalement sans valeur réelle pour ceux qui les profèrent. De l'absurdité à l'état pur! Autant causer avec sa canne. Bien sûr, il y a aussi l'inverse: ces gens si fixés sur leurs idées qu'elles finissent par ne plus valoir que pour eux; ils finissent par sombrer dans le subjectivisme. Ce que cherche la psychanalyse et ce que la religion devrait permettre, ce serait, non pas une nouvelle dichotomie, mais une nouvelle synthèse permettant de sentir ce qu'on pense et de penser ce qu'on sent. Je ne saurais mieux le dire qu'avec les mots d'Hölderlin: L'homme qui rêve est un dieu, celui qui réfléchit un mendiant. Mais celui qu'a déserté l'enthousiasme est comme l'enfant que son père a jeté à la rue: perdu, il compte les sous qu'on lui a donnés par pitié. Dans nos salles de conférences, nos instituts de formation, nos écoles, nous comptons nos sous avec le vain espoir d'en devenir riches. Or, plus cela dure, plus nous nous appauvrissons psychiquement.

— *Commme psychothérapeute, vous avez souvent à faire à des gens en crise et en situation d'échec. Pensez-vous vraiment que la psychothérapie puisse les aider en profondeur? Étant donné notre monde, je ne vois en elle qu'une sorte d'atelier de réparation des dégâts que provoque notre société. Pour moi, le travail du psychothérapeute consiste à permettre aux gens de fonctionner sans trop de friction dans une société malade et qui rend malade.*

— Il y a de cela. Notre situation est souvent celle d'une infirmière d'un poste de secours, chargée de réparer les hommes pour qu'on puisse les renvoyer au front; en fait elle contribue plus à la prolongation de la guerre qu'à sa suppression. La société dans laquelle nous vivons est mauvaise. Nous sommes submergés de maladies psychiques, et la psychanalyse ou toute autre psychothérapie ne cherchent qu'à y faire face. Mais la véritable aide ne saurait venir d'une quelconque méthode ou d'une école psychologique donnée. Les gens ne redeviendront personnes vivantes qu'en rencontrant d'autres personnes assez audacieuses pour vivre vraiment, et assez connaisseuses de soi pour cesser de transposer leurs peurs, leurs attentes ou leurs refoulements sur les autres; donc des personnes capables d'être vaiment elles-mêmes avec les autres, d'être elles-mêmes, sans retenue.

Quand cela se produit, on a vraiment comme une répétition de ce qui devrait devenir la règle. Je trouve absurde de voir des gens avoir à payer 400 francs pour se voir accorder trois quarts d'heure d'humanité en marge de notre société. Je pense que nous sommes en train de découvrir que la psychanalyse ne fait que jouer un rôle de pionnier par rapport à une société dont l'avènement nous permettrait enfin de vivre; d'une société où l'attention aux sentiments, et non plus seulement aux actes, aux prestations ou aux faits objectifs, ne serait plus une exception, mais la norme; où on prêterait vraiment attention aux hommes tels qu'ils existent; où on serait sensible aux élans intérieurs avant même qu'ils ne s'expriment; où on entendrait tout ce qui se dit entre les mots; où on s'intéresserait à la poésie qui se cache au cœur du voisin. Je voudrais le dire une fois pour toutes: la culture dont nous sommes imprégnés nous interdit de vivre vraiment le rêve et la poésie que nous portons en nous. Elle fuit l'extase du sentiment comme trop dangereuse. Avec pour tout résultat de ne nous reproposer nos images et nos fantaisies oniriques que sous forme de choses. Mais c'est alors ce qu'on appelle la psychose. Animaux, plantes, objets, commencent à se déconnecter de nous; ils ne font plus que nous redire indirectement le viol de notre dynamique intérieure, et nous finissons par réagir contre eux. D'où nos phobies de certaines bêtes, de fleurs, de situations...

— Phobie signifie sentiment d'angoisse devant quelque chose...

— Exactement: une angoisse qui conduit à fuir. La psychanalyse n'est donc pas qu'un atelier de réparation. Elle constitue aussi le lieu où nous pouvons reconnaître ce qui ne va pas dans notre société, et elle en fait voir un correctif possible. Au reste, ne sont vraiment critiques de la société que les gens dotés d'un moi assez fort pour s'arracher à elle en dominant leurs propres souffrances; des gens capables de dire: « Voilà les points qui nous ont rendus malades. Nous n'en voulons plus, ni dans l'Église, ni dans la société, ni dans la famille. Nous entendons y substituer un comportement humain. » C'est aussi là une des tâches de la psychanalyse.

— *Exact! Mais vous devrez également reconnaître qu'elle détraque aussi certaines personnes en recherche de la santé.*

— Une mauvaise psychanalyse, peut-être. Cela arrive. Tout comme un chirurgien peut constater qu'au moment de son intervention il est trop tard. Mais ce n'est pas un argument contre elle. Il est certain qu'il faut être prudent pour déterminer la forme de thérapie adaptée à chaque cas. Cela suppose un diagnostic précis.

— *A votre avis, quelles sont les causes ou les facteurs de maladie? Vous parliez justement du caractère néfaste de notre société, et des gens que celle-ci rend malades: les troubles psychiques se multiplient, mais par là aussi les maladies somatiques. Pour vous, quelles en sont les raisons principales?*

— J'en nommerai en premier lieu une que comprendront nos auditeurs parce qu'elle correspond à leur expérience: la crainte de manquer au devoir que nous éprouvons en matière de sentiments et d'imagination. Par son éducation, un jeune n'apprend à s'exprimer qu'à coups de citations et d'extraits de livres. Il ne peut donc articuler ses véritables problèmes qu'en langage savant, donc étranger à son expérience directe. Il ne peut même pas dire simplement, comme un fait brutal, le scandale qu'il ressent devant la destruction de la nature. Pour s'exprimer, il lui faut des statistiques, des programmes de solution. Il lui faut s'initier à des matières compliquées. Ceux qui entrent aujourd'hui à l'Université doivent se taper un appareil qui conduit obligatoirement à une dissociation de la pensée et du sentiment, à une objectivité idéale interdisant en fait de devenir sujet. A celui qui parle de soi, on dit qu'il est trop émotif, qu'il sort de son rôle, qu'il perturbe son entourage. C'est ainsi qu'on nous apprend à vivre dès l'âge de deux ou trois ans. C'est très néfaste. Une des découvertes importantes de Sigmund Freud a consisté à montrer que, à ne plus pouvoir rêver, nous devenions malades. L'incompréhension de nos symboles innés peut provoquer des symptômes pathologiques y compris au niveau du corps. Nous avons si profondément enfoui les champs de rêve légitime que même en littérature, même en art, même en religion, ils ne se manifestent plus que sous forme de manque, de déficit, de ruines. Entrez dans n'importe quel musée et vous y verrez le kaléidoscope de nos souffrances. Voilà notre art! Il est franc! Quant à la religion, elle fait comme si nous étions tous sauvés, en gros et en détail. Elle ne se préoccupe plus de la souffrance.

— *Croyez-vous donc que la thérapie soit l'affaire du théologien?*

— La question que vous posez est celle de la conciliation possible. Elle est pour moi fort pratique. Ce que je voudrais, c'est voir la théologie et la religion tirer plus de profit de cette découverte psychanalytique essentielle qu'est l'existence de l'inconscient. Je ne puis considérer comme normal d'envoyer en paroisse des prêtres incapables de réagir devant quelqu'un qui vient leur raconter un conte ou un songe, alors qu'ils se font forts d'interpréter tout le trésor religieux de la Bible. Je ne puis considérer comme normal le fait que nous, théologiens, nous ayons été initiés à la morale, mais jamais à ces crises ni à ces contradictions qui surgissent même chez les gens les plus désireux de bien faire. Nous n'avons pas la moindre idée des mécanismes de refoulement qui se cachent derrière l'angoisse. Avant de prétendre tout connaître en la matière, il nous faudrait changer complètement nos façons de penser et de vivre. Chez nous, tout est à l'envers.

Mais mon projet est évidemment de voir la religion redevenir ce qui faisait sa vérité au début du christianisme: une annonce de salut divin, une expérience humaine permettant d'accéder à un monde où on se sente en sécurité. C'est tout au moins ainsi que je comprends Jésus quand il donne l'ordre d'imposer les mains: il nous demande de permettre à chacun de réaccéder au monde de la confiance en redécou-vrant tout le matériau psychique enfoui au fond de lui. Si l'Église se refuse à voir que c'est sa tâche, elle en devient profondément destructrice, car elle nous conduit à parler sans âme du Dieu vivant. Elle ne doit alors pas s'étonner de se heurter à une thérapie qui s'efforce d'arracher l'homme aux griffes du surmoi, autrement dit à ses dictats. C'est encore bien ce qui se passe aujourd'hui, et c'est ce qui doit cesser.

— *J'aimerais vous poser à ce sujet une question purement profane, mais qui me semble sous-jacente à ce dont nous parlons. Que pensez-vous de l'état actuel de la politique? Je ne vous demande pas cela parce qu'il est aujourd'hui de bon ton de dégoiser sur les hommes politiques ou de cracher sur leur sale boulot, mais parce que j'éprouve une certaine peur devant la tendance à prendre de plus en plus de distance vis-à-vis de cet important secteur de la vie humaine.*

— Ce que je comprends fort bien. Et je pense que la seule leçon à tirer du troisième Reich, c'est de reconnaître le danger de la dépolitisation pour la vie civique commune. C'est pourtant ce à quoi j'assiste depuis plus de vingt ans. Au cours des années soixante, j'ai vécu la croisade des hippies vers l'Afghanistan, le Nepal ou l'Inde. Ils étaient des milliers, qui ne voulaient qu'une chose: ficher le camp. Leur seul rêve, c'était de trouver des lieux où ils pourraient redonner un sens un peu créatif à leur vie.

— *Un mouvement de fuite?*

— Un mouvement de fuite, sans aucun horizon. C'est ce qui me frappe encore aujourd'hui. Je crois que ce qui manque à la politique, c'est une vision qui donnerait une raison de vivre. Non qu'elle puisse la fournir. Mais elle devrait en être portée. Ce qui n'est vraiment pas le cas, tant la vie civique s'effrite en se réduisant à un appareil administratif finalement de plus en plus étroit, gris, terne, celui de *L'Homme sans qualités*, ou de *1984*, suivant les cas.

C'est contre cela que s'insurge à bon droit la jeunesse. Mais il faut peut-être ajouter ici le contrepoint: du fait de la disparition de la conscience religieuse, certains groupes élitistes peuvent en arriver à chercher dans la politique un produit de substitution, donc à en faire un absolu. Ce qui serait en réalité fort contestable, et en tout cas peu propre à la relativisation des points de vue et à la tolérance réciproque. Je tremble souvent devant la prophétie de Hegel suivant laquelle la religion se dissoudrait dans la raison objective de l'Etat. C'est ce que nous pouvons le moins souhaiter. Je pense ici comme la sagesse chinoise: « Le meilleur Etat, c'est celui qu'on ne remarque pas. » Or, aujourd'hui, nous le remarquons partout.

— *Ces jours-ci, j'ai relu le* Tao-tö king *de Lao Tseu et j'y ai trouvé la phrase suivante: « Plus quelqu'un sort loin, plus son savoir diminue. »*

Monsieur Drewermann, quand on vous connaît, qu'on a lu vos livres ou entendu vos conférences, on a l'impression que vous connaissez une foule de choses. Que faites-vous quand quelqu'un vient vous voir et vous dit: « Dans ma situation présente, ce que vous savez ne m'intéresse absolument pas. Je veux savoir qui vous êtes. » Quelle est alors votre réponse?

— Cela me plaît beaucoup de vous entendre rappeler Lao Tseu. Pas seulement parce que je me préoccupe beaucoup du dialogue entre les religions. Mais aussi parce que je crois que la découverte psychique de soi suppose des ponts entre les cultures. Lao Tseu déclare lui-même: « C'est par le non-agir que tout se fait. » Et je pense que c'est le point fondamental sur lequel s'accordent tous les bons psychologues. Il s'agit essentiellement de devenir vraiment soi-même. Impossible d'aider quelqu'un d'autre tant que l'on n'a pas réussi soi-même à ...

— *Ce pourquoi ma question de savoir qui vous êtes.*

— Je ne puis en discuter tout de suite. Mais ce qui est important au départ, c'est de cesser de croire qu'on peut aider les autres à résoudre leurs difficultés en leur proposant des solutions toutes faites, immédiatement applicables, en leur prodiguant des conseils ou en leur fournissant des explications programmées. Pour reprendre ici ma phrase d'introduction, ce qu'on peut faire de mieux, c'est d'accompagner l'autre deux milles quand il en a besoin. Et on ne sait pas soi-même où cela mène. Il faut se le laisser dire par l'autre.

La seule chose qu'on peut faire, c'est de changer sa mentalité ou sa personne en la débarrassant autant que possible de ses angoisses et de ses troubles, de sorte qu'elle devienne le miroir dans lequel l'autre peut vraiment se voir. Donc avec le moins de déformations ou de cassures possibles. Il faudrait au contraire être capable de comprendre l'autre tel qu'il se pense. Pour moi, c'est toujours une expérience magnifique que de réussir à redire ce que l'autre m'a dit, mais en images telles qu'il puisse me répliquer: « C'est exactement ce dont j'ai rêvé aujourd'hui. » Cela me montre que ce que j'ai dit colle, et cela conduit presque toujours plus loin. Je voudrais construire des ponts conduisant au domaine du rêve, là où les hommes sont des dieux.

— *Et qu'en est-il alors de l'action?*

— Le vieux Lao Tseu a raison. « La plus haute forme d'activité, c'est d'être tel. » Et je complète librement ce texte, tel que j'en garde souvenir: « Celui qui veut s'éclairer lui-même ne sera pas éclairé. Et celui qui veut marcher sur la pointe des pieds en marche rarement avec plus d'assurance. » Je pense que, quand il s'agit de rencontre humaine essentielle, il faudrait se prendre soi-même moins au sérieux. C'est un acquis de l'expérience religieuse que je souhaite à la psychothérapie.

4

Problèmes de foi, problèmes de vie[1]

Entretien entre Eugen Drewermann et Jürgen Hoeren.

— *Monsieur Drewermann, pour vous, la méthode historico-critique est celle qui vise à situer historiquement un texte, à l'expliquer, à montrer de quel genre littéraire il relève, de quelles influences contemporaines il dépend; et cette façon de procéder vous semble dépourvue de sentiment, exsangue, face à l'interprétation psychanalytique que vous proposez. S'agit-il d'une concurrence, d'un élargissement ou d'une complémentarité?*

— C'est à la fois un prolongement et une antithèse. Sans la réflexion historico-critique, nous ne pouvons ni lire la Bible, ni comprendre ce qui se passait à son époque. Tel est l'enseignement que nous a laissé le XIXe siècle, et il est sûrement juste de vouloir d'abord comprendre un texte en fonction de son temps. Mais en rester là, c'est très insuffisant, religieusement parlant. C'est pourquoi je suis convaincu que notre grille de travail théologique ne produit que des résultats grotesques. Sans parler encore de l'exégèse, c'est déjà le cas du style traditionnel de la pensée théologique en général. Je traduirais ainsi les choses. S'il est une certitude au sujet de Jésus de Nazareth, c'est qu'il est intervenu en prophète.

1. Émission du 17.4.1988 de la radio bavaroise, deuxième programme.

Autrement dit, il parlait à partir d'une expérience intérieure. De sa bouche jaillissait une cascade d'images qui touchaient et bouleversaient les gens. Il pouvait découvrir la proximité de Dieu à travers les mains tendues d'un mendiant, les yeux d'un enfant ou la moue désolée d'une prostituée: ce Dieu lui parlait davantage dans des personnes vraiment vivantes qu'à travers les traditions des scribes. Et il ne cessa de mener le combat contre la corporation de théologiens qui s'interdisaient de comprendre Dieu à partir du présent, mais prétendaient au contraire le décrypter dans le froissement du papyrus et ne cessaient donc de recourir à la tradition des ancêtres et aux commentaires de ces traditions. C'est bien parce qu'il a ainsi mené ce combat pour la vie que Jésus a marché à la mort. En lâchant aujourd'hui sur la Bible toute une équipe d'exégètes qui y trouvent leur gagne-pain et acquièrent gloire et honneur à établir la pauvreté et les souffrances du Christ, je me dis non seulement que nous n'avons pas résolu le problème, mais que nous faisons exactement le contraire de ce que lui a voulu...

— *Ainsi refusez-vous ces commentateurs bibliques historico-critiques qui bâtissent de nouvelles théories montrant pourquoi tels textes sont nés à telle époque. Vous réclamez une interprétation psychanalytique. Et que veut cette nouvelle herméneutique? Qu'apporte-t-elle de neuf?*

— Ce qui me paraît capital, c'est ce que nous a appris la psychanalyse: la pensée objectivante reste superficielle et extérieure à l'homme réel; elle court-circuite sa réalité profonde. À plus forte raison est-elle incapable de comprendre ce que peut être sa dimension religieuse. La psychanalyse a au contraire acquis ses lettres de noblesse en saisissant que l'homme court à la maladie dès qu'il *s'oblige* à ne saisir son propre vécu qu'en termes de langage purement rationnel; car, ce faisant, il opère une réduction de son expérience en en éliminant obligatoirement images, rêves, sentiments forts, passion, toute la grande poésie de la vie. Or c'est ce que fait ce que nous appelons aujourd'hui théologie: elle déconstruit la vie intérieure au profit d'un langage de spécialistes incapables de proposer un sens ni d'apporter de réponse au vécu et aux expériences réelles. J'ajoute que je sais de quoi je parle. Aujourd'hui, les gens qui vont dans un institut chercher la littérature exégétique susceptible de répondre à leurs questions brûlantes n'y trouvent qu'une bibliothèque à l'atmosphère pesante et mortelle, du genre de celle décrite par Umberto Eco. Car nulle part n'y figure le mot « je ». Pas plus qu'aucun sentiment, aucune image, aucun problème actuel concret susceptible de les enrichir ou de les conduire à s'engager.

— *Autrement dit les théologiens, en particulier les biblistes des dernières décennies, ont pour ainsi dire tué la Bible en la disséquant?*

— C'est bien cela. Le résultat, c'est que, dans l'ensemble de l'Allemagne, au cours des vingt-cinq dernières années, la pratique du dimanche s'est réduite de cinquante pour cent. Nous, les théologiens, nous en sommes responsables, car notre prédication a fait fuir les gens: au lieu de leur parler d'eux-mêmes, nous avons annoncé un Christ tel que lui-même n'a jamais voulu être.

— *Qui donc est Jésus pour vous? Est-il uniquement prophète, ou uniquement thérapeute, ou uniquement sauveur? Ou est-il en premier lieu le fondateur de cette Église, le Fils de Dieu?*

— Cela fait beaucoup de questions à la fois. Ce fut d'abord quelqu'un qui voulait apprendre aux hommes à faire confiance à Dieu; quelqu'un capable de chasser la peur des gens en leur caressant le front; quelqu'un qui, rien qu'à la façon de toucher un paralysé, lui redonnait le courage de se mettre debout et de partir droit dans le monde. Il voulait éliminer définitivement toutes ces atrophies qu'on ne cesse de nous infliger dans les ghettos de la peur, à commencer par l'angoisse à forme religieuse. Dans le chapitre 10 de l'Évangile de Marc, quand quelqu'un s'adresse à lui en l'appelant « Bon Maître », il réagit en répliquant: « Pourquoi m'appelles-tu bon? Dieu seul est bon. » Voilà ce qu'il voulait: à travers lui-même, introduire l'homme dans le lieu de la confiance absolue, là où chacun pourrait enfin se trouver rendu à soi-même. Il fallait que l'homme rouvre les yeux et devienne capable de regarder de *lui-même* le monde, de le sentir, de le percevoir, de le juger.

— *Jésus n'entendait donc ni dogmatiser, ni enseigner, ni proposer un édifice doctrinal?*

— Sûrement pas. Il n'a jamais parlé dogmatiquement. Il aurait été atterré d'entendre et de voir la façon dont notre histoire des dogmes ou celle de l'Église ont éliminé des couches entières de population parce qu'elles n'étaient pas parvenues à reconnaître qu'il y avait deux natures en son unique personne ou qu'il était lui-même la seconde personne de la divinité, laquelle est elle-même une en trois personnes. Je ne veux pas dire que ces doctrines soient fausses ou superflues; mais qu'elles sont coupées de ce que les gens sentent, pensent, rêvent et vivent, et en même temps fort loin de ce que Jésus voulait et incarnait. Cet intellectualisme dont se targue la théologie est ce qui nous dispense de la foi. « Intellectualisme », dis-je, car je pense que la relation à Jésus ne relève ni de la pensée ni de la théorie, mais qu'elle est de nature personnelle.

— *Monsieur Drewermann, venons-en à un texte biblique précis à travers lequel vous pourriez nous montrer la façon dont vous com-prenez la Bible et ce que vous voulez dire en parlant d'interprétation psychanalytique. Je vous proposerais de prendre le chapitre 8 de l'Évangile de Marc, celui qui raconte la guérison d'un aveugle. Peut-être pourriez-vous nous en lire le texte avant de le commenter?*

— Très volontiers. Mais je voudrais d'abord ajouter pour nos auditeurs que l'interprétation psychanalytique ne doit pas redevenir une fois de plus une affaire de spécialistes. Je voudrais rappeler que la compréhension des contes, des mythes, des sagas, des rêves, aussi bien que des récits bibliques ou des traditions religieuses, relève d'une faculté dont chacun dispose. Pour ce faire, il doit s'appliquer en privé à deux choses toujours possibles, et à mon avis à développer: la première, c'est de lire le texte biblique comme s'il s'agissait d'un songe de la nuit précédente. Je ne veux pas dire que ce qui est dit dans la Bible n'est qu'un songe, bien au contraire. Mais je dis que la clef de l'intelligence consiste à considérer un texte commme quelque chose qui nous parle personnellement, à la façon d'une poésie ou d'un récit symbolique tiré de notre propre vie. La seconde chose, c'est que, dans notre relation à nous-mêmes, aux autres ou à la Bible, nous devons accorder beaucoup plus de valeur au sentiment. Le présupposé de l'interprétation devrait être: ne fais pas attention à ce qu'il y a d'extérieur dans le récit, au fait lui-même, mais à ce qui se passe chez les gens dont la Bible parle. C'est ce que je voudrais montrer ici. Je lis donc le texte:

Ils arrivent à Bethsaïde, et on lui amène un aveugle en le priant de le toucher. Prenant l'aveugle par la main, il le fit sortir hors du village. Après lui avoir mis de la salive sur les yeux et lui avoir imposé les mains, il lui demandait: « Aperçois-tu quelque chose? » Et l'autre, qui commençait à voir, de répondre: « J'aperçois les gens et je les vois marcher comme si c'étaient des arbres. » Après cela, il mit de nouveau ses mains sur les yeux de l'aveugle et celui-ci vit clair et fut rétabli, et il voyait tout nettement, de loin. Et Jésus le renvoya chez lui en lui disant: « N'entre même pas dans le village ».

— *Voici donc le texte. Quelle en serait l'interprétation historico-critique et quelle en serait la vôtre?*

— Dans une perspective historico-critique, on commencerait par considérer ce texte comme un tout unifié, en montrant où il commence et où il finit. Puis on en ferait une analyse formelle à partir de la constatation que les récits de ce genre prennent une forme précise: ils sont composés de façon à souligner tout particulièrement l'importance du geste qui conduit à la guérison. On comparerait ce récit avec d'autres construits sur le même modèle. La démarche suivante consisterait à se demander si une histoire aussi typée relève bien de la vie de Jésus. On se demanderait enfin quelle en est la part inventée par la communauté qui l'a transmise ou racontée, et ce qu'elle a voulu dire par là. Elle voulait manifestement affirmer que Jésus est un thaumaturge plus grand que les autres thaumaturges comparables dans le paganisme.

— *Et votre interprétation, la psychanalytique?*

— Elle commence par le constat que ce genre d'explications ne nous sert à rien, car il ne permet en rien de poser notre problème. Nous voudrions savoir en quoi consiste aujourd'hui la cécité, comment en guérir, et quelle raison il y devrait alors y avoir de raconter une histoire de ce genre. La première chose qui aura sûrement frappé nos auditeurs, c'est le caractère bizarre du comportement de Jésus. Aujourd'hui, on verrait d'un assez mauvais œil un oculiste vous traiter l'œil en crachant dessus. Pourtant ce geste est important. D'un point de vue historico-critique, on vous dira que les thaumaturges prêtaient à la salive une force salvatrice. Mais il faut une fois de plus s'interroger: pourquoi? En fait, les données historico-critiques ne permettent de répondre à aucune de ces questions.

En psychanalyse, le début du texte est déjà très important. Jésus emmène l'homme à l'écart du village, loin de la foule. Il me semble que la maladie ici guérie est d'origine psychique. Chacun de nous sait plus ou moins comment cela peut arriver. Il y a dans notre vie des choses que nous voudrions bien ne pas voir, et il peut arriver que cela affecte même notre capacité physique de voir. Nous attrapons mal à la tête, nous sentons nos yeux s'appesantir ou nous avons des vertiges, nous nous retirons chez nous, et faisons l'obscurité dans notre chambre. Un sentiment de ce genre peut durer toute la vie. Des personnes profondément dépressives peuvent par exemple porter des lunettes noires pour éviter la blessure d'une lumière extérieure trop crue. Que de suicides commis au début du printemps, parce que le contraste entre l'exubérance de la nature environnante et la tristesse psychique devient insupportable. En un mot, la cécité consiste à se voiler l'âme par manque de perspective. Quand nous ne savons plus où donner de la tête, nous pouvons dire que nous sommes aveugles, au départ psychiquement, mais par la suite aussi corporellement.

— *Alors les auditeurs de cette parabole, ou de ce récit de miracle, devraient d'abord se demander: comment suis-je moi-même aveugle, où, dans ma vie, ai-je fait preuve d'aveuglement? Où m'a-t-il donc fallu pour ainsi dire fermer les yeux en m'imaginant que c'est la nuit?*

— Pour comprendre la maladie, il faut s'impliquer dès le départ. Quelles sont en chacun de nous les urgences qui nous conduisent à perdre la tête, à nous croire dans un tunnel, à nous transporter dans un monde sans lumière, sans perspective, totalement étranger à la vie? Nous sommes évidemment là très loin de la méthode historico-critique. En psychanalyse, la maladie elle-même acquiert un sens: il n'est pas indifférent de savoir d'où on parle; mais le besoin qui existait en ce temps-là est le même, clairement le même, que le nôtre aujourd'hui. Il est alors capital de savoir que Jésus emmène le malade à l'écart des gens, et c'est important même pour comprendre le symptôme, la cécité. Nous devons penser que, autour de lui, tout le monde savait tout de tout: comment on doit considérer la vie, comment la regarder correctement. De longues années de traitement psychanalytique peuvent ne consister en rien d'autre qu'à prendre quelqu'un par la main et à le conduire à l'écart de la foule, à l'éloigner de plus en plus d'un monde qui le détermine et à le faire enfin accéder à un lieu où c'est à lui qu'il appartient de voir et d'apprendre. Les premières questions des gens qui viennent suivre une cure portent toujours sur ce qu'ils doivent faire, sur la façon de bien faire. Ils ont la tête remplie d'indications héritées de leur père, de leur mère, de l'environnement, du milieu où ils ont grandi... et il faut parfois une patience infinie pour les écarter suffisamment des autres afin de leur donner ainsi quelque chance d'ouvrir eux-mêmes les yeux.

— Il leur faut donc réapprendre à rêver?

— Par exemple. Il leur faut cesser de penser logiquement, à la façon dont on doit penser; donc acquérir progressivement une sensibilité à ce qui se passe en eux. Autrement, ils ne verront jamais rien. Il faudrait réautoriser les songes, alors que trop souvent on les interdit au nom de fausses valeurs ou de la morale, ainsi que je le signalais au départ. Ces songes font pourtant partie de l'âme humaine et on doit donc leur faire place.

Il faut aussi nous rappeler que bien des gens sont obligés de baisser les yeux sous le regard des autres. C'est ce qu'a fort bien décrit ce grand philosophe qu'est Jean-Paul Sartre: quand quelqu'un regarde quelqu'un, il peut se produire ce qui arrive dans une harde de loups: on mesure d'un regard où est le pouvoir de forcer les autres à s'agenouiller ou même à s'aplatir. Les gens qui ont toujours à craindre le regard des autres, parce qu'ils ont honte d'eux-mêmes, parce qu'ils se pensent sans valeur, finissent par ne plus voir personne et par devenir aveugles dans l'espoir que leur impuissance leur vaudra au moins une certaine considération.

— *C'est peut-être un premier point de départ permettant de voir comment interpréter psychanalytiquement ce récit de miracle. Résumons encore une fois les choses en recourant à une espèce de leitmotiv — je ne sais pas si je fais bien, vous compléterez! — Je dirais spontanément que l'important, dans votre interprétation, c'est de sensibiliser le cœur de tous...*

— ... aux besoins concrets qui s'expriment dans la souffrance psychique ou physique. Je ne vois d'ailleurs pas comment comprendre des textes d'une telle nature et d'une telle densité sans recourir à la psychothérapie et à la psychanalyse. Ce que raconte ici l'exégèse historico-critique n'est que balbutiement stérile. Prenez ce verset qui raconte comment Jésus touche l'œil de l'aveugle avec de la salive. Dans le commentaire, vous ne trouvez rien d'autre qu'un renvoi à des recettes magiques. La vérité est que chaque femme qui nous écoute présentement sait au fond de quoi on parle, mais sans qu'on en tienne habituellement compte. Son enfant est tombé dans la rue et se précipte vers elle; elle le prend dans ses bras, et touche l'écorchure avec un peu de salive en disant: « C'est fini. » Ce que l'enfant désire finalement savoir, c'est qu'il n'est pas seul dans sa souffrance.

— *Une façon de montrer...*

— ... qu'il existe un abri, oui. Et c'est ce que fait sentir la mère par la chaleur de sa salive. Du point de vue psychanalytique, on retrouve derrière ce geste des formes très profondes d'aspirations à en revenir au sein maternel, en ce lieu où il faisait bon, sombre, où on se trouvait en sécurité.

Mais venons-en maintenant à un point intéressant. La cécité nous apparaît d'un seul coup comme une manifestation d'une aspiration profonde à ne pas être au monde. Et Jésus répond à ce symptôme de crise existentielle en commençant par y faire droit à longue échéance. Il crée un lieu refuge où celui qui a légitimement exprimé sous forme de symptôme un sentiment existentiel trouve la chaleur de l'accueil. Il se comporte envers lui comme une mère. Et c'est seulement dans ce monde chaleureux et si confiant que l'aveugle peut commencer à ouvrir les yeux.

— *Mais, Monsieur Drewermann, suivant votre interprétation... en tirez-vous la conclusion qu'exégèse historico-critique et interprétation psychanalytique s'excluent? Pourquoi la seconde ne viendrait-elle pas compléter la première en lui conférant une forme heureuse et précieuse?*

— Ce serait l'idéal! Mais, il faut bien le constater, pour nos théologiens, tout au moins pour la majorité de ceux de notre société, il y a en l'homme peu de chose d'aussi contestable que son âme, ses sentiments et ses rêves. Considérer les symptômes comme des images, voir dans les symboles l'expression d'une expérience intérieure, voilà qui fait littéralement peur, tant nous sommes devenus étrangers à nous-mêmes. Et c'est cette crise névrotique que chacun doit s'efforcer de surmonter en lui-même pour se trouver enfin. Or elle trouve un renfort structurel dans l'ensemble du travail scientifique. C'est pourquoi l'intervention psychanalytique agit à la façon d'un vent chaud sur la glace. Le danger de voir celle-ci casser devient alors considérable, et ce qui aurait originellement pu calmer l'angoisse suscite une peur panique.

Mais il me faut revenir encore sur un point concernant la façon dont se passe la guérison: Jésus s'aperçoit que, en commençant à voir, l'aveugle découvre un monde vraiment absurde: les gens ne sont pas des arbres; ils ne sont pas que des symboles maternels errants. Cependant Jésus ne le corrige pas. Et je pense ici à la pratique de notre Église: que se passerait-il si nous trouvions en elle un lieu où il serait permis aux gens de commencer par voir le monde en tâtonnant, suivant leur besoin, à la mesure de leur détresse, en fonction du stade de maturation qui est le leur, en accord avec ce qui leur est indispensable à ce moment de leur vie, pour pouvoir ensuite aller plus loin? Voilà encore quelque chose que nous apprend la psychanalyse, mais non la pastorale pratique et encore moins la théologie: on ne peut corriger les gens de l'extérieur et par contrainte, même quand leur vue des choses est objectivement fausse; mais il faut agir comme Jésus le fait ici: répéter le même geste de confiance jusqu'à ce que la peur disparaisse enfin définitivement et que l'homme puisse apprendre vraiment à voir. Il ne reste alors à celui-ci qu'une chose à faire: rentrer chez lui sans retraverser le village, on pourrait dire sans se soucier des autres, et trouver où il a une maison.

— *Monsieur Drewermann l'interprétation psychanalytique introduirait sûrement dans l'Église beaucoup plus de liberté, mais elle ne peut manquer d'éveiller la peur chez les théologiens. Car on craint de voir votre point de départ pointer vers une religion universelle; on craint qu'une interprétation psychanalytique ne vienne effacer les contours du catholicisme. D'où peut-être cette question connexe: que cherchez-vous exactement? Pour vous, qui est Jésus? Quelle est sa signification? Quelle place lui accordez-vous? N'est-il qu'un sauveur parmi d'autres? Ou est-il le Fils de Dieu, le Sans-Pareil?*

— J'aimerais que nous fassions exactement ce que, au chapitre 6 de l'Évangile de Marc, Jésus lui-même a chargé ses disciples de faire en les envoyant dans les villages de Galilée. Il leur a seulement dit d'imposer les mains aux gens, de guérir les malades et de chasser les esprits mauvais. Nous dirions aujourd'hui de les libérer de leurs névroses et de leurs psychoses. Ce n'est qu'après avoir fait cela qu'il leur est permis de dire aux gens combien ils sont proches de Dieu. Je pense que nombreux sont toujours les gens à venir à nous chargés de leur détresse psychique, complètement paumés. Si nous, prêtres, pasteurs, théologiens, ne savons rien leur dire d'autre que « Jésus t'aime », ou « c'était le Fils de Dieu », nous ne faisons que les renvoyer là d'où Jésus voulait les sortir. Par conséquent je ne puis rien dire d'autre que cette nécessité d'apprendre aujourd'hui de la psychanalyse cette image élargie de l'homme qu'elle nous met présentement sous les yeux. Elle a joué un rôle de pionnier en élargissant notre savoir aux dimensions de l'inconscient. Elle nous a fait connaître les angoisses et les formes refoulées d'attentes vivantes, toutes choses que nous n'avons jamais su intégrer ainsi dans l'Église. Elle ne se contente pas de s'adresser à la société, elle s'adresse aussi au sommet de l'Église, en lui demandant de nous permettre d'élargir et de renouveler en ce domaine notre base de savoir.

— *La psychanalyse n'appelle-t-elle pas une autre Église, une Église nouvelle?*

— Sûrement une Église qui serait plus à l'écoute du rêve, plus dégagée du pouvoir, moins autoritaire, essentiellement moins dépendante de l'extérieur; une Église telle qu'on la trouve dans les Actes des Apôtres: celle dont Luc raconte la création en disant que viendra un temps où personne n'ira plus trouver quelqu'un d'autre pour lui dire ce qu'il doit croire, où les jeunes auront des songes et les vieillards des visions, où la religion et l'expérience divine jailliront de l'intérieur. A mon avis, seul annonce véritablement Jésus celui qui rend possible à l'homme de se découvrir de l'intérieur. Si vous me demandez alors qui est Jésus — je pose la question au présent — je tiens beaucoup à dire: celui qui nous impose les mains sur les yeux, qui arrache la peur de notre cœur et qui nous rend capables de voir le ciel ouvert. Si notre rapport à Jésus nous permet de découvrir cela, nous comprendrons que saint Jean avait parfaitement raison quand il déclarait : il est la lumière du monde.

— *Le point de départ universel?*

— C'est pourquoi, suivant un mot de lui, l'Église doit être une cité construite sur la montagne, illuminant au loin le pays à l'entour. Partout, dans le monde, les hommes souffrent de la même détresse, des mêmes maladies, des mêmes peurs. La Bonne Nouvelle de la confiance que l'Église devrait apporter au monde serait pour tous la même. Mais il nous faut l'insérer au *cœur* de la détresse spirituelle qui nous habite; cesser aussi de nous imposer de l'extérieur, en prétendant à un exclusivisme en réalité déshumanisant dans la mesure même où il nous oppose aux cultures et aux religions dont nous avons tant à apprendre. L'Église n'a pas à être forteresse solide — cela, c'est à Dieu de l'être. Elle devrait consister en une communauté d'hommes capables de se rencontrer sans angoisse, une communauté qui ouvrirait un espace de confiance tel que les hommes se réengendreraient eux-mêmes dans la confiance que Dieu a déposée dans notre cœur.

5

Neigeblanche, Roserouge et l'ours

Entretien entre Eugen Drewermann et Hildegard Lüning.

— Bonsoir, Mesdames et Messieurs.

En cette veille de Noël, je suis heureuse d'accueillir Eugen Drewermann, notre hôte de ce « magazine du mardi ». Depuis des années, il s'est consacré à une recherche sur les contes et sur leur signification. Ce qu'il a déjà publié, ou ce qu'il continue à publier à partir des résultats de son travail, me paraît très original et propre à exciter notre réflexion sur nous-mêmes, sur notre situation spirituelle et sur celle du monde. Ses interprétations psychanalytiques des contes de Grimm nous ouvrent l'accès à des réalités oubliées. Ce soir, nous vous invitons à entrer dans le jeu. L'exemple de Neigeblanche et Roserouge nous permettra de percevoir concrètement l'aide que nous pouvons trouver dans ces histoires. Il nous propose, à nous adultes, de renouveler notre façon habituelle de considérer un monde où règnent la guerre, les conflits, les oppositions. Dans quelle mesure notre vision de ce monde n'est-elle pas marquée par nos propres contradictions et nos déchirures? Si nous acceptions de nous laisser aller à la vision unifiée de l'univers des contes, que se passerait-il? Qu'y aurait-il de changé, en nous et hors de nous, grâce à nous, si nous nous mettions à l'écoute d'une histoire telle que celle-ci, imprégnée d'harmonie, marquée par une atmosphère de confiance maternelle, dépourvue d'angoisse sexuelle, d'une histoire où la nature, le monde et l'homme entrent en résonance et grandissent en accord? C'est ce que nous vous proposons de découvrir ce soir, en ce « magazine du mardi » .

Nous vous lirons séparément chacune des parties du conte avant de les interpréter une par une. Mais il faut sans doute mieux commencer par quelques remarques préalables concernant le caractère particulier de Neigeblanche et Roserouge. Les spécialistes d'art populaire en dénient en effet l'authenticité. Refusant d'y reconnaître un récit ancien, bien enraciné dans les profondeurs mythiques de notre peuple, ils n'y voient qu'une invention gratuite des frères Grimm.

— C'est exact. C'est Wilhelm Grimm qui l'a inventé de toutes pièces. Chose qui vaut d'ailleurs plus ou moins pour nombre de ses autres contes. Il faut considérer comme très relative la vision quelque peu surannée des romantiques suivant laquelle les traditions populaires, et en premier lieu les contes, nous livreraient notre patrimoine mythique, si possible germanique. La vérité, c'est que la frontière entre créations artistiques et traditions populaires est très floue: la meilleure façon de comprendre la nature des contes, c'est de déceler leur arrière-plan de rêve. Il n'est pas plus difficile de les comprendre qu'un songe survenu la nuit précédente. Simplement ils sont souvent plus beaux. C'est pourquoi ils échappent aux individus pour devenir le trésor de tout un peuple. Ce sont finalement de grands rêves. Qu'ils soient les produits d'un conteur individuel génial faisant profiter les autres de son rêve, ou qu'ils soient l'héritage de vieux souvenirs mythiques ou de traditions renaissant sans cesse sous des formes neuves et venant marquer de leur empreinte la vie individuelle ou collective, cela ne fait finalement pas grande différence.

— Faut-il accorder une importance particulière au fait que ce conte de Neigeblanche et Roserouge ne comporte pas de rôle masculin? Est-ce un songe que des hommes pourraient faire?

— Il est frappant de constater que nombre des contes des frères Grimm, mais aussi beaucoup de traditions populaires, sont fondamentalement matriarcaux. Ils constituent souvent de véritables souvenirs d'un temps où régnait la Grande Mère et où les hommes ne jouaient qu'un rôle relativement subordonné. On pourrait presque penser que le caractère extrêmement harmonieux de Neigeblanche et Roserouge devrait en affadir la portée dans une société de type purement patriarcal, plutôt marquée par la lutte, la concurrence, la productivité. Notre récit présent est chaleureux, maternel, et il cherche à montrer dans quel sentiment de sécurité l'homme peut se développer si personne ne s'y oppose. Dans cette mesure, ce doit être avant tout une histoire entre femmes, et c'est le cas ici.

— Bon! Allons-y! Nous allons d'abord lire le premier chapitre.

Il était une pauvre veuve qui vivait toute seule dans une petite chaumière, et qui avait deux rosiers au bout de son jardin, devant sa demeure: l'un avec des roses blanches, et l'autre avec des roses rouges. Elle avait aussi deux petites filles qui ressemblaient aux deux rosiers: l'une s'appelait Neigeblanche tandis que l'autre s'appelait Roserouge. C'étaient les enfants les plus sages du monde, obéissantes et actives, pieuses et pleines de cœur. La seule différence, c'était que Neigeblanche était encore plus douce et plus calme que Roserouge. Si Roserouge aimait avant tout courir dans les prés et les champs pour y cueillir des fleurs ou attraper des papillons, Neigeblanche préférait rester avec sa mère à l'aider au ménage ou lui faire la lecture une fois le travail fini. Mais les deux fillettes ne s'en aimaient pas moins de tout leur cœur, et, quand elles allaient ensemble se promener ou faire quelques commissions, elles ne se lâchaient jamais la main. Quand Neigeblanche déclarait à sa sœur: « Nous ne nous quitterons jamais », Roserouge répondait: « Jamais, jusqu'à la mort ». Et leur mère ajoutait alors: « Tout ce que l'une a, elle doit le partager avec l'autre. »

Il leur arrivait souvent d'aller seules dans les bois cueillir des fraises sauvages. Mais aucun animal ne leur faisait jamais de mal. Au contraire, ils s'approchaient d'elles avec confiance. Le lièvre venait manger une feuille de chou dans leur main, le cerf gambadait joyeusement devant elles, tandis que, dans les arbres, les oiseaux chantaient à pleine gorge pour elles. Jamais le moindre incident! Si elles avaient un peu tardé et s'étaient laissé surprendre par la nuit, elles se faisaient un lit de mousse et y dormaient tranquillement jusqu'au matin. Leur mère savait ce qu'il en était et ne se tracassait pas du tout pour elles.

C'est ainsi qu'une fois elles avaient passé la nuit dans la forêt. Réveillées par l'aurore, elles avaient trouvé, tranquillement assis à côté de leur couche, un bel enfant vêtu d'une robe blanche éblouissante. Il s'était alors levé et leur avait jeté un regard plein d'affection. Puis il s'était éloigné sans dire un mot, et avait disparu dans la forêt. Elles se rendirent alors compte qu'elles avaient dormi juste au bord d'un précipice, et que, dans l'obscurité, elles y seraient forcément tombées si elles avaient seulement fait quelques pas de plus. Leur maman leur avait expliqué qu'elles avaient dû voir l'ange gardien des enfants sages.

— *Un monde enfantin, sûr, presque trop beau, par bien des aspects trop idéalisé aussi.*

— C'est vrai. En écoutant pour la première fois ce conte, et même en le réécoutant, on a l'impression d'une belle carte postale. Il y a dix ans, il y eut une grande discussion pour savoir si on devait raconter des contes au jardin d'enfants ou à l'école: ils présentent si souvent la vie sous des traits extrêmement cruels susceptibles d'angoisser les enfants et de fausser leurs relations affectives à leurs parents! En ce qui concerne celui-ci, il faudrait plutôt craindre de ne le voir que trop peu préparer à la vie et à ses conflits, ou de passer vraiment à côté de la réalité.

En fait, je pense que ce genre de questions à propos de ce genre de récit ne fait que manifester un point de vue d'adultes soucieux de faire cadrer l'histoire avec leur vision des choses. Mais on s'interdit alors d'en rien apprendre et d'en rien tirer.

— *Le point de vue adulte consiste par exemple à dire qu'il est totalement absurde de laisser les enfants aller seuls dans les bois et d'y dormir la nuit...*

— Ou de les empêcher d'avoir peur devant les animaux sauvages, ou de refuser de les initier aux dangers réels qui peuvent surgir dans le monde extérieur.

Or je pense que, pour bien comprendre ce récit, il faut adopter résolument une vision d'enfant, vision au départ dépourvue d'angoisse. Pour découvrir ce que le conte veut montrer dès son début, le mieux serait d'aller voir ce qui se passe sur les marges de nos prétendues cultures, chez ces peuples qui restent encore proches de la nature, ceux qui ont encore la capacité de regarder le monde environnant avec des yeux d'enfants. Ces gens-là ne considèrent pas du tout le monde extérieur comme sauvage. Un Indien, par exemple Tatanga Mani, pouvait dire aux Blancs: « Pour nous, l'Ouest n'est devenu sauvage que lorsque l'homme chevelu est arrivé de l'est, quand les animaux eux-mêmes ont commencé à détaler. Jusque-là, tout nous était familier, les magnifiques prairies ondulantes, le vent qui parlait avec les arbres, le Grand Esprit qui y était perceptible. Nous nous sentions chez nous. » Je pense que cela devrait nous conduire à remettre complètement en question notre vision du monde soi-disant normale. Que se passerait-il si les hommes cessaient de voir en la nature une réalité étrangère à combattre, si nous cessions de construire nos maisons dans un environnement préalablement rendu inhabitable sous prétexte qu'il faut bien le déblayer, autrement dit le désertifier, avant de nous y installer. En réalité, nous ne faisons que nous fuir nous-mêmes, comme nous fuyons nos sœurs les créatures en les combattant, pénétrés que nous sommes par des idées de planification, de domination, d'exploitation. « Les Blancs, déclarait un jour un chaman sioux, finissent par afficher le prix devant chaque brin d'herbe. Ils veulent tout acheter et vendre, tout exploiter et tout utiliser. Ils ne peuvent prendre leur plaisir à rien. Ils sont incapables de vivre avec ce qui les entoure. » C'est au contraire ce que font spontanément Neigeblanche et Roserouge. C'est pourquoi je pense que ce conte, même s'il n'est qu'une invention de Wilhelm Grimm, constitue une réminiscence géniale d'un monde unifié antérieur au péché originel, d'un paradis.

— Une situation originelle paradisiaque... Cependant je remarque maintenant que le conte présente les caractères des deux fillettes comme très différents, presque opposés. La première est très retenue, douce: elle préfère travailler chez elle. La seconde aime mieux courir dehors. Et pourtant, bien qu'opposées, Neigeblanche et Roserouge sont manifestement si bien accordées l'une à l'autre qu'elles ne peuvent imaginer vivre l'une sans l'autre. Et la mère semble encore insister: « Tout ce que l'une a, elle doit le partager avec l'autre. »

— C'est vrai. Nous avons toute une série de contes et de mythes qui nous parlent de jumeaux luttant l'un contre l'autre, à la façon de Caïn et d'Abel de la Bible, ou de Marie d'Or et de Marie La Poisse dans le conte de Dame Holle, ou de Cendrillon et ses sœurs. Les récits populaires sont pleins de conflits, donc marqués par une façon de voir les choses à laquelle nous sommes malheureusement plus habitués. C'est pourquoi, une fois de plus, je pense que nous avons beaucoup à réapprendre d'une vision inverse, de celle d'un monde unifié et clos. Si cette histoire se trouvait dans une collection de mythes, nous admettrions sans hésiter que Neigeblanche et Roserouge sont au fond, non des figures individuelles, mais des incarnations des forces de la nature. Chez leur mère, elles se partagent le travail comme s'il s'agissait des tâches d'hiver et d'été. Déjà par son seul nom, par la couleur qu'il évoque, Neigeblanche personnifie la nature hivernale, et c'est pourquoi elle préfère rester travailler à la maison, tandis que Roserouge préfère le grand air, va cueillir des fleurs, file dehors, et, dans sa couleur estivale, personnifie la vitalité.

Or, dans la nature il n'existe sûrement aucun contraste plus marqué, tout au moins en dehors des zones tropicales, qu'entre la chaleur brûlante du soleil, la vibration éclatante des mois d'été, et la morsure glacée et cliquetante de l'hiver. Il y a des milliers de mythes qui présentent cette opposition sous forme de jumeaux luttant l'un contre l'autre. Ils habitent ensemble, ils sont frères ou sœurs dans la maison de leur même mère nature, mais du fait de leur caractère contradictoire, ils ne peuvent que se disputer. Le conte de Neigeblanche et Roserouge nous invite à considérer la nature d'une autre façon, non plus à travers l'image de deux lutteurs enlacés, ou à travers celle de deux particules atomiques de charge contraire se repoussant l'une l'autre — là où est l'une, l'autre ne saurait être — mais comme une conjonction rendue possible par l'échange des opposés. La nature suscite les contraires et exige d'eux qu'ils interviennent à tour de rôle, l'un faisant ce que l'autre n'est absolument pas habilité à faire, l'autre venant ensuite résoudre et compléter ce qui échappe à l'un. Les oppositions doivent s'harmoniser suivant le principe de complémentarité.

Ce que j'apprécie dans ces récits, ces contes, et ces

mythes, c'est qu'ils nous proposent une certaine vision du monde — au sens propre du terme — qui se situe vraiment à un niveau philosophique. Il ne s'agit là ni d'une exagération ni d'une sollicitation du texte. Celui qui regarde ainsi l'univers, à la façon d'une mère nature accueillant chez elle des contraires dont, dans sa bienveillante sagesse, elle favorise l'échange dans la réciprocité, comprendra que l'unité de Neigeblanche et Roserouge ne va pas de soi. Elles doivent toujours s'en réassurer. Quand elles se prennent par la main, elles se redisent qu'elles ne sauraient vivre l'une sans l'autre. Nous verrons que ce n'est pas si facile que cela. Dans leur maison maternelle, il n'y a qu'une loi, la loi même de l'univers et de l'existence, beaucoup plus respectée dans les cultures matriarcales: celle du partage universel.

Je voudrais en souligner un peu plus l'actualité. Hier, les nouvelles nous ont rapporté qu'en cette veille de Noël les Allemands de l'Ouest ont déjà dépensé vingt milliards de marks. Excellent stimulant de la production! Excellent aussi pour la diminution du chômage: la cheminée se remet à tirer! Mais nous vivons en même temps dans un monde où quinze millions d'enfants meurent de faim tous les ans, quarante mille par jour; dans un monde où, en dépit de notre intelligence, nous sommes incapables de réaliser le partage universel; nous ne faisons que gérer l'égoïsme en nous persuadant que les choses sont inévitables: la nature est sauvage et les hommes sont ennemis. Ainsi y a-t-il d'un côté cette propension, propre aux adultes, à nous approprier les choses; et de l'autre cet appel à l'égalité, au partage, à la communauté. Je note aussi l'invitation perpétuellement relancée aux hommes à s'insérer naturellement dans le courant du grand tout comme un de ses éléments, invitation décelable dans tant de patronymes empruntés à la nature: dans combien de cultures ne reste-t-il pas usuel de conférer, surtout aux filles, des noms de plantes ou de fleurs: Iris, Marguerite ou Rose. Les deux arbustes devant la maison de la mère symbolisent une existence comprise comme quelque chose d'organique, donc en échange constant avec la nature; comme une vie dont la maturation se conformerait aux lois de la végétation. Et ce type de croissance est ce qu'il faudrait souhaiter à tous les enfants de ce monde.

— *Est-ce que la façon dont le conte commence par parler d'une pauvre veuve et de ses deux filles est vraiment important pour le comprendre?*

— Je considère effectivement comme importante l'absence de richesse. Je vois plutôt dans le rôle de la mère un écho des structures matriarcales. Je ne pense pas qu'il y ait lieu de se poser de question sur ce qui s'est passé lorsque la mère a perdu son mari. Elle est là seule, sans plus, non seulement comme celle qui a donné vie à ses enfants, mais aussi comme celle qui les accompagne dans la vie. Mais il est par contre important de voir en Neigeblanche et Roserouge les symboles, non seulement des forces naturelles, mais aussi du dynamisme intérieur. Chacun de nous a le devoir d'harmoniser d'une certaine façon en soi chaleur et froidure, été et hiver, exubérance et candeur, vitalité et pureté, rougeur et blancheur, audace et beauté, innocence et expérience, amour et pudeur. En Inde méridionale, dans le temple de Tanjore, consacré au dieu Shiva, j'ai noté un jour comment les entrelacs dessinés sur les murailles extérieures passaient du rouge au blanc, comme sur le front des prêtres de Vishnou ou de Shiva. C'est un emblème destiné à montrer comment l'homme doit réaliser en son cœur l'harmonie entre ces deux attitudes extrêmes que sont l'introversion et l'extraversion.

— *Je pense tout d'un coup à ce que je viens récemment de lire: le rose est un mélange de rouge et de blanc. Pendant longtemps, et même encore dans notre culture chrétienne, le rose a été le signe de la sainteté et de la perfection.*

— Ce serait une si belle idée, de cesser d'avoir à soupçonner dans le saint chrétien un ascète refoulé et quelque peu névrosé, et d'y reconnaître au contraire l'expression d'une vie humaine pleinement épanouie, au sens de Schiller, de voir en lui la synthèse du courage et de la dignité. Plus de risque alors de voir jurer les deux couleurs trop contrastées. Leur complémentarité même leur permettrait au contraire de se fondre en un tout harmonieux. A en croire le conte, l'art de la vie consisterait en une telle réussite.

— *Mais le conte n'en reste évidemment pas à ce point de départ. Déjà la fin du premier épisode mentionne l'abîme dont une présence bienveillante a protégé les deux fillettes, mais où elles auraient pu tomber. Cela doit déjà signifier quelque chose.*

— Au moment où nous avons coupé le texte, les deux fillettes se heurtent effectivement à un danger: celui de prolonger leur enfance et de s'enfoncer dans la forêt de l'inconscient en refusant d'en sortir. Cet inconscient risquerait alors de se muer en abîme. C'est ce contre quoi les met en garde l'enfant en vêtements blancs qui surgit dans le bois au moment où le soleil se lève. L'interprétation que je proposerais ici est peut-être prématurée; la suite du récit nous le dira: mais dans cet enfant, que la mère identifiera par la suite comme l'ange gardien qui protège les enfants sages, je vois pour ma part l'esprit d'enfance, la spontanéité, l'attitude intérieure qui a jusqu'ici guidé les deux fillettes sur leur chemin. Il acquiert désormais une forme plus consciente, ce qui le conduit à disparaître au lever du soleil.

— *Autrement dit les deux enfants sont sur le point de s'éveiller?*

— Elles ne peuvent rester plus longtemps enfants. Leur vie entre dans une nouvelle phase, et l'esprit d'enfance prend congé d'elles. Nos auditeurs, surtout les plus âgés, se souviendront sûrement de cette scène représentée des milliers de fois: des enfants jouant au bord d'un abîme avec un ange gardien derrière eux.

— *Ou le pont surplombant un torrent qui gronde.*

— Dans la Bible, tout comme dans les contes, les anges surgissent habituellement au moment où quelqu'un se heurte à son propre être, comme saint Pierre dans sa prison, lorsque, sous la garde de quatre escouades, il se voit proche de la mort. L'apparition de l'ange, c'est comme un éveil: la personne perçoit comme l'incarnation de sa vocation venant lui ouvrir la route de l'avenir.

— *Ce serait aussi le cas de Joseph?*

— Ce serait très beau.

— *Ou de Marie, quand Joseph la prit chez lui? On trouverait beaucoup de cas de ce genre. Mais nous nous éloignons peut-être un peu trop de notre conte. Il nous faut en lire la suite:*

Neigeblanche et Roserouge tenaient si propre la chaumière de leur mère que c'en était un plaisir de la voir. En été, c'était Roserouge qui s'en occupait, et, au réveil de sa mère, elle ne manquait jamais de lui apporter au pied de son lit un bouquet de fleurs fraîches avec toujours une rose de chaque rosier, une blanche et une rouge. En hiver, c'était Neigeblanche qui se levait pour allumer le feu et pendre le chaudron à la crémaillère. C'était un chaudron de cuivre jaune, et il était si bien frotté qu'il luisait comme de l'or. Le soir, s'il neigait, la maman disait: « Neigeblanche, va pousser le verrou. » Toutes s'installaient alors près du feu, la maman mettait ses lunettes et leur lisait dans un gros livre. Les deux fillettes écoutaient tout en filant la quenouille. Un petit agneau était couché à leurs pieds et, sur un perchoir, une colombe dormait, la tête cachée sous l'aile.

Un soir, tandis qu'elles étaient tranquillement assises l'une à côté de l'autre, on frappa à la porte, comme si on voulait entrer.

« Va vite ouvrir, dit la mère à Roserouge. C'est sans doute un voyageur qui cherche un abri. »

Roserouge alla tirer le loquet, pensant que c'était un pauvre homme. Mais non! C'était un ours. Il passa sa grosse tête dans l'ouverture de la porte. Roserouge sauta en arrière en poussant un grand cri, l'agneau se mit à bêler, la colombe à battre des ailes et Neigeblanche courut se cacher derrière le lit de sa mère.

« N'ayez pas peur, je ne vous ferai pas de mal, dit l'ours. Je suis à moitié gelé et je voudrais seulement me réchauffer un peu chez vous. »

« Pauvre ours, dit la mère. Approche-toi du feu, et fais seulement bien attention à ne pas te brûler la fourrure. » Et elle appela Neigeblanche et Roserouge: « Revenez! L'ours ne vous fera pas de mal. Il paraît très gentil. »

Elles revinrent toutes les deux, et l'agneau et la colombe s'approchèrent aussi. Personne n'avait plus peur.

« Les enfants, dit l'ours, secouez-moi un peu la neige de ma pelisse. » Elles attrapèrent le balai et le débarrassèrent de la neige accrochée à son poil. Lui s'allongea alors devant le feu en grognant d'aise. Désormais tout à fait rassurées, les fillettes se mirent à s'amuser avec ce gros pataud, lui passant les mains dans la fourrure, lui tambourinant des pieds sur le cou, le faisant rouler d'un côté sur l'autre, allant jusqu'à le fouetter avec une baguette de coudrier et éclatant de rire quand il se mettait à grogner. L'ours les laissait volontiers faire, s'écriant seulement quand elles lui faisaient mal: « Ne me tuez pas, les enfants. Neigeblanche, Roserouge, il ne faut pas tuer le fiancé. »

Au moment d'aller dormir, une fois les deux fillettes couchées, la mère dit à l'ours: « Tu peux rester tranquillement devant l'âtre, comme cela tu seras à l'abri de la neige et du froid. » Il resta donc.

Dès que l'aube eut commencé à blanchir, les fillettes lui ouvrirent la porte, et il s'en fut vers la forêt en se dandinant dans la neige. Et, depuis ce jour-là, il revint tous les soirs à la même heure se coucher devant le feu, en laissant les fillettes s'amuser un moment avec lui autant qu'elles le souhaitaient. On s'habitua même si bien à lui qu'on ne mettait même plus le verrou tant que le sombre compère n'était pas arrivé.

Un matin, peu après le retour du printemps, quand dehors tout commençait à reverdir, l'ours dit à Neigeblanche: « Maintenant je dois partir. Je ne reviendrai pas de tout l'été. » « Où vas-tu donc, cher ours? », demanda-t-elle. « Je dois aller dans les bois protéger mon trésor contre les méchants nains. L'hiver, quand la terre est gelée, ils doivent rester sous la surface, car ils ne peuvent en casser la croûte. Mais dès que le soleil l'a dégelée et ramollie, ils peuvent passer. Ils remontent à la surface et ils fouillent partout pour voler. Quand ils tombent sur quelque chose et qu'ils l'emportent dans leur terrier, il n'est pas facile de le récupérer. »

Neigeblanche se sentit toute triste en lui disant adieu. Elle lui ouvrit la porte. Mais, en passant, l'ours se prit la fourrure dans le coin du loquet et se déchira la peau. A travers l'écorchure, Neigeblanche crut voir briller de l'or, mais elle n'en était pas certaine. L'ours se mit à courir et disparut derrière les arbres.

— Voilà donc qu'un élément étranger intervient dans le monde de paix et d'harmonie des deux fillettes: l'ours, cet animal sauvage, que seule la mère semble considérer comme normal.

— C'est très étrange. Auparavant, nous aurions pu penser que l'histoire allait se poursuivre comme un long fleuve tranquille. Si on en regarde le déroulement d'ensemble, on s'aperçoit qu'on a à faire à un récit qui présente au départ deux filles à l'âge du jardin d'enfants, et qui s'achève en parlant de deux femmes nubiles. Entre les deux, un certain laps de temps. Il faut souligner à quel point le conte se fait un devoir de montrer comment harmonie et développement peuvent s'accompagner. Habituellement, notre vision de l'histoire est celle d'une progression très chaotique.

— *Pleine de ruptures.*

Oui. L'histoire ne progresse que par conflits, par éclatements de contradictions accumulées, par sauts qualitatifs, par révolutions, bref, par la violence.

— *C'est aussi comme cela qu'on considère en gros la puberté.*

— Exactement. Elle est irruption de l'étrange, ce qui la rend très angoissante. Ce que le conte ne peut ni ne veut contredire. En rapportant l'avertissement de la mère, il s'efforce cependant d'assurer la transition, d'endiguer l'irruption de la nouveauté. Regardons de plus près les choses. Le conte entend essentiellement montrer que le développement peut se faire de façon harmonieuse, qu'il peut s'opérer sans rupture d'équilibre. L'idée que la croissance organique de l'homme est similaire à celle des plantes garde toute sa valeur normative quand il s'agit de la maturation intérieure. Et nous arrivons ici au moment crucial du récit, celui où nous allons pouvoir vérifier la façon dont cette croissance des enfants peut se poursuivre ainsi en dépit du caractère indubitablement nouveau des éléments qui font irruption dans leur vie.

Il n'y a pas besoin d'avoir beaucoup entendu parler de Freud pour savoir que les animaux sauvages sont, sinon toujours, au moins très fréquemment, les symboles de nos instincts. Et l'ours est sans contredit un symbole de ce genre. Il propose lui-même cette clef de lecture au moment où, lors de l'adieu, il laisse entrevoir l'or, ou lorsque les enfants le battent avec une baguette de coudrier et qu'il se défend en déclarant qu'il ne faut pas tuer le fiancé, autrement dit le futur amoureux. Nous verrons par la suite que cette interprétation se justifie ici parfaitement. L'ours marque la première façon dont surgit le désir d'amour. Pour parler plus crûment et sans décrocher de la réalité vécue, il marque l'irruption de la sexualité dans des existences enfantines jusque-là très protégées. Peut-être y a-t-il des raisons de supposer que le monde antérieur, celui de la mère protectrice, n'avait guère préparé ces fillettes à la rencontre de l'autre sexe. Mais je crois qu'on ne peut ni ne doit minimiser l'ampleur de la difficulté. Les énergies instinctives qui s'éveillent pour la première fois au moment de la puberté prennent toujours la forme de quelque chose d'étrange, de dangereux, de monstrueux, de quelque chose dont il est très difficile d'admettre qu'il soit nôtre et qu'il ait caractère humain. Toutes raisons de laisser l'ours planté devant la porte fermée, si la mère n'intervenait pour dire à ses enfants de ne pas avoir peur, et si l'ours lui-même, en leur disant bonjour, ne les invitait très civilement à ne pas s'effaroucher. Il faudrait ici que les partisans de la solution satisfaisante, tranquille et aussi peu dangereuse que possible du problème se demandent ce qui se passerait si l'ours restait à la porte. Pour ma part, que d'entretiens m'ont fait découvrir le caractère tragique de certaines croissances: le premier effroi devant la puberté, terriblement renforcé par les mises en garde des parents ou de la mère Église, est devenu si violent que l'on ne peut se résoudre à laisser pénétrer chez soi ce fauve qu'est la sexualité, à domestiquer l'impulsion instinctive qui s'éveille: l'ours reste dehors, et, demeurant ainsi étranger au moi, il garde sa forme animale. Il est alors possible qu'il finisse par mourir de froid dans la neige. Bien sûr, certains diront: « Pourquoi pas? » Au premier abord, on s'évite ainsi quantité de difficultés. Mais, à la longue, cette solution se retourne en terrible revanche, car le chemin conduisant à la chaleur de l'amour est désormais barré. Regardons un peu la destinée ultérieure de personnes ayant procédé ainsi: elles restent toute leur vie gelées et gèlent ceux qui les approchent, incapables du moindre mouvement chaleureux, étrangères à tout sentiment humain, perpétuellement anxieuses de l'ours, du monstre qui sommeille en elles. Il existe par contre certaines natures qui ne supportent pas cette mise au rancart de leur vitalité instinctive, et qui mobilisent toute leur énergie disponible pour une percée en force. On voit alors l'ours, toutes griffes dehors, tambouriner à la porte et tenter de la mettre en morceaux. L'instinct, lancé à l'attaque, peut même en arriver à submerger le moi. Le monstre se précipite pour dévorer vraiment celui qui est désormais sans défense.

Il n'y a finalement qu'un chemin satisfaisant, et c'est celui que connaît ici la mère. Je crois que le développement harmonieux d'une personne n'est possible qu'à la condition capitale de dominer l'angoisse ressentie devant la nouveauté qui surgit et redoubler de confiance. Impossible de progresser, dès lors qu'on prétend faire l'économie de l'effroi éprouvé devant ce qui est absolument neuf, ou qu'on se refuse à la nouveauté sous prétexte que le moi n'y est pas préparé et n'est pas assez fort pour l'assimiler. Mais le conte montre ici de façon typique ce qui est possible: on peut maintenir le caractère harmonieux du développement si on réussit à dominer la peur en gardant une attitude de confiance et en s'attachant à une conviction fondamentale: rien de ce qui est humain n'est animal au point qu'on devrait se barricader définitivement contre lui, comme s'il s'agissait d'un fauve dangereux.

— *Il est vraiment intéressant de voir comment les fillettes se comportent envers l'ours et ce que celui-ci leur permet: il n'a rien de l'animal sauvage, mais se conduit plutôt comme un camarade de jeu grognant gentiment.*

— Ce passage du conte montre le bouleversement qu'introduit l'ours. La colombe bat des ailes, l'agnelet bêle et Neigeblanche court se cacher derrière le lit. Bref, tous les êtres symbolisant l'innocence sont saisis de panique, et c'est la mère qui doit peu à peu faire approcher les enfants de l'ours, ne faisant d'ailleurs que redire ce que celui-ci a lui-même déclaré. Si on comprend le sens éducatif et la sagesse de ce conte, la bonne manière de s'accepter consiste à apprendre à écouter en soi la force de l'instinct: son langage est langage d'homme, et si on l'écoute suffisamment longtemps, il finira par se couler lui-même dans notre langue, achevant ainsi de s'humaniser.

— *Mais le conte a l'air de présenter une espèce d'initiation ludique à la sexualité.*

— Vous mettez le doigt sur une question capitale: comment assimiler et intégrer l'élément totalement nouveau? Si on en croit ce conte, c'est chose possible à partir du moment où on y consent sans angoisse et en jouant. Une fois de plus, il n'est guère besoin d'avoir entendu Sigmund Freud pour comprendre que le jeu des fillettes, leur façon de piétiner l'ours, de le frapper de leur baguette, de lui brosser le pelage, constituent autant de symboles sexuels: le conte propose donc entre les lignes une attitude ludique envers sa propre sexualité. Il invite à ne pas avoir peur devant ses propres impulsions, mais à découvrir qu'elles doivent déboucher sur la joie, et non sur l'angoisse. L'expérience de la fillette qui prend conscience de sa croissance constitue un jeu magnifique. Bien sûr, on verra certains moralistes froncer les sourcils et secouer la tête en déclarant tout cela indigne dans un livre de contes pour enfants.

— *Mais ce n'est évidemment pas dit comme cela: les enfants n'y verront sans doute rien.*

— Inconsciemment, les enfants notent beaucoup de choses. Il ne leur échappe pas qu'ils n'ont pas à avoir peur, que le neuf peut être beau, et que le jeu doit donc leur être permis. En fait, je pense que le conte montre lui-même les limites nécessaires: c'est l'ours qui les indique, donc l'instinct lui-même. Il est évidemment possible de pousser trop loin le jeu. Il est pensable d'en arriver à s'éprendre tellement de soi qu'on en finit par tuer le fiancé, autrement dit l'énergie instinctive, ou, pour parler psychanalytiquement, par se bloquer dans la possession narcissique de son propre corps. Mais cela ne va pas de soi, et ce ne peut être que le résultat d'une exagération de l'angoisse. Cette fixation de l'instinct ne survient que chez ceux qui se laissent paralyser par la peur. Quand la puberté prend cette orientation, elle finit par se laisser contaminer à nouveau par le vieux poison œdipien qui s'était déjà opposé à la marche en avant. Dans ce conte, les fillettes doivent se comporter d'une autre façon. Et c'est important ici de voir l'instinct lui-même les mettre en garde contre le danger de pousser trop loin le jeu. On doit avoir confiance en ses propres impulsions: elles demandent à ce qu'on les accepte sans en avoir peur comme du mal, mais en même temps sans angoisse de succomber devant l'instinct. Elles nous poussent elles-mêmes à la progression et elles ont elles-mêmes tout intérêt à faire germer un amour assez fort pour se tourner vers l'autre. A en croire ce conte, le mystère de l'amour consiste en ce que ces fillettes finissent par devenir capables d'aimer l'ours, c'est-à-dire finalement le côté ombreux de leur propre moi, et à oser humaniser le tréfonds animal qui gronde en elles. Seul celui qui se sent bien dans sa propre peau devient un jour capable d'amour et de tendresse pour l'autre.

— *A la fin du passage, l'ours s'en va parce que l'hiver est fini, nous est-il dit.*

— C'est ce qui se passe quand on en arrive à un autre niveau du développement. Si nous voulons situer ce passage du conte dans la croissance psychologique, il faut dire qu'au lendemain de la première confrontation avec l'instinct qui s'éveille, vient un temps qu'on décrit comme celui de l'ascèse pubertaire. En grandissant, la personne ne veut en quelque sorte plus rien savoir de son impulsion sexuelle. C'est par contre le moment où elle doit s'affronter à son contenu spirituel. C'est désormais là le centre de son débat, son souci central. C'est le moment où l'ours prend congé: on n'a plus besoin de lui, à cette période d'été où la vie s'affirme avec une énergie et une chaleur renouvelées. Il aura pour tâche de chasser le nain, ou plus exactement les nains, de quelque race qu'ils puissent être, ainsi que nous aurons à le voir.

— *L'ours les fait déjà apparaître comme méchants: il doit aller défendre quelque chose contre eux.*

— Quand on s'est pris d'amitié pour l'ours, on perçoit le nain comme ambivalent. Le conte va tout de suite nous permettre de voir comment le comprendre. Mais c'est exact: l'ours n'est ours qu'aussi longtemps que le nain existe. Il déclare lui-même qu'il possède des trésors que les nains ont détournés. En prenant congé, l'ours se met en quête de cette richesse potentielle, et la tristesse que Neigeblanche éprouve à le voir partir débouche finalement sur l'attente de ce puits d'or qui s'annonce déjà.

— *Lisons donc la troisième partie du conte.*

A quelque temps de là, la mère envoya les fillettes dans la forêt chercher du bois mort. Elles tombèrent sur un gros arbre abattu par terre, avec, près du tronc, quelque chose qui gigotait dans l'herbe. Elles se demandaient ce que c'était. En approchant, elles virent que c'était un nain, tout ridé, tout vieux, avec une longue, longue barbe. Il avait le bout de la barbe prise dans une fente de l'arbre, et il sautillait de droite et de gauche, comme un jeune chien au bout d'une laisse dont il n'arrive pas à se débarrasser. En voyant les enfants, il se mit à rouler des yeux rouges et enflammés: « Qu'est-ce que vous avez à rester plantées là? leur cria-t-il. Vous ne pouvez pas venir m'aider? » « Qu'est-ce qui t'est arrivé, petit bon-homme? » demanda Roserouge. « Oies stupides et curieuses! répliqua-t-il. J'ai voulu me tailler quelques bûchettes et en faire des brindilles pour la cuisine. Avec les grosses bûches, quand on veut faire des petits plats, on fait tout brûler. Parce que nous, nous ne sommes pas des goinfres qui s'empiffrent comme vous, rustres que vous êtes. J'avais réussi à enfoncer mon coin dans le bois, et tout se serait bien passé si ce maudit tronc n'avait pas été aussi lisse. Mon coin a sauté, l'arbre a cassé et je n'ai pu tirer à temps ma belle barbe. Maintenant elle est coincée et je ne peux plus m'en aller. Et vous êtes là à rire, comme deux petites dindes. Vraiment, quelles bécasses! »

Les deux enfants firent tout ce qu'elles purent pour dégager la barbe, mais sans y réussir tant elle était coincée.

« Je vais aller chercher quelqu'un », dit Roserouge.

« Petites idiotes, grinça le nain. Aller chercher du monde alors que vous êtes déjà deux de trop! C'est vraiment tout ce qui vous passe par la tête? »

« Un peu de patience, dit Neigeblanche. Je sais ce qu'il faut faire. » Elle tira des petits ciseaux de sa poche et coupa le bout de la barbe.

Aussitôt libre, le nain attrapa son sac, un sac plein d'or qu'il avait laissé entre les racines de l'arbre, et grommela: « Quelles brutes! Me couper un bout de cette magnifique barbe... Que le diable vous emporte! » Et, le sac sur l'épaule, il fila sans même accorder un regard aux fillettes.

Quelques jours plus tard, Neigeblanche et Roserouge voulurent se pêcher une friture. Arrivées au bord du ruisseau, elles aperçurent comme une grosse sauterelle oscillant au bord de l'eau, comme pour plonger. Elles se précipitèrent et reconnurent le nain.

« Qu'est-ce que tu veux faire? demanda Roserouge. Tu ne vas quand même pas te jeter à l'eau? »

« Je ne suis quand même pas fou! répliqua le nain. Vous ne voyez donc pas que c'est ce fichu poisson qui m'entraîne? »

Le petit bonhomme s'était assis là pour pêcher. Or, malheureusement, le vent avait empêtré sa barbe dans sa ligne. Juste à ce moment, un gros poisson avait mordu. Mais le nain n'avait plus la force nécessaire pour tirer: c'était le poisson qui était le plus fort et qui l'entraînait. Le nain avait beau s'accrocher aux joncs et aux roseaux, il n'arrivait pas à résister à la traction du poisson, et il était sur le point de tomber dans l'eau. Les fillettes étaient arrivées juste à temps! Elles le retinrent et tentèrent de démêler la barbe du fil. Mais elles n'y arrivaient pas, tant c'était embrouillé. Il ne leur resta rien d'autre à faire qu'à tirer leurs ciseaux et à couper un petit bout de la barbe, ce qui la diminua un tout petit peu. Le nain se mit à tempêter: « Qu'est-ce que c'est que ces mœurs de buse! Vous m'avez tout défiguré! Cela ne vous a donc pas suffi l'autre jour de me couper la pointe de la barbe! Voilà qu'aujourd'hui vous m'en ôtez la plus belle partie! Comment oserais-je encore me montrer à ma famille? Déguerpissez en vitesse, que je ne voie plus que vos talons. » Puis, sans ajouter un mot, il empoigna un sac de perles qui gisait dans les roseaux et disparut derrière une pierre.

Quelque temps plus tard, la mère envoya ses filles à la ville acheter du fil, des aiguilles, du lacet et du ruban. Le chemin passait par une lande parsemée de rochers. Elles virent un gros oiseau planer dans le ciel en tournant lentement au-dessus d'elles, puis piquer et disparaître derrière un rocher. Elles entendirent alors un cri perçant et pitoyable. Elles se précipitèrent et virent avec horreur l'aigle qui avait happé leur vieille connaissance, le nain, et qui commençait à l'enlever. Prises de pitié, elles se suspendirent à lui, luttant avec tant d'obstination contre l'aigle qu'elles finirent par l'obliger à lâcher sa proie. Une fois remis de sa frayeur, le nain se mit à hurler de sa voix grinçante: « Vous n'auriez pas pu montrer un peu plus de décence? Vous avez tiré si fort sur mon habit que vous l'avez déchiré. Regardez! Il est main-tenant plein de trous. Quelles bêtasses maladroites vous êtes! » Puis il empoigna un sac plein de pierres précieuses et, se glissant entre les rochers, il disparut dans un trou.

Habituées à son ingratitude, les deux fillettes poursuivirent leur chemin et arrivèrent à la ville où elles devaient faire leurs achats.

— Voici donc un nouveau personnage qui surgit: le nain. Que signifie-t-il?

— Ce n'est pas très facile à dire d'emblée, car des symboles tels que l'ours, le nain, le petit enfant peuvent prendre des significations très diverses suivant le contexte. Il faut mettre en garde ceux qui seraient tentés de recourir à un genre de lexique où l'on aurait systématiquement relevé les images par ordre alphabétique, avec nain à N. La plupart du temps, ils font erreur. Prenons par exemple le conte de l'Eau de la vie. Là, le nain symbolise une vision de l'existence marquée par une humilité nécessaire pour s'ouvrir à l'amour. On se tromperait totalement si on voulait transposer ce sens dans notre conte. Ici, on ne peut comprendre son sens qu'après avoir rassemblé tous les indices du récit et s'être demandé quel est leur rôle, sans en considérer aucun comme superflu ou comme gênant. Le nain est toujours présenté avec une voix criarde; il est toujours ingrat; il ne cesse de faire des embarras et de tomber lui-même dans l'embarras; il est manifestement cupide: il dérobe des trésors qu'il cache pour empêcher les autres, l'ours par exemple, de les retrouver. Il se manifeste ici comme la force qui contraint l'ours à garder sa forme animale. Il est vraiment son antithèse.

Ajoutez à tout cela son aspect extérieur, son visage cendré, soudain cramoisi de fureur et de colère, ses yeux saillants, et surtout sa longue, longue barbe; puis le fait que les nains ne peuvent prendre place à table avec nous: ce sont les représentants d'un monde psychique intermédiaire; ils relèvent du monde intérieur et personnifient des forces psychiques. On doit alors en conclure que celui de l'histoire n'est autre que l'homme, édition miniature. Son aspect de gnome nous fait voir ce que serait condamné à devenir l'enfant s'il restait éternellement enfant, s'il survivait donc à son être profond. Il traduit une réalité psychique infantile, celle qui aurait dû s'effacer devant la réalité nouvelle, mais qui refuse de faire place à l'autre: elle prend alors une forme rabougrie.

Au début de l'histoire, nous avons déjà rencontré dans la forêt le petit enfant vêtu de blanc et tout souriant. Sans avoir pu alors en donner la preuve, j'avais alors indiqué qu'il s'agissait de la conscience enfantine. Une force psychique de ce genre ne disparaît pas comme cela: elle revient toujours. Et je pense que ce retour de la conscience enfantine s'opérait alors sous une forme amicale et souriante. C'était déjà elle qui s'adressait depuis longtemps aux deux fillettes à travers les interdits et les défenses adaptés à leur âge. Pendant longtemps, cette voix était bienfaisante: c'était celle de l'ange gardien, expression de leur bonne conscience. Mais désormais, au lendemain de la puberté, cette force récurrente ne fait que susciter embarras et confusion croissante. Et cela précisément parce qu'elle perpétue ce qu'elle devrait avoir dépassé. Il faudrait cesser de se guider sur elle, mais elle n'en continue pas moins de ronchonner et de criailler pour qu'on lui obéisse. Pour ces enfants, tout l'art consiste alors à apprendre comment composer avec cette conscience enfantine, ici avec le nain, incarnation de leur vision morale dépassée, sans pour autant effacer d'un seul coup leur enfance. Il y aurait bien une possibilité: abandonner le nain à son destin, et donc le laisser périr. Mais les enfants ne cessent de le sauver. Bien sûr, il faudra bien qu'il disparaisse un jour. C'est dans l'attente de ce moment définitif qu'apparaît cet élément symbolique qu'est la barbe. Finie la barbe! Telle est la morale de ce conte concernant la morale enfantine antérieure. Mais cela ne peut se faire que de manière progressive: d'où ces coupes successives.

— *Il est curieux de voir que les deux filles ne parlent pas à leur mère de leur histoire avec le nain.*

— Bien sûr! Pour la même raison. A ce moment de l'histoire, la mère ne pourrait que se confondre avec le lutin. C'est bien elle qui leur a enseigné ces préceptes qui se perpétuent maintenant sous forme de force indépendante de l'inconscient et réapparaissant à l'orée de la forêt. On pourrait dire si on veut que le nain marque la mauvaise conscience chronique qui accompagne les premières audaces, qu'il faut donc sans cesse lutter contre lui, autrement dit qu'il n'est plus possible de demander à la mère si ce qu'on fait est bien. Evidemment, ce serait chose recommandable si on allait dans le sens du nain, mais c'est justement ce qui ne colle pas: le problème, c'est d'accéder à la prise de responsabilité. C'est bien pourquoi, après avoir illustré de façon ludique et allègre la façon dont les fillettes accueillaient le nouveau venu, ce conte garde parallèlement un certain cachet d'humour pour décrire leur attitude envers le vieux fantôme de leur enfance qui revient se présenter en importun. Car comment prendre au sérieux les paroles d'un nain aussi ingrat, aussi geignard, aussi superficiel? Il est frappant de voir que ce qui compte pour lui, plus encore que sa survie, c'est son apparence: il s'inquiète de savoir si son vêtement est en ordre, si sa barbe est assez belle, comment on le jugera, quel effet il produit, ce qu'on pensera de lui. Tels sont les traits marquants de sa mentalité, ce qui est très normal quand il s'agit d'un enfant. Il ne se pose absolument pas la question de savoir ce qui est bon en soi, autrement dit de ce qui peut l'aider à grandir et à devenir plus humain. Il ne se préoccupe que du jugement extérieur de la société, et il est plein d'angoisse en pensant à l'idée que les autres se feront de lui. Il incarne, non pas le monde de l'être, mais celui de l'apparence devant les autres, précisément ce qui doit survivre. Les enfants ne peuvent l'empêcher de se présenter tout froissé aux siens.

— *Mais alors il faut dire que la majorité des adultes garde des traits de mentalité enfantine! Car, pour eux, c'est sûrement là la question essentielle, beaucoup plus importante même que celle de la croissance: Comment apparaissons-nous? Comment nous voit-on?*

— Je pense que nous avons commis une double faute. Surtout depuis vingt ans, nous avons laissé libre cours à la sexualité: nous avons laissé l'ours non seulement sortir, mais foncer à bride abattue. En ce sens, on pourrait dire qu'il n'y a plus de nains à pouvoir s'opposer à lui. Mais en vérité, si. Car ces comportements de contestation n'ont jamais fait que prolonger le moi de l'enfant. Ils lui ont apparemment permis la joie de vivre, alors qu'en réalité ils faisaient son malheur. Impossible de ressentir comme valable cette solution proposée au conflit. Le problème est de savoir où trouver des gens ayant vraiment appris à commercer avec eux-mêmes et à prendre leurs responsabilités en corrigeant cet appareillage psychique qu'est leur conscience enfantine, donc en accédant à un jugement indépendant. Je pense que le plus grand danger aujourd'hui, c'est le conformisme de toutes ces non-personnes constamment en quête d'un meneur. Ce danger est latent dans la mentalité enfantine et, du fait de la peur, seule une petite minorité a appris à s'interroger sur ce moi enfantin et à reconnaître le caractère ridicule, geignard et répétitif de son discours. C'est pourquoi Ingrit Neuhaus, dans son illustration de « Neigeblanche et Roserouge », a présenté l'arbre dans lequel le nain se coince la barbe sous forme de disques rayés: ils tournent sans fin sans jamais se renouveler, et crachent éternellement le même refrain. Comment couper court à cette stridence permanente, à ce grincement continuel? Il faut avoir le courage de poser avec humour et sérénité certains actes que l'on aurait encore considérés comme des péchés graves cinq ou six ans plus tôt, lorsque l'on était encore enfant, et savoir se moquer de soi quand on se laisse traîner à la remorque de cette humanité en réduction.

— *Quel peut être le sens de ces situations perpétuellement coincées du nain? La première fois, c'est sa barbe qui est prise dans l'arbre qu'il a voulu abattre; la seconde fois, c'est un gros poisson qui l'entraîne; la troisième fois, c'est du ciel que surgit la menace, quand l'oiseau tente de l'enlever.*

— Il met la pagaille partout, sur terre, sur l'eau et dans les airs, (dans les trois dimensions, à l'armée on dirait dans les trois armes). En fait, chacune des situations a sa signification propre.

Prenons la première histoire, celle où son immense barbe se prend dans la fente de l'arbre. Elle symbolise la vie de ceux qui n'arrivent jamais à se dégager de l'emprise du passé. Pensez à tous ces gens qui restent d'éternels enfants, « premiers communiants » bien sages, toujours paniqués à l'idée de faire quelque chose de mal, incapables de se dégager de leur nanisme. Un beau jour ils se découvrent coincés. Ils sautillent sur place, comme des petits chiens au bout de leur laisse. Leur vitalité les pousse à se libérer, mais la morale ne le leur permet pas. Cela peut déboucher sur un véritable état psychosomatique de nervosité, sur une gesticulation inquiète devant la vie qui les appelle mais qu'ils n'osent pas aborder. Tant que le nain vit, comment échapper à ce destin, sinon en renonçant à une partie de leurs prétentions, donc en découvrant qu'il n'est pas nécessaire de rejeter toute la morale enfantine, mais qu'il suffit de la « tailler » à la mesure de ce qui en est désormais vivable. La grandeur des deux fillettes, leur sagesse inconsciente, se marque dans leur refus de toute mesure radicale. Elles se contentent de couper un morceau de la barbe du nain, sans envisager jamais ni de la lui couper tout entière, ni de le laisser tomber. L'arracher à la mort tout en évitant secousses et tractions brutales, c'est poursuivre leur développement dans la continuité. Elles n'en sont pas moins tenues d'émonder leur moi enfantin encore limité, autrement dit de corriger leur vision des choses, mais sans rompre pour autant avec leur enfance. Elles ne deviennent pas immédiatement adultes. Voilà ce qu'il en est de cette première image du tronc d'arbre.

Le second épisode est dramatique. Je pense qu'il faudrait ici faire appel à la sagesse du bouddhisme pour éclairer ce qu'il veut dire. Le symbole pulsionnel symbolisé dans l'ours se présente ici sous un nouveau vêtement, mais cette fois plus inquiétant. Il se peut que le nain existe, que dans une certaine mesure la morale enfantine subsiste avec son magnifique habit; mais on découvre alors que l'instinct jaillissant des profondeurs, ici sous la forme du poisson — encore un symbole sexuel — vient susciter de nouvelles complications venant mettre en danger le statu quo. C'est d'autant plus dangereux que, avec une mentalité de premier communiant, on ne veut que le « bien »: on risque alors d'être entraîné dans l'univers qu'on souhaite précisément éviter. Dans le souci de perfection, on peut finalement tout bousiller. C'est ainsi que le Bouddha a un jour mis ses disciples en garde contre la position en fleur de lotus. La fleur de lotus vit dans une mare, dans l'eau, élément purifiant. Celle-ci peut cependant la souiller et la faire moisir et pourrir. « Vous, les moines, faites attention au danger de la fleur de lotus, à l'aspiration à trop de pureté. » Par ailleurs le Bouddha met aussi en garde contre le danger de l'alligator: il est comme une force instinctive surgissant de l'inconscient, capable de rafler le moi, en dépit des efforts de celui-ci pour se retenir et s'accrocher, puis d'aller le dévorer au fond de l'eau. Les temples bouddhistes sont construits de façon à proposer un chemin praticable entre les deux extrêmes, le nain et le poisson. Aux deux murs barrant l'entrée et la sortie, il y a des fausses portes. Seule la vraie porte, au milieu du chemin, permet d'entrer dans le sanctuaire. C'est aussi ce que font les enfants ici. Une fois de plus, ils raccourcissent la barbe du nain pour le délivrer, cette fois-ci du poisson. Autrement dit ils s'ouvrent un espace leur permettant de continuer à vivre et à progresser.

Puis vient le moment où ils prennent enfin le chemin de la culture, celui de la ville, en sortant du domaine de la forêt, autrement dit du monde de la foi du charbonnier. Il leur faut alors sauver une troisième fois le nain. Le danger que présente l'aigle est pressant. Dans les contes, le sens de l'aigle peut être très divers. Les oiseaux interviennent comme des symboles de l'âme. Ils sont en quelque sorte les concrétisations des forces et des instances psychiques. Je dirais qu'ici, l'aigle représente une certaine forme d'esprit, de vie intellectuelle, qui revêt les traits d'un rapace. Pour parler plus cavalièrement: je connais des séries de gens qui sont au fond restés des petits enfants, des nains, mais qui sont de ce fait même vulnérables à l'aigle. Je pense à toutes ces chaires d'universités allemandes, où planent ces « aigles », ces professeurs qui, tels des oiseaux de proie, sont prêts à déchirer du bec tous ceux qui émettent la moindre bêtise. Le regard perçant, ils épient leur victime, prêts à éliminer tout ce qui ne leur paraît pas conforme au règne de l'esprit. Ils ne tolèrent aucune faute, aucun lapsus, aucune contradiction: ils ont toujours raison. Si on y regarde de près, ce ne sont au fond que des petits enfants, du genre « grand garçon à sa maman ». Je regardais un jour à Bruges le « Jugement dernier » de Jérôme Bosch. En bas du tableau, à gauche, il y a une caricature montrant comment on doit voir les nobles [1]: un homonarle, un être miscroscopique, presque sans corps, perché sur deux pattes avec une tête presque plantée dessus et, enfoncé dans la bouche, un gigantesque entonnoir bourré de tout le savoir accumulé. Une main de cet avorton brandit un couteau affilé. Caricature d'une sorte d'intellectualisme qui ne sait que faire la guerre, donner des coups de bec, mordre. C'est là un être abstrait, malveillant, ambitieux, cachexique, et, comme le dit le conte, inhumain. On comprend pourquoi les enfants ont encore réellement intérêt à le sauver, pourquoi ils se doivent même de le sauver une dernière fois: s'y refuser, ce serait vouloir sauter vingt pages, refuser le temps nécessaire au développement intérieur, prétendre s'élever à des hauteurs supérieures, loin de la terre. En délivrant le nain, les fillettes préservent leur dernier lambeau d'enfance, celui qui leur reste nécessaire pour continuer à progresser.

1. En allemand, *Adler* signifie à la fois aigle et noble (NdT).

— Pourquoi le nain est-il continuellement en train de mettre son butin en sûreté? Apparemment, les fillettes ne savent absolument pas ce qu'il a dans son sac (le narrateur parle d'or, de perles et de pierres précieuses).

— Si mon interprétation est correcte et si le nain est bien l'incarnation de la conscience enfantine, le butin qu'il porte sur lui et qu'il cherche à mettre en sécurité signifie qu'il y a un acquis de l'enfance qui mérite vraiment d'être conservé. Car cet âge contient de véritables trésors. Mais, tant que le nain vit, les fillettes en sont comme dépouillées: ces biens ne relèvent pas vraiment de leur moi. Le surmoi qui continue à répéter sans fin les adages de la sagesse enfantine peut exprimer des choses justes, mais il le fait de façon machinale, mécanique. Son contenu, les indications qu'il donne, peuvent avoir une grande valeur humaine. Mais tout cela reste aliéné parce que ce n'est pas la personne qui en décide. Le nain reste un gnome, parfaitement extérieur au moi. Il ne se soumet pas aux enfants et ne peut qu'entrer en conflit avec l'ours.

— Continuons le récit du conte.

A leur retour, en repassant par la lande, elles tombèrent de nouveau sur le nain. Il avait dégagé un espace qu'il avait ensuite soigneusement nettoyé, et, pensant que personne ne passerait plus par là, il y avait étalé les pierres précieuses de son sac. Le soleil couchant faisait étinceler les gemmes: elles scintillaient et jetaient des feux de couleur tels que les enfants en furent saisies et restèrent là, clouées d'admiration.

« Qu'est-ce que vous faites là à bayer aux corneilles? », cria le nain, son visage terreux soudain empourpré de colère. Il allait continuer à déverser son torrent d'injures quand on entendit un grondement furieux: de la forêt, un ours sortit d'un trot rapide. Effrayé, le nain fit un bond en arrière. Mais, avant qu'il ait eu le temps de regagner son abri, l'ours l'avait rejoint. Terrorisé, le nain se mit alors à le supplier: « Cher Seigneur Ours, épargne-moi! Je te donnerai tous mes trésors. Regarde ces magnifiques bijoux. Laisse-moi la vie. En quoi puis-je te gêner? Je suis si minuscule. Tu ne me sentirais même pas entre tes dents. Jette plutôt un coup d'œil sur ces deux maudites gamines! Ça, ce serait un morceau de roi pour toi. Grasses et dodues comme des cailles. Au nom de Dieu, croque-les, elles! »

Mais l'ours ne prêta aucune attention à ses paroles. D'un coup de patte, il écrasa la misérable créature qui resta sans vie sur le sol.

Les fillettes avaient pris leurs jambes à leur cou. Mais l'ours les rappela: « Neigeblanche et Roserouge, n'ayez pas peur. Attendez-moi. Je viens avec vous. » En entendant sa voix, elles s'arrêtèrent. Et quand l'ours les eut rejointes, voilà que sa fourrure tomba, et elles se trouvèrent en face d'un beau jeune homme couvert de vêtements d'or.

« Je suis le fils d'un roi, leur expliqua-t-il. Mais j'avais été changé en ours par ce maudit nain qui m'avait pris mon trésor, et j'étais obligé de courir les bois comme un animal tant que je n'aurais pas été délivré par sa mort. Maintenant il a eu la punition qu'il méritait. »

Neigeblanche l'épousa et Roserouge se maria avec son frère. Ils se partagèrent le trésor que le nain avait amassé dans son trou. La vieille mère vécut encore de longues et heureuses années près de ses filles. Elle avait emmené avec elles les deux rosiers, et elle les avait replantés sous sa fenêtre: tous les ans, ils continuèrent à produire les plus magnifiques roses qui soient, blanches et rouges.

— Le chemin conduisant de l'enfant à la femme est manifestement ouvert.

— Oui, et c'est le stade décisif, le dernier, de la croissance. Le crépuscule indique qu'un chapitre de la vie va sur sa fin. Les enfants rentrent à la maison et rencontrent une dernière fois le nain, au moment où il est en train d'étaler ses trésors. Il s'agit manifestement de faire ressortir encore une fois la beauté et le caractère fascinant de l'univers enfantin. Il règne une ambiance à la fois de tristesse et de bonheur, une ambiance mêlée en tout cas. Avant la venue de l'ours, le nain est encore en train de grommeler et de criailler. Ces deux êtres extrêmes s'excluent vraiment l'un l'autre, et ils n'ont cessé de se combattre tout au long du conte. Les voici maintenant face à face. La question est alors de savoir qui va survivre. Je pense qu'il est impossible de rendre compte de l'effroi que peut ressentir une femme en pleine croissance, mais aussi bien celui d'un homme au même stade de sa vie. Jusqu'à présent, tous les stades du développement restaient en quelque sorte abrités dans le secret du moi; et voici soudain qu'on doit se tourner vers quelqu'un d'autre, vers un partenaire. Tout est d'un seul coup remis sur le tapis, et on voit ressurgir des sentiments de culpabilité, mais aussi d'espérance et d'attente. Une fois de plus réapparaissent les passions déjà éprouvées lors de l'enfance et au début de l'adolescence, des passions plus ou moins bien intégrées. L'ours et le nain se rencontrent, et, en lisant ce récit, je trouve très troublant de voir le peu d'influence que les fillettes sont désormais en mesure d'exercer sur la suite de l'histoire. Elles sont elles-mêmes si saisies par l'irruption de l'ours, autrement dit de la sexualité, qu'elles détalent, comme si elles ne l'avaient encore jamais vue. Complètement paniquées, elles s'enfuient. Psychanalytiquement parlant, c'est comme si le ça et le sur-moi avaient à livrer combat aux dépens du moi.

Rendu à ce point de l'histoire, il faut se demander comment le combat se résoudra. Au début de la puberté, lors de la première apparition de l'ours, on aurait pu jeter dehors cet hôte indésirable. On l'aurait laissé errer dans la forêt tel un étranger, un ennemi. Dans ce cas, la proposition du nain à l'ours serait extrêmement tentante; ce serait même presque le seul compromis possible. Le nain pourrait alors survivre et passer un pacte avec l'ours aux dépens du moi. La moralité enfantine, le sur-moi infantile, resterait alors intact, et on verrait perdurer sans aucune correction, mais désormais durcies et rigides, toutes les idées que l'on a inculquées à cet âge sur la vie et sur la façon de s'y conduire. L'appel croissant à l'amour conserverait alors sa face animale, et il y aurait alors comme une confirmation du rôle de fauve dévolu à l'ours. Cette alliance contre nature entre l'ours et le nain, le ça et le sur-moi, conduirait à la névrose, avec un moi coincé, englouti, comme broyé entre les deux forces. Si l'ours refuse ici l'offre du nain, c'est manifestement parce qu'il est déjà entré en relation heureuse avec les enfants, que ceux-ci sont devenus ses amis. C'est dire que les orientations prises au moment de la puberté décident finalement de la façon dont on intronisera par la suite le partenaire amoureux.

En minimisant ici le rôle des enfants, qui n'ont pratiquement rien à dire, en indiquant par là que tout est d'une certaine façon déjà joué, le conteur fait preuve d'une profonde compréhension de l'amour, mais ne peut en même temps manquer de susciter l'effroi devant sa réalité. C'est toujours ce que je ressens en le réentendant. Peut-être une psychothérapie sera-t-elle nécessaire pour résoudre après coup les difficultés et régler définitivement son compte au nain: elle permettra de comprendre tout ce qui se passe ici. Il est possible que la force même de l'amour, incarnée dans l'ours, fasse disparaître d'un seul coup la mentalité d'enfant. C'est en tout cas sa découverte qui vient faire de l'enfant un adulte. Il se peut que ce dernier acte prenne pour lui la forme d'une condamnation à mort, d'un sacrifice.

— *Apparemment c'est le cas pour ces filles...*

— Nombre de mythes présentent la découverte de l'amour comme un arrachement, comme un rapt, donc comme quelque chose qui est encore très dangereux. C'est vrai: il y a perte définitive de l'esprit d'enfance. Mais la force qui intervient est l'amour: il vous tombe dessus comme une bête dont on ne peut qu'avoir peur. Mais au même moment l'animal se transforme en homme, et on découvre alors qu'il n'a en soi absolument rien de bestial, qu'il fait au contraire tout resplendir de beauté, comme un fils de roi. Telle est la certitude qu'entendent nous retransmettre ces contes: nous sommes tous appelés à découvrir que nous appartenons à un univers royal, que nous sommes fils de roi, que chacun de nous cache un prince, avec toute sa beauté, sa noblesse, sa grandeur. Telle est la découverte qui a lieu quand nous entrons dans le cercle de l'amour, de l'échange par lequel on donne et on reçoit.

Dans certains musées, on peut voir des figures hindouistes d'un animal enlaçant une femme; d'un sanglier, par exemple, une des formes que prend pour s'incarner Vishnou, le dieu qui soutient l'univers. D'une certaine façon, il faut aimer le dieu sous forme de sanglier pour devenir vraiment humain. Telle est bien la morale de notre conte. Il n'y a au fond rien à craindre, car cette apparence bestiale ne dure que si le don de soi reste atrophié.

— *Voilà qui est très étranger à la tradition chrétienne et à sa morale éducative. Le christianisme invite toujours à combattre les ténèbres et le mal, le « revers ». On tue le dragon, sauf dans certaines formes de pensée telles que celles que la théologie féminine cherche difficilement à redécouvrir: par exemple celle où on confie à Marthe la charge de défendre le bien public en passant une laisse au dragon pour le rendre inoffensif. Mais autrement, nous vivons dans un monde marqué par l'opposition du bien et du mal, donc par l'exacte antithèse de ce que présente ce conte: dès leur plus jeune âge, les enfants sont mis en demeure de choisir entre les deux. Notre image de Dieu implique ce rejet du mal et des ténèbres: il y a des choses qui ne doivent pas se produire, car Dieu seul est exclusivement bon, puissant et bienfaisant.*

— C'est bien pourquoi, en tant que théologien, je me préoccupe tant de redécouvrir et d'interpréter les contes. Je pense qu'ils nous offrent un correctif permettant de rendre plus humaine notre vision chrétienne de Dieu. En fait, je pense que le christianisme a eu tort de combattre l'univers des songes, des mythes, des contes, des pulsions primitives. Maintenant, en cette période de Noël, les Églises chrétiennes nous proposent elles-mêmes des textes montrant comment le chemin du salut passe par le mystérieux message d'anges apparaissant dans la nuit. C'est ce que nous lisons. Ce n'est pas ce dont nous vivons. Mais nous devons tout faire pour retrouver au fond de nous l'héritage antique de sentiments vraiment religieux. Pour comprendre la religion, il est capital de redécouvrir en nous le langage des songes.

Une mise en parallèle nous permettra encore d'actualiser cette idée. En 1856, à Seattle, quand on a voulu forcer l'héritier des Duwamish à vendre son pays, il a répondu en soulignant le contraste entre l'homme blanc et l'homme rouge. Pour lui, la différence entre les deux cultures était essentiellement de nature religieuse, et il l'illustrait par la place donnée au songe: « Votre religion, déclarait-il, fut écrite par un dieu de colère qui écrivait avec des griffes de fer sur des tables de pierre pour qu'on ne l'oublie pas. Elle nous est toujours restée étrangère, et nous n'avons jamais pu la recevoir en nous. Notre religion repose sur le chemin de nos ancêtres, sur leurs rêves et sur leurs visions, ceux que le Grand Esprit leur donnait, à eux et à leurs sachems. » On ne saurait accorder trop d'importance à cette antithèse. Dans le christianisme, nous avons fortement tendance à moraliser le salut. Nous avons forgé une religion volontariste de commandements, et nous exigeons alors de l'homme plus qu'il ne peut en faire. En matière religieuse, la question n'est plus: « Qui suis-je, qui me faut-il être, qu'est-ce qui se passe en moi quand je me regarde, comment puis-je me voir sans faux-semblants, quels sont les sentiments qui surgissent spontanément en moi? » Elle s'est transformée en : « Que dois-je faire pour me justifier, où en suis-je par rapport à certains commandements? (qui sont perçus plus comme des préceptes extérieurs que comme des exigences intérieures, et qui peuvent alors devenir très pesants).

Ce conte montre justement qu'on n'a pas besoin de se faire une telle violence, et la profondeur du récit, celle de l'inconscient, du rêve, consiste à montrer quelle confiance nous devrions mettre dans le Dieu qui montre sa puissance dans les songes. La Bible nous raconte volontiers que Dieu est proche dans l'inconscient. Ce conte insiste: il montre sa puissance dans la force de l'amour. Je pense qu'une des pierres de touche de la théologie morale consiste à voir dans quelle mesure elle peut faire preuve d'humour en matière sexuelle. Car je ne puis voir de domaine de l'instinctivité plus entaché d'aigreur. Et, quand j'écris des livres sur la psychanalyse ou sur la théologie morale, j'ai très à cœur d'apporter ma contribution à ces problèmes. La vérité divine ne saurait être autre que celle de l'homme. C'est bien pourquoi je considère que ce conte apporte un correctif nécessaire à certains aspects du christianisme.

— *Nous avons manifestement besoin de gens comme vous, capables de nous expliquer le message de ces contes. Bien sûr, quand on les a bien écoutés ou lus, on y trouve certaines choses frappantes. Mais le danger est pourtant grand de croire qu'avec quelques ouvrages de référence on pourra se faire son petit dictionnaire de symboles en s'extasiant devant ce qu'on aura compris. Comment apprendre à les déchiffrer? Et je parle ici pour nous, adultes, car nous aussi pouvons certainement trouver une aide précieuse dans tous ces contes et ces mythes.*

— Dieu sait que je n'en suis pas arrivé tout seul aux contes. Comme séminariste, j'ai eu à faire de la philosophie et on m'a inculqué l'idée que ma raison me permettait d'analyser et d'interpréter les images de la Bible, et qu'il fallait avant tout soumettre celle-ci aux questionnements de la vérité historique extérieure, et évidemment de la morale. Or, en procédant ainsi, j'ai bien dû me rendre compte des troubles que nous provoquions chez les gens. Devenu vicaire, je fis une expérience extrêmement importante pour moi: j'entendais des gens me poser des questions auxquelles j'étais incapable de répondre en dépit de ma bonne volonté et de mes raisonnements. Leur angoisse était beaucoup trop originelle pour se laisser guider par la conscience. Il y avait longtemps qu'ils en avaient oublié l'arrière-plan, et ils étaient parfaitement inconscients de la façon dont celui-ci les avait marqués. Bref, au sein même de l'Église, on se heurtait à un tel méli-mélo de détresse, d'impuissance et de bonne volonté que je finis par me dire: il nous faut, il me faut chercher à comprendre les choses à un autre niveau. C'est ainsi que j'en suis venu à la psychanalyse. Avec la théorie de la relativité et la mécanique des quanta, je la considère comme une des découvertes capitales de notre siècle, si mauvais par ailleurs. Elle est née dans l'atmosphère de chaleur et de détente de la Vienne des années 1900. Sigmund Freud s'est rendu compte que les gens savaient d'eux-mêmes tout ce dont ils avaient besoin pour comprendre et résoudre leur problème personnel. Il suffisait pour cela de les laisser parler, sans les censurer, sans leur imposer de valeurs étrangères, et même de les aider à faire sauter leur propre censure en la transformant en attitude de confiance: l'appel à vivre qui s'affirme en eux se trouverait parfaitement justifié s'ils parvenaient un jour à se défaire de ses malformations angoissantes, autrement dit s'ils parvenaient en eux à éliminer le nain et à réadmettre l'ours. Le chemin qu'enseignent les contes, celui qui, à la fin de Neigeblanche et Roserouge reconduit à la maison maternelle, c'est celui de la bonté, de l'humanité et de la confiance, et cela à un point tel que moi, théologien, je ne puis voir dans la maison de la mère autre chose que l'Église telle que je la voudrais: lieu d'accueil, de protection et de sécurité. Cela veut également dire que la mère doit elle aussi cheminer pour toujours accompagner ses enfants: ici je n'hésiterais pas une seconde à parler en termes bibliques du Dieu qui marche avec nous. Le fait que cela s'accompagne d'arbustes, que la vie végétative se poursuive, montre que l'homme ne brise pas avec son passé, qu'il n'a aucune raison de le faire, car il est riche de trésors, de valeurs et d'acquis merveilleux qu'il suffit de (et qu'on doit) s'approprier. Une seule chose est destructrice de l'homme: l'angoisse. Et je pense que le christianisme doit en premier lieu apprendre à relire sa propre doctrine du péché et de la rédemption en termes d'alternative de peur et de foi. On découvrirait alors rapidement — et c'est ce que je pense, en tant que théologien — que tous les symboles de salut relèvent immédiatement du domaine du rêve. Ils prennent leur racine dans l'univers archétypal de l'inconscient. C'est à ce niveau qu'il faut chercher à voir en quoi ils peuvent être salvifiques.

— *Que se passerait-il si vous cessiez d'enseigner le dogme et que vous vous consacriez entièrement à montrer aux prêtres, aux responsables de la pastorale, et de façon générale à tous ceux qui vouent leur vie à aider les gens à trouver leur salut, comment s'initier au moins un peu à tout cela?*

— Je fais tout ce que je peux en ce sens, aussi bien théoriquement que pratiquement. Je fais des conférences, j'écris des livres, j'ai des entretiens, et ceci toujours avec cette idée d'introduire subrepticement une espèce de cheval de Troie dans la forteresse de la théologie et des théologiens actuels. Je pense que si l'effort pour intellectualiser les images de la foi et de la rédemption en recourant à la philosophie grecque a incontestablement commencé par constituer un gain pour le christianisme, il est maintenant devenu néfaste. Cela a constitué un coup de force, et cela le reste. Ce lien à la tradition intellectuelle et à la forme occidentale de développement empêche les autres cultures d'accéder à notre foi. Je paierais cher pour voir ce que donnerait une interprétation de ces contenus, de ces images, non plus dans les termes abstraits de nos catégories d'airain, mais dans une langue poétique empruntée aux songes et aux récits. Musique de danse, peinture, poésie: le domaine tout entier de l'art est incomparablement plus adapté à redire la foi chrétienne que la langue intellectuelle d'une raison hargneuse toujours préoccupée de définir le plus exactement possible ce qui reste indéfinissable. Pour parler comme Thomas Mann, tous ces symboles ont une précision lunaire qui échappe à l'intellect, et le christianisme court le plus grand risque à vouloir les interpréter notionnellement. Inutile ici de reprendre l'histoire de l'Église pour montrer comment cela a commencé et pourquoi les choses devaient se passer ainsi. Mais je pense qu'il serait très dangereux d'en rester là aujourd'hui. Je pense que l'expérience suffit à montrer le caractère inaccessible de la langue de la théologie universitaire: elle est parfaitement inaccessible à des non-initiés, inutilisable pour les prédicateurs et les catéchistes, et plus nuisible qu'utile pour le développement personnel, ce qui n'est pas la moindre objection. Cela ne peut durer. C'est pourquoi je m'intéresse tant aux rêves et aux contes, même d'un point de vue purement théorique; car, si je disais au départ que les contes avaient profondément à voir avec les contenus des mythes anciens, primitifs, il est maintenant clair qu'on ne peut les comprendre et les interpréter qu'à la condition de les prendre aussi au sérieux que le message traditionnel des religions anciennes. Le plus souvent, ils ne parlent pas de Dieu, mais ils montrent entre les lignes le chemin que tout homme doit suivre s'il veut trouver son sauveur et se trouver lui-même.

— Et quelle expérience d'Église avez-vous acquise à travers vos travaux et vos livres? Avez-vous l'impression d'une compréhension accrue, ou vous heurtez-vous à la peur et à la marginalisation?

— Dans une Église qui était et qui reste encore un monde relativement traditionnel et stable à l'intérieur de notre société, il était inévitable que la psychanalyse, avec sa découverte de l'inconscient, ait commencé par faire peur. Dans certains groupes, j'ai constaté que même ce conte inoffensif qu'est Neigeblanche et Roserouge suffit à faire surgir des réactions de défense contre son contenu inconscient. Il touche toujours à de vieux tabous. Encore que je pense que son interprétation est relativement facile à admettre. Mais je voudrais montrer — et je suis en train de préparer un livre sur ce sujet — le lien possible entre exégèse et psychanalyse. Donc établir qu'on peut employer les mêmes méthodes d'interprétation pour la Bible, faisant ainsi éclater ce ghetto fermé que constitue la méthode historico-critique. Je rencontre un besoin considérable en la matière, et aussi beaucoup de compréhension. Non pas tant des professeurs d'exégèse, qui viennent d'une école bien précise, que chez les professeurs de prédication, les catéchistes, donc chez ceux qui ont à donner un enseignement, naturellement chez les enseignants eux-mêmes... Et pourquoi pas?

— *Entre-temps, on voit bien où nous a conduits l'autre méthode.*

— Je suis vraiment consterné de voir comment on a totalement déformé des textes pourtant essentiels pour la vie, comment on a moralisé sur des contenus qui ne demandaient qu'à porter des fruits. Dans le cas de Neigeblanche et Roserouge, il serait très facile de réexprimer en langage religieux la quintessence du conte: « Si vous ne redevenez comme des petits enfants, vous ne découvrirez jamais la force que Dieu peut prendre en vous. » Et si les adultes avaient gardé leur spontanéité, leur innocence, s'ils n'avaient pas perdu le trésor de leur enfance, la confiance, ils feraient immédiatement appel au Sermon sur la montagne pour commenter cette idée.

— *C'est bien ce que nous avons tous perdu. Le problème est peut-être de le retrouver.*

— Bien sûr, ce conte ne parle pas de salut, mais il en est gros, sans pour autant jamais réfléchir à ses conditions. Mais le sens de la rédemption, c'est bien de nous ouvrir des chemins reconduisant à un paradis perdu, et il serait alors juste de dire que, si nous étions restés comme des enfants, si nous n'avions pas changé notre confiance en angoisse, nous pourrions vivre en paix avec nos semblables; au lieu de guerroyer les uns contre les autres dans une esprit de concurrence, nous nous découvririons complémentaires et nous marcherions dans la vie la main dans la main, à l'instar de Neigeblanche et Roserouge qui savent user de leurs différences. Au lieu de nous définir par notre richesse et notre avoir, autrement dit par ce qu'Eric Fromm a justement appelé la « nécrophilie de notre société », celle qui consiste à désirer et à aimer des choses qui sont mortes et qui ne peuvent que faire mourir, nous nous définirions par ce que nous sommes capables de partager. Quelle joie ne trouverions-nous pas à nous retrouver comme des enfants pour partager, comme cela se passe dans cette maison maternelle, on pourrait aussi bien dire dans la maison de la « mère nature », ou, pour prendre le langage chrétien, « dans la maison de Dieu ».

— *On pourrait aussi dire « dans la maison des pauvres. » Car c'est ce qui me frappe dans mes voyages dans le tiers-monde: ce partage spontané, cette disponibilité, cet accueil que l'on ne trouve que là. Nous, par peur, nous avons tiré les verrous de toutes les portes.*

— Ce que vous venez de dire, je pourrais le redire sous forme de proverbe populaire emprunté aux premiers contes écrits en notre possession, ceux de l'Egypte antique. Un vieux sage égyptien déclare: « Une belle parole est aussi rare que l'émeraude, et tu la trouves pourtant chez les esclaves qui travaillent à la meule. » Je crois que les romantiques avaient raison quand ils disaient qu'on ne trouve la sagesse ni dans les palais, ni dans les situations supérieures où l'on devient vite étranger à soi-même. Descendre en soi-même signifie souvent repartir d'en bas socialement. Ni vous ni moi ne nierons que la pauvreté puisse constituer un terrain favorable à la croissance.

— *Je pense que ce n'est pas un hasard si, non seulement les prophéties présentent le Christ comme quelqu'un venant annoncer l'Évangile aux pauvres, mais si les textes montrent l'incapacité de ceux qui veulent conserver leur trésor à accueillir l'Évangile et à le mettre en pratique. C'est une constatation qui vaut pour toute la Bible.*

— En tant que prédicateur du dimanche, il m'est très difficile de dire cela sans blesser les gens. Mais je pense que nous menons une vie de fous. Nous disons que le Christ s'est incarné, qu'il s'est fait enfant, homme, un homme que nous ne pouvons aimer que pour lui-même, car il n'a rien et est sans pouvoir. Telle devrait aussi être notre relation aux autres. Nous ne devrions pas nous poser la question de nos réalisations, de nos résultats, de nos projets. Nous devrions beaucoup plus simplement nous contenter de voir qui nous sommes. Ce serait tellement préférable, tellement plus précieux. Mais regardez cette ruée sur Noël! A nous, la gigantesque foire, la bouffe à tout casser! Et nous osons dire que nous nous préparons à accueillir notre salut et notre bonheur! Il y a un tel abîme entre notre existence embourgeoisée et ce que veut dire le christianisme (les deux se confondant, dans la mentalité courante) qu'il ne passe pratiquement plus rien de celui-ci. On ne peut plus parler de tout cela que doucement, à voix basse, à quelques personnes prises individuellement. Je me demande vraiment comment cela peut atteindre la masse. C'est pourquoi je ne vois pas d'autre procédé possible que celui du cheval de Troie: la première transformation à chercher chez les personnes individuelles, c'est celle de la conscience, et naturellement celle de la pratique. Quand quelqu'un commence à découvrir sa richesse intérieure, tous ces trésors du nain qui sont vraiment à lui, il n'a plus besoin de grand-chose d'autre.

— Je souhaite à tous nos auditeurs de ce « magazine du mardi » une fête de Noël qui leur permette de voir briller un peu de cette compréhension de nos profondeurs dont nous nous sommes entretenus aujourd'hui.

6

Images de la Bible, images de la vie [1]

Entretien entre Eugen Drewermann, Manfred Görg et Hildegard Lüning.

Lüning: Bonsoir, Mesdames et Messieurs.

Voici deux ans, Eugen Drewermann publiait *Psychanalyse et exégèse* [2]. Cet ouvrage a suscité bien des contestations, car il remettait très profondément en cause les apports de l'exégèse biblique moderne.

On pouvait donc s'attendre à une suite. De fait, l'automne dernier, Gerhard Lohfink et Rudolf Pesch publièrent un écrit polémique intitulé: *Psychanalyse sans exégèse*, aux éditions « Katholisches Bibelwerk », à Stuttgart. Pas d'espoir de voir ces deux auteurs venir défendre leur cause devant Eugen Drewermann à ce « magazine du mardi ». Je les avais invités dès juillet, immédiatement après avoir appris l'imminente parution de leur ouvrage. Eugen Drewermann s'était tout de suite déclaré prêt à la discussion. En septembre, Gerhard Lohfink et Rudolf Pesch ont par contre définiti-vement déclaré forfait.

1. Émission du 24.11.1987 de la Süddeutsche Rundfunk, deuxième programme.

2. E. Drewermann, *Tiefenpsychologie und Exegese*, I. vol. 41987, II. vol. 31987, Walter Verlag, Olden u. Freiburg. Par la suite, l'auteur a répondu à ses contradicteurs dans un ouvrage intitulé: *An ihren Früchten sollt Ihr sie erkennen* (Vous les reconnaîtrez à leurs fruits), Walter Verlag 1988.

La critique des deux exégètes débouche finalement sur l'affirmation que le travail d'Eugen Drewermann est dangereux pour la foi chrétienne et l'Église. Pour eux, il ne fait que propager une forme à la fois nouvelle et très ancienne de religion du salut par soi-même, doctrine qui rend finalement Jésus inutile et qui est donc inconciliable avec la tradition judéo-chrétienne. C'est pourquoi je pense urgent d'examiner de près ces objections, d'autant plus qu'entre-temps l'ensemble des évêques catholiques de la République fédérale ont été sollicités de se prononcer officiellement sur une œuvre dont le succès public est considérable, et que l'on s'attend à ce sujet à la parution d'une déclaration de la Commission de la foi de la Conférence épiscopale des évêques d'Allemagne.

Il faut encore noter que cinq professeurs de théologie catholique sont entrés dans cette nouvelle bagarre, sans être prêts pour autant à participer à ce « magazine du mardi ». Je me suis finalement heurtée au refus de neuf personnes connues pour leurs prises de position critiques à l'égard d'Eugen Drewermann. Nous avons cependant un hôte dans notre studio: le professeur Manfred Görg. Il enseigne la théologie vétéro-testamentaire à la Faculté de théologie catholique de l'Université de Münich. Il est également égyptologue, est qualifié en histoire des religions et président du Conseil scientifique de la « Ligue catholique de la Bible ». Est-ce que ce conseil s'est déjà saisi de *Psychanalyse et exégèse*?

Görg: Oui. Ce Conseil intervient dans la planification des publications en y poussant le travail de recherche scientifique sur la Bible. C'est pourquoi il s'est interrogé sur l'impact de cette nouvelle forme de réflexion qu'est la psychanalyse sur l'exégèse: la science biblique peut-elle en tirer profit, ou dans quelle mesure doit-elle s'en distancier critiquement? C'est dans ce contexte que nous nous sommes confrontés avec votre travail, Monsieur Drewermann. Gerhard Lohfink et Rudolf Pesch ont participé à cet effort. En s'exprimant, ils n'ont certes entendu représenter que leur propre réflexion, et ils n'ont pas engagé tous les exégètes. Mais ils ont voulu marquer clairement les enjeux de l'exégèse historico-critique et ceux de l'exégèse qui lui a d'une certaine manière succédé.

C'est l'utilisation de ces méthodes exégétiques dans les sciences bibliques que nous défendons aujourd'hui.

Lüning: Que signifie au juste la méthode historico-critique en exégèse?

Görg: C'est en fait une expression malheureuse. Parler de la voie historico-critique en exégèse pourrait donner l'impression qu'il ne s'agit que d'une seule et unique méthode exclusivement intéressée à déterminer ce qui est historique et ce qui ne l'est pas.

Lüning: Autrement dit quelles sont les paroles historiques de Jésus, celles qu'il a vraiment prononcées?

Görg: Et aussi ce qu'il y a d'historique ou de non historique dans le récit de l'histoire d'Israël. Ce qui conduirait à l'idée fausse selon laquelle les traditions rapportant les événements historiques seraient moins valables que leur substrat historique lui-même. Mais tel n'est pas vraiment le travail de la méthode historico-critique la plus récente, si je puis dire. Celle-ci entend permettre de contrôler le mieux possible l'accès à la Parole de Dieu. Prenant la Bible au sérieux, elle cherche à nous permettre de l'entendre le mieux possible grâce aux moyens dont nous pouvons disposer aujourd'hui. Elle nous donne donc d'accéder à un niveau d'intelligence du texte déjà fort proche de celui que vise le travail psychanalytique. En soumettant l'Écriture à l'analyse textuelle et littéraire, en décelant les aspérités et les tensions du texte, elle en opère la critique formelle. Cherchant à retrouver toutes les nuances de la langue, elle permet de mieux entendre et de mieux comprendre ce que l'auteur a voulu dire en s'exprimant d'une façon donnée, et non d'une autre. En comparant cette expression avec toutes les données linguistiques similaires de l'Ancien et du Nouveau Testament, on cherche à s'assurer avec autant d'assurance que possible de ce que l'écrivain a entendu signifier. Il est nécessaire de connaître sa langue, mais aussi de percevoir son contexte, de découvrir dans quelle situation un texte parle. Il s'agit donc en premier lieu de saisir les données historiques et l'atmosphère sous-jacente au texte. Alors, il peut nous parler à nous.

Lüning: Nous aurons sans doute à revenir sur ce que vous dites pour en montrer la portée pratique. Mais il nous faut d'abord commencer par une première discussion sur un point au départ plus important pour nos auditeurs: quel type de recherche biblique est-il vraiment susceptible d'enrichir leur vie et leur foi. C'est le thème de « magazine du mardi »: quel sens peut avoir pour eux l'interprétation psychanalytique de la Bible telle que la propose Eugen Drewermann? Quels sont ses avantages et ses inconvénients?

La confrontation avec Gerhard Lohfink et Rudolf Pesch n'est pas possible, faute d'interlocuteurs. Encore peut-on leur laisser la parole en citant tout au moins de courts extraits de leur livre, et en demandant à Eugen Drewermann d'y répondre. Nous commencerons donc pas écouter un paragraphe qui traduit le profond sentiment de blessure des exégètes à l'écoute des critiques que celui-ci adresse à leur méthode.

Une lecture attentive et répétée du texte nous conduit à penser que Drewermann considère la méthode historico-critique comme illégitime. Il déclare finalement « cette forme d'exégèse fondamentalement "sans Dieu", même si elle recourt encore souvent à ce mot ». Il la qualifie de « théologie de façade », d'« hypocrisie et mascarade », dénonce son caractère de « masque ». Pour lui, « une interprétation religieuse de textes religieux n'est possible que si elle est intérieure. Tout ce qui est historique n'est qu'extérieur ». Drewermann ne s'interroge pas sur l'expérience de foi qui a contribué à susciter le texte retransmis; il ne se pose pas la question des différentes formes des textes de la foi traditionnelle, mais il se livre à une recherche psychologique en se demandant « dans quelle mesure certaines vérités sont éternellement vivantes au cœur du psychisme humain, des vérités qui ne nous sont transmissibles que sous la forme de mythes, de légendes, de sagas ou de contes ». Drewermann affirme que « pour nous parler, Dieu n'a pas d'autre langage que celui de l'âme. Le théologien qui refuse d'apprendre ce langage avec patience et humilité s'interdit d'entendre Dieu, en dépit de toutes ses professions d'obéissance ». Seule la psychanalyse permettrait d'accéder à cette langue. Il est « indispensable de recourir aux exemples de songes tirés de la pratique psychothérapeutique et de n'appliquer en tout cas à l'interprétation biblique que les règles valables pour l'interprétation des rêves »... « La découverte décisive » de Drewermann consiste en ce que « la vérité définitive du texte biblique n'est pas à comprendre historiquement, mais uniquement psychologiquement ». Dans la mesure où la psychanalyse « montre que certaines représentations religieuses de l'homme ne viennent pas de l'extérieur, de faits historiques qui auraient eu lieu une fois pour toutes, mais qu'elles sont intérieures à l'homme, il est possible de conclure à la vérité intérieure d'énoncés religieux sans avoir à recourir à la critique historique ». C'est donc de façon tout à fait conséquente que Drewermann renonce finalement à fonder l'Église et la foi sur des faits historiques donnés une fois pour toutes, et qu'il propose de fonder désormais l'exégèse, non plus sur la méthode historico-critique, mais sur la psychanalyse, sur les archétypes de la psyché humaine valables pour tous les temps et tous les lieux. Cette exégèse ne doit plus chercher dans les textes des données historiques, mais les rêves éternels susceptibles de guérir l'âme de tous les gens. Ce faisant, même si ce n'est pas son intention, Drewermann opère une transmutation de l'exégèse en ésotérisme et en remède.

Lüning: Objection intéressante, Monsieur Drewermann. Si l'exégèse, autrement dit l'interprétation de la Bible, devient un remède, on doit bien penser que c'est une fort bonne chose, n'est-ce pas?

Drewermann: Effectivement, Madame Lüning, c'est bien ce que je souhaiterais. Mon désir, c'est que les gens recommencent à lire la Bible en se sentant vraiment concernés existentiellement; en ayant vraiment l'impression que c'est pour eux une question de santé ou de maladie, de vie ou de mort. Je n'ai jamais dit qu'il faudrait recourir à une exégèse psychanalytique en lieu et place d'exégèse historico-critique. Tout au contraire, je souhaiterais de tout mon cœur voir la méthode historico-critique aller de l'avant en s'appuyant dialectiquement sur la psychanalyse. Et c'est une tout autre thèse que celle qu'expose assez caricaturalement l'ouvrage de Gerhard Lohfink et de Rudolf Pesch. Pour le dire une bonne fois pour toutes: la méthode historico-critique est un enfant des Lumières, tout autant que la psychanalyse. Toutes deux sont nées de la vision de l'histoire du XIXe siècle. Elles croient toutes deux à l'empire de la raison, mais avec une différence essentielle: en exégèse, et dans toute l'histoire de la théologie moderne, on en est de plus en plus venu à adopter le paradigme scientifique selon lequel nous n'avons de connaissance objective qu'en séparant au maximum objet et sujet. On ne considère une connaissance comme vraie qu'à la condition d'en éliminer toute intrusion subjective et de n'en garder que l'aspect objectif. Et il me semble que cette idée de la science, telle qu'elle s'est développée à partir de la physique et de la chimie, reste absurdement limitée. Or, alors qu'elle se trouve depuis longtemps remise en question par la physique elle-même, elle continue à régner en religion. En ce qui concerne la relation à la Bible, il me semble que Sören Kierkegaard voyait déjà fort bien ce à quoi nous en arriverions, dès lors que la question essentielle cesserait d'être « qu'est-ce que Dieu nous dit? », pour devenir « qu'est-ce qu'il a dit jadis? » Si c'est au passé que je pose ma question sur Dieu, je fais de lui un Dieu des morts et je cesse d'être religieux. C'est ainsi que j'ai été conduit à émettre certains jugements très durs que j'ai effectivement écrits dans les deux volumes de *Psychanalyse et exégèse.*

La première chose qui me paraît essentielle, c'est de montrer le caractère fallacieux d'une prétendue neutralité dans la lecture de l'Écriture. Pour préciser ce que j'entends par là, je voudrais citer un petit exemple emprunté à Kierkegaard. Je le reproduis librement.

En Extrême-Orient, un homme avait fait connaissance d'une jeune fille et s'en était épris. Mais il avait dû la quitter pour revenir chez lui. Au bout de longues semaines, il reçoit une lettre qu'il est incapable de déchiffrer: elle est écrite dans une langue inconnue dont il ignore même les caractères. Pourtant cette missive lui suffit pour savoir ce qui est pour lui le plus important: cette jeune fille a pensé à lui et elle doit l'aimer, autrement elle ne lui aurait pas écrit. Le cœur palpitant, il se rend chez un traducteur de chinois et se fait traduire le texte mot pour mot, puis lui fait rédiger sa réponse. Ce genre d'échange se poursuit un bon moment. Un jour, l'homme se décide à apprendre la langue de sa bien-aimée. Désireux de comprendre autant que possible toutes les nuances de ce qu'elle lui écrit, il se met au travail avec ardeur. Cela lui prend six ans, le même temps que pour la formation d'un théologien. Nous retrouvons ensuite notre homme en train de passer un doctorat de sinologie. Un peu plus tard, le voilà professeur de chinois. Il y a longtemps qu'il a oublié sa bien-aimée: elle n'est plus que prétexte à son travail. Certaines soirées, il lui arrive encore occasionnellement de parler avec nostalgie du voyage qu'il fit jadis, mais que son état de santé chancelant ne lui permet désormais plus d'envisager. L'amoureux est devenu un érudit pour lequel une langue, qui devait exprimer l'amour, s'est transformée en objet de recherche sur le langage amoureux. Pour Sören Kierkegaard, c'est là quelque chose de plus grave qu'un hold-up dans une banque, car il s'agit en germe d'une falsification de documents.

Voilà bien la première idée à combattre: celle qu'on pourrait parler de Dieu comme si on pouvait le réduire à un document. C'est sur ce point que la psychanalyse récuse, Dieu merci, l'attitude de distanciation propre à la science du XIXe siècle. En 1890, Sigmund Freud se donnait encore pour règle de n'employer que des termes aussi liés que possible au langage objectif des sciences de la nature: il parlait d'énergie d'investissement, d'énergie d'objet, etc. , comme si on pouvait décrire les relations humaines en termes d'électrophysique. Dieu merci, la psychanalyse a appris qu'on ne peut comprendre une personne sans s'investir soi-même en tant que personne. C'est en s'engageant de tout cœur dans la relation qu'on peut acquérir une intelligence de l'autre, et c'est dans sa propre expérience que l'on trouve la caisse de résonance nécessaire à cet effet. Impossible de se dissocier soi-même du processus de compréhension. Voilà ce que la psychanalyse peut aujourd'hui rappeler à une théologie qui avait presque cru de son devoir de laisser cette vérité sous le boisseau: l'engagement de la personne dans le processus de connaissance. Cet intérêt existentiel est pour moi quelque chose d'absolument capital, et je pense que c'est le point sur lequel Gerhard Lohfink, Rudolf Pesch et moi-même, nous aurions pu échanger. Car je trouve chez ces deux auteurs eux-mêmes la dénonciation du caractère religieusement destructeur de la prétendue objectivité de la science moderne. C'est exactement mon point de vue, celui que j'expose tout au long des 1400 pages de mon livre, et non pas seulement dans une note en bas de page à la fin de l'ouvrage.

Le deuxième point est pour moi tout aussi important. En conduisant l'ensemble de la théologie à négliger le facteur subjectif de la connaissance, notre pratique d'une exégèse fondée sur une science essentiellement intellectualiste l'a réduite à une doctrine qui, non seulement ne souligne plus le caractère personnel de la relation de foi au Christ, mais l'exclut: son langage est totalement démuni de sensibilité, d'images, de rêves, et, de façon générale, de toute intériorité. Pour exprimer autrement le problème: Lorsque Jésus envoie ses disciples en mission, il leur confie pour tâche de guérir les malades, de chasser les démons, d'imposer les mains aux gens en signe de la confiance rendue possible du fait de la proximité de Dieu. Si je comprends bien ces mots, cette façon d'annoncer Dieu avait essentiellement une fonction thérapeutique. Il ne m'en paraît que plus grotesque de me heurter à une exégèse biblique qui, par panique, laisse la psychanalyse à la porte. Dans les centaines de commentaires qui existent sur n'importe quel passage biblique, je ne trouve pas la moindre allusion à une quelconque forme de réflexion ou de littérature psychanalytique; et je pense que nous avons totalement renoncé à proposer le christianisme comme mode de vie susceptible de guérir. Nous l'avons transformé en pure doctrine et nous avons opté pour un rituel parfaitement objectivisé. En tant que théologiens, nous nous livrons à des jeux de mots visant à imposer à notre société une Église en réalité démunie de pouvoir sur elle, à supposer même que ce langage soit encore audible de l'intérieur.

Tels sont les deux points fondamentaux de la critique que j'adresse à la théologie sous sa forme présente, aussi bien à la dogmatique qu'à la morale, sans oublier l'exégèse.

Lüning: Monsieur Görg, que répondriez-vous à cela?

Görg: Eh bien, dans vos écrits, je retrouve toujours des jugements radicaux sur l'exégèse actuelle, des mots très durs, que par la suite vous relativisez ou même effacez complètement par d'autres jugements beaucoup moins excessifs. Pourtant je ne crois pas que l'exégèse critique corresponde à ce que vous en dites, comme si elle ne consistait qu'à prendre une distance objective par rapport au texte au point de le rendre incapable de s'adresser à l'auditeur moderne. Tout au contraire, je dois dire ma conviction que des générations d'exégètes critiques se sont efforcés d'accueillir la Parole de Dieu dans ce qu'elle a d'unique, et de faire sentir à nos contemporains son caractère d'urgence, mais ceci non pas en un sens exclusivement thérapeutique, même si j'attribue beaucoup d'importance à celui-ci et que je le considère même comme extraordinairement important, peut-être même plus que jamais. Cependant la Parole de Dieu est d'emblée une parole qui redresse et qui réajuste, si bien que parler d'elle comme d'une thérapie n'est peut-être pas la meilleure façon d'exprimer sa visée. Je pense ici à tous ces grands exégètes vétéro- et néo-testamentaires du passé, à ces théologiens qui ont voulu nous transmettre tout autre chose qu'une science nous mettant à distance du texte. Qu'il me suffise ici de rappeler un Gerhard von Rad, dont la *Théologie de l'Ancien Testament* est bien connue de tous les initiés, et qui a sûrement cherché à retraduire la parole biblique en un langage susceptible de nous toucher directement, et donc de faire sentir à nos contemporains en quoi la Parole de Dieu vient redresser et réajuster la vie. Dans cette mesure, je ne pense pas absolument justifiés les reproches massifs que vous adressez à l'exégèse. Qu'au départ de la méthode historico-critique il ait pu y avoir des exégètes qui aient trop attendu de leur approche scientifique, en croyant qu'elle allait leur livrer le cœur de la Bible, il faut bien le concéder; que même aujourd'hui, dans les paroisses, on doive fréquemment constater des carences en la matière, une incompréhension des buts poursuivis par la lecture critique de la Bible et par l'exégèse, certes encore. Car le mot « critique » n'est ici pas du tout à prendre en un sens négatif, mais en celui de désir d'introduire à la Bonne Nouvelle véritable et authentique, à celle qui me concerne. Et je pense que nous ne différons guère l'un de l'autre quant à cette intention. Il est certain que le travail psychanalytique peut permettre d'approfondir considérablement les méthodes traditionnelles. Cela va d'ailleurs bien dans son sens. Mais je pense qu'il faut travailler ici avec prudence, en réfléchissant bien aux signes du texte. En nous ouvrant des perspectives qui n'ont rien à voir immédiatement avec la genèse du texte, la réflexion psychanalytique peut nous pousser à l'oublier, et cela pourrait avoir pour effet d'en affadir à tel point l'interprétation, de nous éloigner à tel point de son contenu, que l'on en négligerait désormais l'aspect historique.

Lüning: Puis-je vous couper? Notre entretien devient très abstrait et un peu trop élevé. C'est difficile à éviter étant donné notre thème. Mais ce serait mieux si vous pouviez donner un exemple pour expliquer votre pensée.

Görg: Pour reprendre l'histoire que vous nous avez vous-même racontée, Monsieur Drewermann: l'oubli de l'essentiel, ici celui de la rencontre initiale, constitue naturellement un cas extrême, et je pense qu'aucun exégète ne serait d'accord pour aller dans ce sens en se mettant ainsi totalement à distance de celui qui parle, de l'écrivain, de l'auteur, bien au contraire.

Lüning: Ce qui me fait aujourd'hui le mieux comprendre ce qu'est le travail d'interprétation biblique, c'est une théologie baignant dans l'expérience: comme c'est le cas de la théologie de la libération, préoccupée qu'elle est de l'homme, de sa vie, de sa souffrance, de ses espoirs. Elle me paraît analogue à celle que pratique Eugen Drewermann, en ce que je puis y reconnaître quelque chose vraiment en rapport avec ma vie, et que je perçois derrière elle quelqu'un qui a vraiment une expérience. L'expérience des théologiens de la libération s'insère authentiquement dans celle d'un peuple qui peut identifier son histoire à celle du peuple de Dieu dans la Bible, à celle d'un peuple opprimé et réduit en servitude, qui, avec Dieu, cherche à se libérer, et cela de façon très globale. Chez Eugen Drewermann, je perçois une libération similaire, celle de toutes ces peurs et de toutes ces contraintes inutiles que nous a inculquées notre éducation religieuse; une libération qui nous permet vraiment de comprendre ce que peut être la liberté des enfants de Dieu. Pour moi, c'est ce qui est essentiel. Qu'il faille des écoles supérieures de théologie, je ne suis pas contre par principe. Mais j'ai des objections fondamentales à opposer à une telle formation si elle ne nous donne pas des prêtres ou des pasteurs vraiment pénétrés de Dieu et marqués par la foi.

Görg: Je ne puis qu'être d'accord avec vous. Comme prêtre, je suis le premier intéressé à ce que l'exégèse critique, telle qu'on a pu la pratiquer jusqu'ici, s'arrache à ses limites et conduise l'auditeur, étudiant ou communauté, à percevoir la solidarité qui le lie à certaines expériences du passé, à ces expériences qui ont engendré le peuple d'Israël avec ses hauts et ses bas. Mais je pense aussi qu'actuellement nous n'avons pas le droit de détacher celles-ci de leur base historique. Il est interdit à une théologie d'après Auschwitz de laisser tomber Israël au moment où il est le plus en danger, en se contentant de faire appel à une expérience humaine fondamentale pour en tirer le seul principe valable d'interprétation. Pour moi, la Bonne Nouvelle proclamée à Israël a été annoncée une fois pour toutes, ce qui lui confère un caractère de défi permament qui est le propre du christianisme.

Lüning: Je m'excuse de vous bousculer encore un peu. Mais je voudrais que nous soyons plus clairs et plus concrets. Eugen Drewermann, un des principaux griefs formulés à votre encontre, c'est que vous ne prenez au sérieux ni l'histoire de la foi judéo-chrétienne ni celle de la réflexion sur elle, telle qu'on la trouve dans les livres bibliques. Je cite un second passage du livre suivant lequel vous ne feriez du christianisme qu'une religion parmi d'autres. Voici l'énoncé de la critique:

Le point de vue de Drewermann repose manifestement sur l'idée que le christianisme, en tant que « religion », en est une parmi d'autres [...] Pour lui, cela ne pose apparemment pas de problème, car « cette façon de voir la religion lui confère un sens et une profondeur accrue en la confrontant aux questions qui sont de tout temps le propre de l'homme » [...] Il faut répliquer à cela que la révélation est liée à l'histoire, autrement dit à un ensemble de personnes concrètes affirmant leur liberté à une époque précise et en un lieu donné, ce qu'on ne saurait dire de la religion. Pour Drewermann, seule la religion compte. « Une donnée historique ne saurait avoir de valeur qu'à la condition d'être supratemporelle, donc d'inclure quelque chose qui la dépasse essentiellement en renvoyant à quelque chose de typique et de fondamental en l'homme. » Par conséquent, les textes de l'Ancien et du Nouveau Testament sont au service de la religion de la personne. « S'il en est ainsi, on ne doit pas concevoir les récits de l'Ancien et du Nouveau Testament d'abord comme des témoignages de foi pour des temps et pour des hommes disparus depuis longtemps, mais avant tout comme des expressions d'expériences actuelles de foi. » [...] Drewermann conteste que le sens théologique de l'histoire de l'Ancien et du Nouveau Testament porte sur l'action et la parole de Dieu telles qu'elles se révèlent dans l'histoire; il nie fondamentalement qu'il se soit passé et qu'il se passe quelque chose d'inattendu et de neuf dans l'histoire d'Israël, dans celle de Jésus et dans celle de l'Église de Dieu. À l'appel adressé au peuple d'Israël et donc au lien social qualifié, Drewermann substitue le souvenir d'un langage éternel de l'âme proclamant l'espérance religieuse d'un au-delà [...] Ce à quoi il faut opposer que, dans l'Écriture, ce n'est pas le rêve qui constitue l'expérience centrale de Dieu, mais bien la rencontre de la Parole de Dieu: une parole qui s'exprime avant tout dans une personne: Jésus de Nazareth, et dans sa communauté, l'Église, celle-ci interprétant de façon contraignante à la fois la parole dite par son maître et celle qu'il constitue lui-même[...]. Du reste, la tradition biblique a depuis longtemps élaboré des règles permettant de distinguer les esprits qui se manifestent dans les songes, règles dont Drewermann ne semble plus rien connaître. Elle se fie aussi peu à ce qui surgit de la psyché humaine qu'à ce qui vient d'un cœur humain dont Moïse, les prophètes et Jésus de Nazareth disaient qu'il est mauvais[...]. Drewermann déclare lui-même que nombre de contemporains sont prêts à rêver avec lui et à le suivre dans ses analyses et dans ses interprétations de songes: « On ne saurait imaginer de jugement plus écrasant contre le bilan de cinq générations de recherche et de travail exégétique historico-critique que le fait de voir la majorité des gens aller puiser sagesse, courage et leçons dans le trésor des contes d'enfants (que ce soit Dame Holle, Neigeblanche et Roserouge ou la Boule de cristal) plutôt que dans ce texte inépuisable et éternellement valable de l'humanité qu'est le « livre des livres ». Drewermann ne se gêne d'ailleurs lui-même absolument pas pour comparer Dame Holle et le livre de Job. Il qualifie les livres de la Bible de « textes éternellement valables de l'humanité », et il dispose de suffisamment de force d'imagination et de parole pour les présenter comme tels à ses nombreux lecteurs. Mais, ce faisant, il méconnaît totalement le fait que l'Ancien et le Nouveau Testament sont les archives de l'histoire du peuple de Dieu, les documents d'un débat avec les textes éternellement valables de l'humanité, les témoignages d'une expérience nouvelle des plus profondes[...]. On peut souscrire à beaucoup d'apports de Drewermann en matière d'histoire des religions et de psychanalyse; mais cela n'infirme en rien le jugement selon lequel il ne fait que propager une forme à la fois nouvelle et fort ancienne de religion du salut par soi-même, religion qui ne s'accorde pas avec la tradition chrétienne[...]. La perspective de Drewermann n'accorde plus aucune place à l'histoire du salut: l'histoire d'Israël en devient superflue, mais aussi celle de Jésus et finalement celle de l'Église.

Lüning: Ce « finalement » est à coup sûr le reproche le plus dur qu'on vous fait.

Drewermann: Je peux vous dire que je ne l'ai encore

jamais trouvé interprété de façon aussi grotesque que dans cette parution de mes collègues Lohfink et Pesch. Si je comprends bien, ces reproches renvoient à deux questions. La première est celle du rapport entre psychologie et réalité extérieure, entre image et réalité historique, entre mythe et récit d'histoire. La seconde porte sur la nature spécifique du christianisme. Dans mes écrits, je n'ai jusqu'à présent répondu que de façon indirecte à cette seconde question. Je n'ai encore rédigé aucun ouvrage de dogmatique, ce que j'aimerais pourtant faire. Dans mes livres, en particulier dans ceux sur la psychanalyse et l'exégèse, je n'entends que présenter de façon générale les présupposés de la doctrine chrétienne, en permettant de comprendre religieusement les images de la Bible. Sur Israël, j'ai certes écrit trois importants volumes intitulés *Les Structures du mal* (nous en avons déjà discuté une fois à ce « magazine du mardi »), et j'espère que la majorité de nos auditeurs a mieux compris mon point de vue sur ce sujet que Gerhard Lohfink et Rudolf Pesch. Monsieur Görr, vous avez parfaitement raison quand vous dites que le peuple d'Israël comporte quelque chose d'unique. Dans les trois tomes de *Les Structures du mal*, j'ai tenté de décrire ce qu'il y avait de négatif dans la rébellion contre Dieu et dans cet état où, coupé de Dieu, l'homme est arraché à l'abri du lieu de la grâce et de la bonté inconditionnelles; mais aussi de souligner ce qu'il y avait d'unique et de grandiose dans le choix d'un peuple appelé à ouvrir le chemin du salut de l'humanité. C'est mon point d'ancrage. Celui qui ne se souvient pas de cet arrière-plan peut en arriver à se faire des théories telles de ma vision des choses qu'elle leur semblera « religion du salut par soi-même » ou « religion de l'au-delà ».

Lüning: Se trouver soi-même et trouver Dieu vont ensemble.

Drewermann: Effectivement. Et je crois que nous aurions déjà fait théologiquement un grand pas en avant si nous reconnaissions que, pour l'homme, c'est une seule et même chose que de pouvoir s'épanouir soi-même dans un espace où, se sentant inconditionnellement accueilli, il se découvre autorisé à exister, d'accéder à son être vrai et d'approcher le

Dieu qui l'a fait. Cela me semble très essentiel, et c'est ce que mes deux contradicteurs, Pesch et Lohfink, ont du mal à saisir ou n'ont même pas compris du tout.

C'est justement parce que je pars de cela, parce que le problème de l'angoisse est au cœur de l'existence humaine, que j'entends recourir à la psychanalyse; car celle-ci nous dit l'importance de la rencontre en un lieu où on puisse se découvrir assuré et accepté dans une liberté totale, sans se sentir jugé moralement, un lieu où on puisse travailler sur ses peurs. Celui pour qui la souffrance essentielle est celle de l'angoisse ne doit pas perdre de vue les découvertes parallèles de la névropathologie moderne: la plupart des statistiques affirment que 70 pour cent de la population est psychiquement malade. Ces gens viennent aussi à nous, pasteurs et prêtres. Il en est d'eux comme de l'hémorroïsse de l'Évangile de Marc, qui, au bout de douze ans de consultations de médecins, est désespérée, à bout, et tente de toucher ne serait-ce que la frange du vêtement de Jésus. Elle n'a pas la moindre idée de ce qu'est la théologie. La seule chose qui la pousse vers Jésus, c'est l'aiguillon de sa souffrance et de son besoin. Dans l'entourage de Jésus aussi, il y a des disciples qui pensent qu'il y a bien des choses plus urgentes à faire que d'aider cette femme. Mais, du seul fait qu'elle réussit à frôler le bord de sa tunique, elle compte parmi les siens et elle est guérie. Je pense que c'est là la première chose que nous avons à apprendre, nous, les théologiens: nous intéresser concrètement aux besoins psychiques des gens, nous faire proches d'eux, chercher à répondre à leur situation, aux problèmes historiques et politiques tels que ceux dont traite la théologie de la libération dans le tiers-monde. Je ne pense pas qu'il y ait une grande différence entre le prêtre qui, sans rien connaître des préalables exégétiques qu'enseignent nos professeurs d'université, s'efforce de lire la Bible avec les paysans, quelque part au Nicaragua ou en Bolivie, et moi qui m'occupe de malades psychiques ou qui, à partir de leurs rêves et de leurs cheminements pour se comprendre eux-mêmes, m'efforce de leur fournir les clefs d'une compréhension de la Bible susceptible de leur apporter des réponses. Dans les deux cas, il s'agit de libération de l'homme, et les deux choses relèvent du principe des Lumières. La seule différence, c'est que, quand il s'agit de psychothérapie, on a affaire à des individus dont l'Église peut négliger les appels et les critiques et qu'elle peut même facilement réduire au silence, tandis que, me semble-t-il, la politique ecclésiastique trouve tout intérêt à prendre le parti de ceux qui sont dépouillés de leurs droits, et à s'opposer ainsi aux dictatures d'Etat. C'est une chose très difficile que d'accepter une relation plus humaine entre homme et femme, ou une véritable transparence entre « le sommet » et « la base ». C'est pourquoi, à mon avis, l'interprétation psychanalytique de l'Écriture se heurte à plus de difficulté que la théologie de la libération. La psychanalyse montre justement qu'il n'y a pas d'autolibération. Elle me sert à comprendre ce que nous, théologiens, ne cessons de dire: l'homme a absolument besoin d'un vis-à-vis pour se découvrir lui-même. En cela, aucune trace de salut par soi-même ou de gnose!

En ce qui concerne la relation entre tradition historique de la Bible et histoire réelle, je ne fais que reprendre mot pour mot les acquis de la méthode historico-critique. Mon souci est de prouver la vérité de la forme — et c'est ce que signifie le sous-titre du premier volume de *Psychanalyse et exégèse*. Vous venez de le dire, Monsieur Görr, cela fait partie de la méthode historico-critique: elle cherche à faire ressortir la spécificité des formes littéraires bibliques, des façons de parler bibliques, en montrant la différence qu'il doit y avoir entre le commentaire d'un mythe, l'explication d'une légende et l'interprétation d'un récit de guérison miraculeuse: on ne peut lire ces textes de la même façon. C'est bien la raison de mon effort pour distinguer une bonne douzaine de genres littéraires et de façons d'exprimer dans la Bible. Cependant je le fais en partant, non pas d'un point de vue historique, mais de l'homme. Je me dis en effet que nous ne pouvons pas en rester à la simple constatation de la nécessité où se trouvaient nos ancêtres d'il y a deux ou trois mille ans de recourir à une vision mythique du monde pour exprimer leurs points de vue. Nous devons découvrir de quelle région de notre psyché naît aujourd'hui le mythe, où peuvent aujourd'hui avoir lieu des guérisons miraculeuses analogues à celles d'autrefois, comment des visions peuvent encore surgir des profondeurs de notre être, comment interpréter les contes. Dans la mesure où la psychanalyse nous permet d'avancer en ces domaines, nous devons fournir un substratum humain, une base transcendant le temps, à des formes d'expression bibliques qui sont d'un tout autre ordre qu'un simple relevé de faits. Voilà ce que je veux dire. Ce faisant, je ne nie absolument pas la réalité de l'histoire, bien que ce point n'aille pas sans difficulté. Pesch et Lohfink me reprochent de nier le caractère spécifique de la révélation biblique. Ce n'est absolument pas le cas.

Lüning: Selon la foi biblique, Dieu est entré dans l'histoire...

Drewermann: Ce que je traduis par un exemple. Un jour, le Mahatma Gandhi, que je considère comme un des grands saints de notre époque, même au sens chrétien du terme, a déclaré voir dans le Sermon sur la montagne l'expression de la véritable figure de l'humanité. C'est cette figure qu'il essayait d'incarner. Pour lui, le Sermon sur la montagne serait resté valable même s'il avait appris que Jésus n'avait pas existé. Je puis dans une certaine mesure souscrire à cette vision des choses, car je crois que les mots de Jésus sont vrais du fait qu'ils deviennent par eux-mêmes évidents pour celui qui les applique. Il est essentiel pour moi d'ajouter que, si le diagnostic du problème de l'homme est vraiment celui de la peur, je ne puis m'imaginer la possibilité de vivre le Sermon sur la montagne sans me trouver vis-à-vis de quelqu'un capable de l'appliquer tout d'abord lui-même. C'est bien pourquoi j'ai besoin de rencontrer une véritable personne historique. Pour moi, c'est Jésus de Nazareth. La question devient alors celle de savoir comment rencontrer une personne. Il m'est possible de connaître de A à Z la biographie extérieure de quelqu'un que j'aime beaucoup, et qui est vraiment presque tout pour moi ici-bas. Je ne connais cependant encore rien de son être. Ce sera peut-être vingt ans plus tard, alors qu'il sera mort depuis longtemps, que je découvrirai combien sa vie aura eu infiniment plus d'importance pour moi que je n'aurais pu le soupçonner à ne le connaître qu'extérieurement. Pour illustrer cela, je citerai le peintre norvégien Edvard Munch, qui a peint la mort de sa sœur en 1895. Il a appelé son tableau « La jeune fille malade ». C'est une image où les pleurs se transforment en couleurs et où il a su donner une forme si douloureuse au sentiment de solitude, de séparation, d'éloignement que la mort suscite chez ceux qui étaient proches, qu'il est impossible de le regarder sans en avoir les larmes aux yeux, à moins d'en rire à gorge déployée. C'est une image qui parle de quelqu'un qui a vraiment tenu une place dans la vie d'Edvard Munch, mais sous un aspect tel que la mort représentée n'est plus celle d'une personne précise, mais celle de l'homme en général. A sa vue, il devient presque sans importance pour la comprendre de savoir si Edvard Munch a vraiment vécu ou non la mort de sa sœur. Le simple fait de s'y trouver confronté à travers une œuvre d'art l'arrache à sa dimension d'événement unique, la rend intemporellement présente et en révèle une dimension profonde qu'aucune considération historique n'aurait jamais pu nous faire voir. Ainsi l'art transcende-t-il l'événement unique pour en faire quelque chose de valable pour toute l'humanité. La religion fait plus encore. Ce que nous avons dans la Bible, ce sont bien des récits historiques, mais ce que je dois justement à la recherche historique, c'est de savoir que la Bible me parle essentiellement en images. Et je ne fais que demander à l'exégète d'utiliser par surcroît une méthode d'interprétation rompue à l'usage des symboles et des images, donc adaptée à cette forme de langage.

Görg: Puis-je intervenir brièvement sur ce point? Car il me semble pourtant nécessaire d'avoir suffisamment pratiqué l'exégèse, plus précisément la méthode historico-critique moderne. Je vois et entends avec satisfaction que vous lui accordez bien une valeur positive, mais je pense qu'il vous faudrait alors en tirer jusqu'au bout les conséquences. À la lecture de vos travaux, j'ai eu l'impression que vous vous contentez de lui attribuer une place provisoire. Je pense par exemple au récit de Moïse et du buisson ardent, au chapitre 3 de l'Exode. Vous vous contentez de dire que la source la plus ancienne du récit est yahviste, puis que s'y surajoute la couche sacerdotale, sans réfléchir que la structure de ce texte est encore beaucoup plus complexe. Je veux seulement dire par là qu'un texte est l'écho de quantité de voix qui se traduisent dans ses différentes couches et ses différentes présentations. Et je considère comme du devoir du pasteur de faire ressortir d'un écrit tous les propos valables dont il est riche. Cela suppose un énorme travail, et je ne crois tout simplement pas qu'on puisse se contenter de ne lui accorder qu'une place provisoire, ainsi que je le lis malheureusement trop souvent; cela même si je vous concède volontiers que l'on doit absolument tenir compte des connaissances dues à la psychanalyse, en particulier en ce qui concerne cette histoire pleine de symboles qu'est le récit de la rencontre de Moïse avec le buisson qui brûle sans se consumer.

Lüning: Nous avons ici un égyptologue qui connaît bien l'histoire religieuse d'un peuple dont nous avons découvert combien les convictions, les expériences et les mythes étaient vraiment importants pour comprendre la foi tant des Juifs que des chrétiens. Profitons-en pour creuser un peu plus le point suivant:

Les chrétiens disent que nous avons une âme éternelle, mais que la résurrection des morts n'aura lieu qu'à la fin des temps. Après la mort, il y aura un jugement particulier, puis un jugement général aux derniers jours. On a donc l'idée d'une fin des temps marquée par la venue de Dieu venant tout remettre en ordre. Nous serait-il possible de nous arrêter sur ces idées de l'au-delà, de nos attentes et de nos espérances? Il faudrait pousser un peu plus loin en nous faisant voir le profit exact à tirer de toutes ces comparaisons.

Drewermann: J'aimerais dire deux choses.

La première, c'est celle à laquelle vous faisiez allusion dans le cadre du texte que vous citiez: il y est dit que j'enseignerais une religion de l'au-delà. C'est une mauvaise compréhension du commentaire que j'ai donné d'un passage de l'Ancien Testament: celui de l'ascension d'Elie. J'ai exliqué comment ce passage présente un mouvement d'aller et retour qui fait franchir à la lettre le Jourdain à Elie et à son disciple Elisée, avant de ramener Elisée seul sur la rive. J'ai voulu dire qu'il doit être possible de réaliser ce que Kierkegaard appelle le double mouvement de l'infinitude: celui de rentrer chez soi avec la possibilité d'espérer qu'il existe une vie infinie en Dieu, non pas en rêvant d'un au-delà fantastique, mais en renonçant à l'idée romanesque d'une vie dans un monde autre et en devenant capable d'affronter avec plus de courage notre existence présente. Tel est mon véritable point de vue. Le reproche qu'on me fait est donc grotesque.

Le second point que je voudrais préciser est le suivant: je ne me contredis pas du tout en disant à la fois du bien et du mal de la méthode historico-critique. Mon souci, c'est de développer le point de vue dialectique nécessaire pour défendre la religion face à la globalité de la philosophie des Lumières dont cette méthode est un enfant. Dieu merci, les Lumières ont permis de substituer la libre recherche au dogmatisme, l'amour de la vérité à la contrainte ecclésiastique, la conscience historique à l'affirmation de données achevées, et c'est là quelque chose de neuf et de grandiose; mais il faut en même temps dire qu'il serait ruineux pour la religion d'en rester là. Il faut au contraire poser clairement l'antithèse. Impossible de revenir en arrière, comme si les Lumières n'avaient pas existé: mais, là où elles ont brillé, il faut pousser plus avant. Seul cela peut permettre de faire tomber la tension qui marque l'histoire de la philosophie depuis le XIXe siècle. D'où la double face de mes déclarations.

Görg: Je ne suis pas du tout inquiet à l'idée que l'écoute critique de la parole biblique, donc celle des voix qui s'expriment dans le texte (et ce sont des voix fort diverses, qu'il faut toutes écouter), pourrait signifier la mort de la théologie. Pour moi, la mort de la théologie viendrait plutôt du fait de ne pas les écouter. Je considère comme une tâche hautement théologique le travail biblique sur le texte, celui qui nous permet de découvrir toutes les expériences existentielles et divines qui lui sont sous-jacentes. Je ne crois pas qu'on puisse imputer un tel meurtre à l'exégèse critique religieuse; je pense qu'un tel reproche est hors de saison.

Drewermann: Sur ce point, je m'appuierai encore sur les résultats de la critique historique. Je partirai du passage d'Exode 3-4 concernant la vocation de Moïse vue par la tradition yahviste, supposant ainsi la décision à sa place.

Görg: De façon non conséquente.

Drewermann: Ce qui m'importe, c'est de montrer par un exemple comment on peut lire symboliquement un texte symbolique. Jusqu'à présent, je ne trouve dans aucun commentaire d'explication satisfaisante du buisson ardent, et je voudrais donc qu'on en prenne maintenant l'image comme s'il s'agissait d'un rêve de la nuit précédente. Qu'est-ce que cela peut vouloir me dire, quand je rêve d'un buisson ardent qui ne se consume pas? Il s'agit là d'une image émouvante montrant ce qui peut arriver à quelqu'un qui, d'un côté, se croit absolument sans valeur, superflu, gênant, incompétent et qui, de l'autre, doit croire que Dieu l'appelle à son service.

Görg: Je ne puis absolument pas être d'accord avec vous sur cette interprétation du buisson ardent, car celui-ci ne saurait rien être d'autre qu'une forme de manifestation de Dieu. Ce feu qui n'en est pas un constitue assurément un symbole mystérieux, et mon premier souhait, c'est d'en creuser le sens. C'est ce qu'on peut éventuellement fort bien faire en s'aidant de l'histoire des religions, en découvrant par exemple comment, en Égypte, la divinité manifeste sa présence dans l'arbre ou en retrouvant une mention de l'arbre brûlant dans les vieux textes des pyramides. Ce sont là des possibilités bien réelles, et je ne crois pas qu'il y ait lieu de faire intervenir la psychanalyse avant d'avoir épuisé toutes les possibilités que nous ouvre l'histoire des religions pour sonder ce récit si riche de symboles.

Drewermann: Si nous pensons que l'Ancien Testament a repris les images, par exemple celle de la déesse dans l'arbre, comme l'héritage d'une tradition purement historique, nous n'y comprenons rien. Nous ne saisissons pas en quoi l'arbre est un symbole féminin, ni non plus ce qu'il peut vouloir dire à ceux qui le voient en rêve et en vision. Pour ce faire, nous avons besoin de savoir d'où surgissent ces symboles eux-mêmes, de trouver par-delà l'histoire le chemin qui conduit à l'âme humaine, même si c'est en lien avec la recherche historique. Je ne vois en tout cela aucune contradiction.

Görg: Nous devons retourner aux origines et aux chemins qui ont conduit à ces images. Même s'il les reprend substantiellement, l'Ancien Testament ne leur en fait pas moins subir un filtrage. Ceci est évidemment valable de façon générale pour tout ce qui concerne la réception préchrétienne d'images qui, même si on leur confère par la suite un sens nouveau, n'en conservent pas moins une valeur importante et nous introduisent déjà dans le christianisme. En ce qui concerne la scène de « la divinité dans le buisson », je crois déjà devoir dire que le buisson ardent, cet arbre le moins important du désert, cette plante sauvage, pourrait-on dire, devient le lieu de la présence divine, ainsi qu'il est dit de Dieu: « Toi qui habites le buisson » (Dt 33, 16).

Je vais vous dire ce que cette image me dit. Moïse est un personnage qui résume l'histoire d'Israël. Dans l'ensemble de la tradition d'Israël, il est vraiment devenu une figure éminente de la foi, une incarnation irremplaçable du message israélite. Et quand il est dit de lui qu'il a rencontré Dieu, et que cela s'est produit sous une forme symbolique telle qu'il a découvert ce Dieu à la fois comme fascinant et comme incroyablement proche, il s'agit déjà là de quelque chose d'extrêmement important. Et si, reprenant ce message et la notion de Dieu qu'il implique, je le reçois en chrétien, cela signifie pour moi quelque chose d'extraordinairement profond: je reconnais Dieu à la fois comme celui qui me fascine et comme celui qui s'est rendu proche en une personne. Si Dieu s'est vraiment approché de moi en toute souveraineté, cette image prend un caractère effrayant. Bien sûr, ce qui m'effraie peut aussi avoir un sens positif: le Saint peut me forcer à me mettre à genoux.

Drewermann: Dans l'histoire de la vocation de Moïse, je crois voir devant moi quelqu'un dont l'histoire peut être et doit être celle de tous. C'est un homme qui ne peut pas croire que Dieu veut faire quelque chose de lui, d'un homme qui perçoit certes clairement sa vocation à conduire un peuple à la liberté, mais qui se perçoit lui-même comme obstacle. C'est bien là son problème: il ne peut arriver à penser que quelqu'un qui bredouille, un bègue, puisse accomplir cette tâche. C'est comme si toute son expérience le conduisait à se croire totalement incapable de ce qu'il perçoit être la mission que Dieu lui confie. C'est comme cela que je comprends le buisson ardent et le feu divin. C'est une tragédie qui le conduit au bord du désespoir le plus extrême. Voir ce qu'il y a à faire tout en ayant le sentiment d'être incapable de l'accomplir, voilà, je pense, le pire qui puisse arriver à quelqu'un.

Telle est l'histoire de Moïse, et c'est en même temps celle de tout Israël, tout comme c'est celle de tous ceux qui luttent pour une vérité qu'ils ne pensent pas pouvoir vivre.

Il n'y a peut-être pas de différence réelle entre nous, sinon en ce que je souligne bien ce que je voudrais appeler l'engagement subjectif. Traduire ces sentiments d'angoisse, de désespoir, de doute sur moi-même, de nostalgie d'un passé apparemment nié, tout en me raccrochant à l'idée que Dieu peut faire quelque chose de moi, c'est vraiment proposer une tout autre forme d'interprétation que si je me contente de discuter de ce qu'Israël a découvert il y a trois millénaires et demi.

Görg: Ce n'est pas du tout là ce que je cherche. Je suis bien d'accord qu'une historicisation recherchée pour elle-même tombe à côté du problème. Mais je pense aussi que le récit du buisson ardent ne se contente pas de nous proposer en Moïse le porte-parole d'Israël. Il est bien certain qu'Israël s'est retrouvé en lui, et en cela je serais bien d'accord avec vous pour dire qu'il reflète toutes les formes de prise en main et de libération de l'homme, ainsi que l'a compris Israël: c'est vraiment là quelque chose que je ne saurais contester. Mais il n'en faut pas moins en rester au texte en admettant que cette scène du buisson ardent manifeste l'ambivalence de Dieu. Il s'agit d'un enseignement sur le Dieu qui fait découvrir sa force de fascination au moment même où il se rend proche, de celui qui rend le sol sacré et oblige donc à enlever ses chaussures en même temps que de celui qui arrache à la servitude.

Lüning: Venons-en donc une bonne fois pour toutes à la question: à quoi cela mène-t-il et en quoi cela nous aide-t-il de croire à l'immortalité de l'âme, alors que cette croyance n'est pas présente sous cette forme dans l'histoire de nos ancêtres dans la foi, dans le peuple d'Israël?

Drewermann: Je pense que nous retombons sur un des points controversés, mais sur lequel je suppose que nous serons d'accord, Monsieur Görg: à savoir, que certaines idées centrales du christianisme ne sont pas nées d'abord sur le sol de l'Ancien Testament, mais beaucoup plus sur celui de l'histoire des religions; j'ajouterais même qu'elles sont avant tout dues aux aspirations présentes au cœur de tout homme.

Pour préciser encore un peu le lien qui existe entre l'histoire et le rêve, sans quitter pour autant le thème de l'attente d'un au-delà chez les anciens Égyptiens, je dirais ceci: il me semble que les Égyptiens s'étaient donné une image merveilleuse de la venue au monde d'un homme divin. On demande en effet à Knoun, le dieu à tête de bélier, celui qui est le plus artiste parmi les dieux, de façonner sur son tour de potier l'âme et le corps d'un homme qui serait donné à la reine mère royale pour engendrer un roi. Pour les Égyptiens, le roi, c'est celui qui prend place sur le trône des deux pays, celui de la Haute et de la Basse Égypte; ou, psychologiquement parlant, c'est celui qui peut unifier conscient et inconscient; celui qui sait que son père n'est pas un homme, mais bien le soleil et le vent, et qui puise dans cette certitude sa grandeur, sa liberté, son ouverture. Je vois dans tout cela un appel des Égyptiens à se représenter ainsi l'homme, à reconnaître sa réalité véritable, une réalité dont ils perçoivent historiquement la force. Pour parler en termes existentiels: quand on rencontre quelqu'un, on en considère d'abord l'extérieur, corporel ou psychique, celui qu'ont façonné des décennies. Mais, au lieu de révéler sa vérité, cela ne fait le plus souvent que la masquer. Que savons-nous de ce que nous sommes réellement, et que saisissons-nous de la beauté et de la dignité de l'autre? Le mythe égyptien nous dit que nous devons rêver l'existence de celui que nous aimons, à la façon dont le réparateur d'une statue partiellement détruite la restaure dans sa forme primitive. Tu dois considérer l'autre comme s'il était prêté au temps; tu dois le voir avec les yeux du cœur. Voilà ce que j'appelle le rêve. Cela vaut aussi bien pour ceux que nous rencontrons que pour l'interprétation de la Bible. On ne voit bien qu'avec le cœur: voilà exactement ce que je veux dire.

Et cette idée se poursuit alors dans les images de l'au-delà: au moment de la mort, on franchit le porche des deux vérités, celle du jour et celle de la nuit — image admirable pour les Égyptiens — et l'on doit les affronter toutes les deux (psychologiquement parlant, il s'agit encore du conscient et de l'inconscient). Et dans le chapitre 31 du Livre des morts, il est dit: « Cœur de ma mère, cœur de mon être, ou de ma forme en devenir, n'interviens pas contre moi lors du jugement des morts. » J'interprète ainsi ces mots: si nous cherchons à définir ce qui reste de nous après des années d'instabilité, et que nous faisons abstraction de ce que nous avons reçu, disons par héritage, de notre environnement, de notre position, de notre destin, nous pouvons enfin découvrir l'homme en sa vérité. Ce qui en résultera, c'est le sentiment qu'il se sera vraisemblablement donné autant de mal qu'il le pouvait. Idée que les Égyptiens revêtent d'une image admirable en montrant la déesse de l'ordre du monde, Maat, venant étendre ses ailes sur le cartouche portant le nom du mort. Ce n'est que quand l'instance judiciaire de la vérité du monde se transforme en grâce que l'homme accède à sa vérité et qu'il peut commencer à espérer une autre vie, valable pour toujours. Ce sont là des images admirables dont je crois qu'on peut prouver historiquement qu'elles ont influencé jusqu'à notre christianisme occidental, ceci à travers les Grecs anciens. Nombre de détails de l'histoire des religions, l'idée de ciel et d'enfer, de jugement particulier, ont ainsi pris place dans la doctrine chrétienne, en passant de la Bible au Moyen Age. Je pense seulement que nous, les théologiens, avons beaucoup de mal à l'admettre.

Görg: Je suis absolument d'accord que nous devrions accorder beaucoup plus de crédit à l'histoire des religions et à l'héritage de l'Égypte ancienne. Je suis aussi d'accord que le langage imagé de notre confession de foi, à commencer par la croyance au Créateur tout-puissant, en passant par celle en la Trinité et en l'incarnation du Christ, ou celle en ce qu'on appelle la naissance virginale, ou celle en l'action de l'Esprit, jusqu'à celle en la résurrection, bref toutes les affirmations centrales contenues dans notre formule du Credo, remontent très loin dans l'histoire de l'humanité et trouvent déjà leurs modèles dans les façons de penser de l'ancienne Égypte. Mais il faut aussi bien voir que ces images primitives n'ont été reçues dans le christianisme biblique et reprises par l'Église primitive qu'à partir de la conviction qu'en la personne de Jésus, et déjà dans l'histoire absolument unique d'Israël sur laquelle celui-ci se détache, Dieu ouvre aux hommes des perspectives sans pareil, quelque chose qui n'a précédemment jamais existé dans cette mesure et avec une telle intensité. Je pense que nous devons vérifier exactement de quelle manière certains morceaux de l'héritage de l'Égypte ancienne sont passés dans le christianisme. Il s'agit de percevoir où s'enracinent ces vieilles formules et ces vieilles images, et de reconnaître quelle valeur elles peuvent encore avoir et garder aujourd'hui.

Je voudrais revenir brièvement sur les images de l'au-delà, sur la part de l'héritage égyptien qui est passée dans nos textes apocalyptiques de l'Ancien et du Nouveau Testament. Ces images, nous les avons parfois reprises telles quelles, et parfois transformées. Chose très importante: les Égyptiens les appliquaient avant tout à la royauté. On ne saurait donc a priori attribuer à l'homme en général ce qui était dit du roi. Or, propriété remarquable, c'est précisément ce que fait l'Ancien Testament: il étend à tous ce qui, en Égypte, ne valait exclusivement que pour le Pharaon — à commencer par l'affirmation de sa similitude divine. On pourrait presque parler d'une démocratisation. Autrement dit, on met l'homme au niveau royal. Il y a là une idée de base absolument neuve qui surgit d'une vision également totalement neuve de l'homme. Cela ne signifie pas qu'on a rejeté l'ancien héritage, mais qu'on lui a donné un contenu original. En situant ainsi l'homme au niveau du roi, en lui donnant de participer à la sphère royale, on lui attribue une dignité auparavant inconnue, et cela à tout homme, indépendamment de son sexe, de son nom, de sa classe. C'est là quelque chose de fondamental que le christianisme a repris. Jésus l'a exprimé de façon radicale en affirmant l'abolition de toute distinction entre les hommes. Je pense également aux différences qu'il y a entre les attentes égyptiennes de l'au-delà et celles qu'on trouve dans l'apocalyptique biblique. Dans les apocalypses juives et chrétiennes, les images de la fin des temps sont extrêmement caractéristiques, et fort éloignées de celles d'Égypte. À la différence de la prophétie qui estompe l'avenir, l'apocalypse le dévoile en décrivant de manière relativement précise ce qui arrivera. La préoccupation de l'apocalyptique chrétienne est justement de montrer que l'homme doit s'en remettre inconditionnellement à son Dieu, même s'il peut ressentir quelque effroi en voyant la façon dont ce Dieu la conduit à son terme. Mais la survie au sein de l'extrême détresse n'est possible qu'à celui qui se confie totalement à Dieu. Tel est le message extrêmement primitif de la Bible, celui qu'un Isaïe présentait de façon particulièrement belle en déclarant: « Si vous ne croyez pas, vous ne durerez pas. » Or cette idée fondamentale de la prédication israélite est absolument introuvable en Égypte. Du fait de son histoire, Israël se trouve contraint d'affronter le présent, le monde d'ici-bas, et ce n'est finalement pas l'héritage égyptien qui l'a contraint à sublimer ou à envisager de façon plus positive ce monde. Il suffit de penser au Cantique des Cantiques: en chantant la tendresse humaine de la rencontre, il confère à la vie présente une extraordinaire valeur. Cette façon de dire oui à l'ici-bas revient à dire: Reconnaissez-le bien, si je crois en Dieu, cela m'aide aussi à faire face au flot de la mort. Alors, le monde qui vient ensuite ne m'intéresse plus tellement. Je me trouve coresponsable de mon histoire. Autrement dit, Yahvé, le Dieu d'Israël, a fait de moi son partenaire dans l'histoire, il a conclu une alliance avec moi. Il ne s'agit pas là non plus d'un appel à nous trouver nous-mêmes qu'Israël nous aurait retransmis. Je dirais plutôt que c'est un rappel que Dieu nous cherche et nous trouve. C'est déjà ce qu'avait dit très clairement Qohélet, le prédicateur, en montrant comment cette quête de l'homme par Dieu venait surélever notre être, en soi impuissant et limité. C'est vraiment là une idée incroyablement plus audacieuse et plus intéressante que celle des Égyptiens, extraordinairement plus actuelle aussi.

Mais je ne crois pas que nous divergions tellement sur ce point. Je pense qu'il nous faut renoncer à ces escarmouches et en revenir à notre sujet.

Drewermann: Je suis tout d'abord très heureux de découvrir que je puis apparemment être encore catholique quand j'affirme certaines données essentielles de la foi chrétienne plus proches de l'Égypte ancienne que de certaines parties de l'Ancien Testament. Il me semble effectivement important de revaloriser l'arrière-plan égyptien du christianisme en montrant le caractère admirable d'images qu'on applique d'abord au seul roi, mais qui sont ensuite reconnues valables pour tout le monde.

Il y a l'idée que le soleil, en mourant, doit ensuite s'enfoncer dans le royaume des ténèbres, et cela pose à chacun la question de savoir comment prendre place dans la barque du soleil pendant son parcours dans le monde d'en bas. Ce mythe m'a toujours profondément ému, parce qu'il présente une certaine parenté avec celui d'Orphée et d'Eurydice. Le problème est de savoir comment aimer quelqu'un au point de ne plus craindre de s'en voir séparé par les ténèbres, le désespoir ou l'abîme. Alors on verra la lumière. Pour cela il faut reparcourir les douze heures de la nuit et lutter avec le néant, avec le serpent Apopis, disent les anciens Égyptiens, ce monstre qui gît au fond du monde et qui a en tout temps le pouvoir de faire ressurgir le chaos. C'est justement pourquoi j'aimerais partir de la psychanalyse pour définir l'attente de la fin des temps et de l'au-delà propre à l'apocalyptique chrétienne. Je me réjouis beaucoup de croire ou de penser que Dieu a mis en notre cœur quantité d'images qui, face au désespoir, nous aident à tenir bon et à retrouver notre orientation. Aussi loin que nous puissions remonter dans l'histoire, les religions humaines s'efforcent de les suivre. Parmi elles, il y a manifestement l'idée que nous ne sommes pas seulement des feuilles mortes que viennent faire tomber les orages d'automne, mais qu'il y a en nous quelque chose d'éternel. Je pense que Dieu ne s'est pas contenté de venir nous chercher il y a quelques millénaires, mais qu'il s'est mis en quête de nous dès le moment où il nous a créés, et qu'il s'est rendu présent chez nous à travers toutes les formes dont il a imprégné notre âme, que toute l'évolution est le fruit de cette recherche, et qu'il est impossible de rétrécir celle-ci à un peuple défini, à une forme précise; autrement il n'y aurait pas de sens à croire que le Christ est le maître de l'histoire. En lui, tout ce qui est humain se condense à un point tel que cela se rapporte à Dieu. Il devient alors possible d'affirmer que, quand Dieu nous cherche, nous nous trouvons nous-mêmes. Pascal l'avait déjà très bien exprimé dans ses *Pensées*. Il fait ainsi parler Dieu à l'homme: « Tu ne me chercherais pas si tu ne m'avais pas déjà trouvé. » Il est totalement absurde de chercher partout les lunettes que nous pensons avoir oubliées quelque part alors que nous les avons sur le nez. Appliquée aux choses, la phrase de Pascal ne saurait avoir de sens. Mais nous, les hommes, nous ne faisons au fond malheureusement que chercher ce qui nous porte. C'est ce que je veux dire en affirmant que se trouver soi-même et trouver Dieu ne font qu'une seule et même chose. Il est certain qu'en cela le Christ se différencie totalement de n'importe quel pharaon. Je pense seulement que cette différence ne consiste pas dans sa façon de se représenter l'au-delà. Je crois qu'en la matière nous nous faisons des idées tout à fait similaires à celles qu'on trouve dans les tombeaux des rois, quinze siècles avant J.C. Mais je crois que ce que nous pouvons découvrir dans le Christ, c'est qu'il ose vivre cette idée de vie éternelle de façon telle que même la mort ne saurait la détruire. Jésus peut nous apprendre à mener dès ici-bas une vie d'homme prémunie contre toute angoisse et contre le désespoir de Gethsémani. Finalement, nous n'avons rien d'autre à faire qu'à répéter avec le psalmiste: « Seigneur, entre tes mains je remets mon esprit. »

Görg: Je ne crois pas que Jésus se soit situé sur un autre plan que sur celui dont Israël nous a parlé: on peut déjà constater la différence qui existe entre la confession de foi de ce peuple et la spéculation égyptienne sur l'au-delà. Chez les Égyptiens, on attend tout de l'autre monde, ce qui conduit à n'attribuer au monde présent que le caractère d'un état stationnaire. Sans doute trouve-t-on aussi des idées similaires dans le christianisme. Mais le oui à ce monde constitue un élément capital du message d'Israël, et le christianisme n'a pu ni le renier ni même le repousser de côté. Quand je dis que Dieu nous cherche, je ne fais naturellement que reprendre une notion de notre lexique. Mais — si j'interprète correctement Qohélet — je pense pourtant que Dieu s'intéresse vraiment à nous, qu'il ne cesse jamais de se soucier de nous, et c'est pour moi un point de vue absolument capital qu'Israël a introduit dans le débat et auquel Jésus a redonné force.

Lüning: Quelles en sont les conséquences pour notre vie?

Drewermann: Ce que nous pourrions apprendre de Jésus? Le courage de risquer même la mort en vue d'un avenir plus grand.

Lüning: Jésus est mort pour nous introduire à un tout autre ordre de valeurs, pour nous proposer une tout autre façon d'accomplir la Loi.

Görg: Jésus nous a sans aucun doute proposé une autre

perspective que celle qui s'impose habituellement. La façon dont il a accepté la croix revient à contrecarrer une fois pour toutes notre volonté de nous trouver et de nous justifier nous-mêmes. Je sais qu'en disant cela je ne recouvre pas votre façon de voir, du moins pas entièrement. Mais je crois que la croix porte pourtant en même temps un jugement sur tous les efforts humains pour se saisir de Dieu, pour disposer de Dieu et pour s'assurer ainsi de son propre avenir. Consentir à la croix, autrement dit croire jusqu'au bout en Dieu comme en celui qui suscite la vie, tout remettre entre ses mains, le pensable et l'impensable, lui reconnaître la préséance totale: c'est bien là ce qui distingue fondamentalement le message de Jésus de l'héritage méditerranéen. Mais aussi le fait que Jésus ait reconnu à tous les hommes leur place devant Dieu, qu'il ait affirmé leur valeur devant Dieu. Cela aussi, c'est quelque chose qui dépasse largement les idées classiques du monde méditerranéen. Cela ne fait finalement que renforcer la pensée d'Israël concernant le fait que Dieu accepte tous les hommes.

Drewermann: Affirmer tout cela ne suffit pas pour mériter la mort. Ce que nous voyons plutôt dans le Nouveau Testament, c'est qu'au moment où Jésus guérit un malade et chasse les démons, les prêtres et les scribes sont là à le lorgner, parce qu'il sont incapables de supporter l'audace de sa liberté. Voilà un homme qui préfère briser la Loi écrite par Dieu plutôt que le cœur d'un homme! C'est vraiment tout à fait antiégyptien, tout autant qu'antipharisien et antiscribe. C'est ce qui devrait en tout premier lieu nous conduire à faire pénitence, nous, les théologiens.

Je tiens aussi à une autre idée, à mes yeux très importante, mais qui est, elle, typiquement égyptienne. On ne la retrouve sous la même forme ni dans le Nouveau Testament ni dans le christianisme. C'est celle de la solidarité avec toutes les créatures. Lors du jugement des morts, on demande au roi-dieu lui-même, au Pharaon, si aucune oie, aucun âne, n'a déposé de plainte contre lui, s'il n'a blessé inutilement aucune créature. Cette façon de se comporter envers le monde témoigne d'une sensibilité proprement mythologique: les mythes appellent poétiquement l'homme à s'ordonner avec piété à la nature. Il y aurait danger considérable à les détruire, à dévaluer leurs apports à l'histoire des religions, à refouler l'aspect de la psyché humaine qu'ils mettent en valeur. Nous en arriverions à nous comporter de façon aussi violente envers la nature extérieure qu'entre nous. Voilà ce que le christianisme a à apprendre des anciens Égyptiens.

Görg: Voilà un appel que je prendrais très au sérieux. Mais je ne crois cependant pas du tout que l'Ancien Testament ait jamais proféré une seule parole allant dans le sens d'une exploitation et d'une dégradation des être créés, des animaux ou de l'environnement de l'homme. Dans la Bible, les animaux illustrent plusieurs fois la réalité chaotique, et l'homme — en Égypte, le roi seulement, mais dans l'Ancien Testament tout homme — est simplement appelé à prendre en main ce chaos dont le règne de l'animal sauvage n'est que l'image. II ne s'agit cependant pas là d'un verdict ou d'un jugement à l'encontre du droit des animaux à la vie. Tout au contraire, la vocation de l'homme est de maintenir l'équilibre de la création.

Drewermann: Il serait alors possible de retrouver les choses telles que les décrit l'Évangile de Marc quand il dit que Jésus se trouvait au milieu des bêtes sauvages et que les anges le servaient... Peut-être pourrions-nous alors, nous les hommes, nous retrouver entre ciel et terre.

7

Faut-il en revenir aux mythes[1]?

Entretien entre Eugen Drewermann, Volker Hochgrebe, Bernt Jaspert et Siegfried Vierzig[2].

Les observateurs de notre société notent actuellement un retour aux mythes, pour s'en réjouir ou pour le critiquer, selon les points de vue. Tel sera aujourd'hui le thème de notre échange. Nous l'avons formulé sous forme de question. Dans ce cadre, il nous faudra parler de la crucifixion et de la résurrection, mais aussi de tous ces mythes quotidiens qui pèsent parfois fort lourd même en politique: mariage, jeunesse, nouvelles formes de maternité. En ce jour du Vendredi saint, prendront part à cet échange: Siegfried Vierzig, professeur de pédagogie religieuse protestante à l'Université d'Oldenbourg, Bernt Jaspert, aumônier protestant d'une clinique et assistant d'histoire de l'Église à l'Université de Marbourg, Eugen Drewermann, de la Faculté de théologie catholique de Paderborn et psychothérapeute. Volker Hochgrebe animera la discussion.

Hochgrebe: On qualifie souvent notre époque de « postmoderne », en désignant par là la période postérieure à celle des Lumières. Pourquoi mettre encore à l'ordre du jour

1. Émission du 5.4.1985 à la Hessische Rundfunk, 2e programme.
2. C'est la veille de cette émission que le professeur Vierzig a dû remplacer au pied levé un autre intervenant initialement prévu.

ce qui est désormais acquis, l'émancipation par exemple, en entendant par là la libération de la situation de mineur à laquelle on avait longtemps consenti? On parle par contre beaucoup de voyage intérieur. Ce qui traduit sans doute de la résignation: peut-être une fuite devant les réalités sociales. En littérature, en peinture, au cinéma ou au théâtre, quel empressement autour de tout ce qui semble rendre possible un retour au mythe!

Mais qu'est-ce que le mythe? Je voudrais en proposer une première approche.

Aux premiers stades de toutes les grandes cultures, il y a retransmission (orale) de récits touchant les héros et les dieux: ils nous parlent de l'origine du monde, de l'homme, des peuples, de leurs rois, etc. Sous forme d'histoires, ils proposent un sens de la vie. Qu'on cesse donc d'y voir une mémoire d'expériences ou de faits historiques, même s'ils peuvent en comporter quelque peu. L'interprétation du monde, telle qu'ils la proposent, n'a rien à voir avec une analyse scientifique. On a parlé à leur propos d'« allégories de l'inconnu ». (Prenez *Mythe et modernité*, ce livre de Manfred Schneider sur la littérature essénienne.) Allégorie de l'inconnu: le mythe serait donc une approche imagée de ce qui échappe au savoir de l'homme. C'est alors clair: il y a un étroit rapport entre le mythe et la religion, entre le mythe et la volonté fondamentale de l'homme de se comprendre soi-même. Question importante, en ce Vendredi saint où les chrétiens et les Églises parlent de croix et de résurrection: il faudra bien entendu en traiter, même si nous débordons ce seul sujet.

Mais commençons par voir entre nous si nous avons la même idée du mythe. Car c'est notre définition qui nous dira si nous devons nous réjouir du retour au mythe comme de quelque chose de nécessaire, ou si nous devons nous en défendre comme de quelque chose d'absurde et de dangereux.

Moi, je le comprends donc comme une allégorie, comme une image de l'inconnu. Mais vous, Monsieur Drewermann, que répondriez-vous?

Drewermann: Pour moi, notre problème actuel n'est pas tant celui de la redécouverte de la relation entre notre moi et nos instincts profonds que celui de la peur devant les forces inconnues de la psyché. L'expérience du troisième Reich nous a appris quelle force explosive et quel danger pouvaient cacher une rechute incontrôlée dans une vision mythique des choses. Je crois par ailleurs que, en ce siècle plein de misère et de malheurs, nous ne pouvons rejeter sans plus la découverte de Sigmund Freud: elle est essentielle, car, en nous permettant de réaccéder aux images et aux mythes de notre inconscient, elle nous permet une connaissance plus profonde de nous.

Hochgrebe: Quelle serait donc votre définition du mythe? Récit de l'inconscient, plutôt qu'allégorie de l'inconnu?

Drewermann: A la réflexion, je crois que les deux définitions reviennent au même. On pourrait montrer que le mythe remplit simultanément trois fonctions qu'il ne peut articuler que symboliquement. Tout d'abord, il relie conscient et inconscient, ce niveau de sens auquel seule la psychanalyse a accès. Ensuite il rattache l'homme à son histoire, à la tradition de sa race et de sa culture. Mais, plus profondément encore, il permet l'insertion de l'homme dans la nature environnante. Il est ce qui semble avoir le mieux réussi à unifier ces trois dimensions, grâce à la force du symbole. Mais, nous, nous avons oublié ce sens. Ce qui, à mon avis, n'est pas sans grand dommage.

Hochgrebe: Vous venez de nous apporter une contribution précieuse, non seulement à la définition du mythe, mais à la discussion qui devrait s'ensuivre.

Jaspert: Je peux embrayer directement sur ce que vient de dire Monsieur Drewermann. Je dirais que le mythe propose de voir l'homme et le monde comme un ensemble; il est comme un souvenir de données sur l'homme impossibles à retrouver dans la vie quotidienne. En fait, il rend l'inconscient un peu plus conscient. « Le mythe est un récit qui nous dit la sainteté de la vie », a écrit Dorothee Sölle, dans sa contribution à l'ouvrage commémoratif du centième anniversaire de la naissance de Bultmann. Définition à laquelle nous pouvons parfaitement souscrire. Cependant le mythe ne traite pas seulement de la vie de l'homme, mais aussi, ainsi que

Monsieur Drewermann vient de le rappeler, de l'histoire prise comme un tout: histoire de la nature, histoire de ces êtres non humains que sont les animaux, histoire de la création et du monde dans son ensemble, histoire de l'origine de l'homme.

Hochgrebe: Monsieur Vierzig, quelle serait votre définition?

Vierzig: J'ai appris de Rudolf Bultmann que les mythes sont des histoires mythiques de dieux, et qu'ils se conforment à des lois très particulières; et que nous, qui ne vivons plus sous l'empire de la conscience mythique, nous devons les démythologiser et en tirer une intelligence de l'existence. Pendant mes études, cette exigence m'avait semblé quelque peu rationaliste, et je serais aujourd'hui beaucoup plus enclin à me rallier à la vision que vous partagez tous les deux, autrement dit à voir dans le mythe une expression nécessaire des souhaits et des désirs inconscients — ce qui veut dire que je me rattacherais un peu à Freud: le mythe, c'est le rêve collectif de l'humanité. Il masque les attentes cachées de l'homme, celles qui ne peuvent s'exprimer réflexivement, mais ne peuvent se dire qu'en images.

Hochgrebe: Bultmann ne s'est pas contenté de parler de démythologisation, au sens de suppression des mythes. Il a aussi parlé de leur interprétation existentiale. Autrement dit, le problème était pour lui de faire apparaître le sens que le mythe pouvait prendre à son époque, au temps où il était encore possible de le raconter naïvement, puis de se demander quelle compréhension de l'existence humaine nous pouvons en tirer. Car il nous propose une intelligence de la vie qui peut encore être précieuse aujourd'hui, pour moi qui écoute cette histoire, une intelligence que je pourrais faire mienne, en laquelle je pourrais croire. Dans vos ouvrage, Monsieur Drewermann, vous vous distanciez beaucoup de l'exégèse biblique historico-critique, dont Bultmann fut sans aucun doute un des représentants éminents. Acccepteriez-vous cependant cette interprétation existentiale comme valable, ou pensez-vous que votre pensée diffère totalement de celle de Bultmann?

Drewermann: Je ne le crois pas. Je pense que la méthode historico-critique du XIXe siècle a joué un rôle essentiel en faisant clairement voir que les éléments mythiques de la tradition biblique, avec la vision du monde qu'ils mettaient en avant, ne pouvaient conduire qu'à de la superstition dans la mesure où l'homme projette dans la nature des éléments de son intériorité: si on prend ces éléments, ils prennent la forme magique d'histoires de miracles; or cette vision du monde n'est pas celle qui nous lie le plus profondément à Dieu. Ce que j'ai par contre à reprocher à la méthode historico-critique, c'est son incapacité à entrer vraiment dans le texte et à proposer un sens intelligible. Je suis d'accord avec Monsieur Vierzig, quand, parlant de Rudolf Bultmann, il note le caractère fondamentalement rationaliste du point de départ de la méthode historico-critique. Mais l'interprétation existentiale effective s'est montrée incapable de tirer grand-chose des images concrètes. Elle sait qu'elles renvoient aux données fondamentales de l'existence humaine, c'est exact. Mais elle a beaucoup de mal à saisir ce que ce langage nous dit concrètement de nos peurs et de nos attentes. Par contre, en psychothérapie, dans le climat de confiance que suscite la présence d'un tiers, on redécouvre constamment la capacité de l'homme à comprendre d'une nouvelle manière ses songes, et, une fois mis en présence de ses expressions de peur et d'espérance, à se percevoir lui-même d'une nouvelle façon au milieu de sa nuit, ce qui lui permet de retrouver tout son dynamisme. Cela montre qu'on ne peut jamais discuter des idées de la foi chrétienne de manière abstraite et indépendamment du langage imagé propre aux couches profondes de l'âme. Il vaut mieux montrer que, en poétisant, le langage biblique renvoie à des expériences historiques très profondes, exactement comme les images nocturnes font repasser sa vie sous les yeux de quelqu'un, mais en lui en découvrant la dimension profonde. On comprendrait comment les images intemporelles des mythes et des rêves de l'humanité nous proposent une interprétation de l'existence humaine susceptible de nous redonner confiance, ceci dans un langage accessible à toutes les époques.

Jaspert: Je souscris entièrement à ce que vous dites, Monsieur Drewermann. Et je ne vois là aucune contradiction avec l'interprétation des mythes de Rudolf Bultmann, autrement dit avec son interprétation existentiale du kérygme biblique, du message biblique. J'y vois au contraire la réalisation de ce qu'il souhaitait. Je me dis tout d'un coup que, dans vos livres, vous ne le citez pratiquement jamais, sauf une ou deux fois ses premières œuvres, dans votre *Psychanalyse et exégèse*. Mais vous ne parlez jamais de son interprétation existentiale des mythes. D'où ma question: Pourquoi, dans votre propre travail d'exégèse, n'avez-vous jamais recouru à elle?

Drewermann: Je vous ferai d'abord une réponse très simple, mais qui ne touche pas au fond du problème: parce que j'ai remis la discussion détaillée de sa pensée au second volume de mon *Psychanalyse et exégèse*, à paraître en octobre. Ceci dit, je vais vous dire mon idée fondamentale. Je pense que la réaction de Bultmann (comme du reste de toute la tradition intellectuelle protestante) devant les images mythiques (y compris celles de la Bible), reste extrêmement ambiguë. Je m'explique un peu plus: pour lui, le Nouveau Testament contient quantité de récits de miracles empruntés en partie au monde hellénistique de l'époque de l'Église primitive. Ce qui veut dire que, en témoignant publiquement de sa foi, le chrétien ne répond pas vraiment à la volonté de Jésus: il se rend dépendant d'un certain nombre de signes précis qui figent Dieu. Même difficulté pour les textes apocalyptiques du Nouveau Testament: les images de l'avenir viendraient objectiver Dieu, ce qui irait à l'encontre de la stricte foi chrétienne, laquelle porterait sur un Dieu dont on ne dispose pas. Pour ma part, je pense au contraire que les hommes sont ainsi bâtis qu'ils disposent d'une foule d'images susceptibles d'exprimer leurs désirs, de traduire leurs rêves, de refléter leurs besoins vitaux essentiels. Je suis convaincu que la perception qu'ils ont d'eux-mêmes, du sein de leurs peines et de leurs souffrances, se traduit nécessairement par des visions poétiques imagées. Je ne puis considérer cela comme du paganisme. Je crois au contraire que la place que le christianisme accorde à de telles images, y compris dans le Nouveau Testament, est parfaitement légitime. En ce sens je me distancie considérablement de Bultmann.

Vierzig: Monsieur Drewermann, je m'interroge sur ce que vous voulez faire? Je crois comprendre que vous entendez rouvrir l'accès au message biblique. Vous cherchez à interpréter les mythes en les rendant intelligibles. Je m'occupe de pédagogie religieuse, d'enseignement, d'école. Chez mes élèves, je ne constate absolument aucun intérêt pour les mythes du Nouveau Testament. Je n'ai jamais senti le moindre désir d'une interprétation du christianisme, des miracles par exemple, qui leur ouvrirait une meilleure intelligence de la Bonne Nouvelle de l'Évangile. Par ailleurs, je note que la jeunesse adopte en masse des mythes qu'on lui offre, que ce soit dans les bandes dessinées ou dans les vidéocassettes. Je ne me sens pas très à l'aise à l'idée de proposer aujourd'hui une compréhension de l'homme en tentant de redonner vie aux mythes du Nouveau Testament.

Drewermann: Je vois bien le problème, Monsieur Vierzig. Mais je pense qu'il résulte d'une méthode bien précise d'interprétation de l'Ancien Testament et du Nouveau Testament, la méthode historico-critique. Je me heurte, moi aussi, à un véritable paradoxe. Quand je fais un exposé sur les contes de Grimm, j'ai une salle bondée; mes auditeurs, de tous âges, me prêtent une attention passionnée. Mais si je propose un thème de l'Ancien ou du Nouveau Testament, sur lequel j'ai beaucoup plus à dire et dont je pense qu'il est beaucoup plus riche de sens, je n'ai plus qu'un auditoire très moyen et nullement représentatif de la société. Je pense que cela tient à ce que, nous, les théologiens, nous n'avons proposé qu'une lecture vide de la Bible, cela parce que nous n'avons posé au texte que des questions fausses et inadaptées. Je pense que les jeunes pourraient entrer immédiatement dans les textes — telle est du moins mon expérience — si on les invitait à se mettre dans le coup en leur demandant, non pas ce qui s'est passé jadis, mais ce que les gens pensent de ce dont il est question, comment ils se voient eux-mêmes, pourquoi ils parlent comme ils le font, ce qui se passe en eux. Et l'histoire racontée jadis deviendrait immédiatement la leur. Car il n'y a aucune difficulté à leur faire reconnaître les images de leur vie dans celles qui surgissent dans les textes. Je pense aux récits de miracles qui donnent tant de fil à retordre aux exégètes (j'en traiterai explicitement dans mon seconde volume *Psychanalyse et exégèse*). Prenons celui du possédé des tombeaux de Gerasa. C'est une histoire très étrange, car elle nous parle d'un homme qui a franchi la frontière au-delà de laquelle la vie est impossible. Son existence n'est que mort vivante et il ne perçoit les autres que comme des marchands d'esclaves qui cherchent à l'enchaîner. La nuit, on l'entend crier à l'aide. Mais dès que quelqu'un s'approche, il se débat. Il crie aussi à Jésus de ficher le camp: « Qu'est-ce que j'en ai à faire, de toi? » Il suffit de prendre quelques images de ce genre et de les laisser agir sur soi, et je pense qu'on verra les jeunes trépigner. Il y est question de solitude, de détresse, de manque de contact, de sentiment de menace de la part des autres, de recherche désespérée de chaleur et de proximité. Voilà un homme qui fait tout pour se rendre libre et qui cherche à montrer aux autres comment briser ses chaînes. Mais par ailleurs ce possédé se taillade le visage avec des pierres, comme dans un rite de punition sans fin. Je pense qu'il suffit d'exprimer cette ambiguïté du psychique pour entrer en correspondance immédiate avec ce que les jeunes vivent. La question que Jésus pose à l'homme de Gerasa devient alors porteuse de salut: « Comment t'appelles-tu? Quel est ton nom? » La psychothérapie ne peut rien faire de plus, et il n'y a rien que les gens attendent avec autant de soif que de voir les autres venir à eux, non pas avec des chaînes, mais avec la question: « Quel est ton être? Qui es-tu? Qu'est-ce que tu vis? » Et on découvrira combien c'est difficile d'apprendre à y répondre. Non! mon expérience de la Bible est qu'elle est extraordinairement moderne et actuelle quand on la lit à la façon dont la psychanalyse nous enseigne à lire les rêves. C'est pourquoi je me lance à fond dans l'interprétation en disant: « Réessayons! » Je n'ai absolument pas peur de me voir reprocher de faire de la Bible un livre de contes. Je pense qu'elle aurait immédiatement quelque chose à nous dire si seulement nous la lisions commme des contes ou des songes.

Hochgrebe: Monsieur Drewermann, l'interprétation que vous venez de nous donner offre effectivement la possibilité d'un abord très vivant de la Bible. Ma question est cependant de savoir si elle est la seule possible. Car on pourrait tout aussi naturellement se représenter cette histoire, telle que vous venez de l'aborder à travers les catégories et schémas de la psychanalyse, en y lisant la dénonciation critique de notre société. On y verrait le sort d'un marginal, d'un homme dépourvu de tout avantage, de quelqu'un pour qui cette question de Jésus sur son nom est bouleversante de lumière, parce que jamais personne n'a jamais fait attention à lui.

Vierzig: Monsieur Drewermann, si je vous ai bien compris, vous présupposez une contemporanéité du vieux mythe et de l'auditeur actuel. C'est ce que je remets en question. Avons-nous vraiment affaire aux mêmes problèmes, aux mêmes attentes, aux mêmes souhaits chez les gens d'autrefois et chez ceux de maintenant? Pouvons-nous vraiment partir du principe que ces désirs sont toujours les mêmes? On a aussi compris les mythes comme une forme de pensée sauvage, et on doit alors constater que nous avons aujourd'hui quantité de problèmes qui ne cherchent qu'à s'exprimer, mais qui sont fort différents de ceux du Nouveau Testament.

Drewermann: C'est bien ce que je pense. Ma préoccupation dans *Psychanalyse et exégèse* est de permettre la transition entre le lecteur actuel et le message à transmettre, parce que je crois que l'Ancien et le Nouveau Testament sont écrits pour les hommes de tous les temps et de tous les pays. Quand je parle de contemporanéité, je prends le mot dans son sens kierkegaardien. Il est évident que nous ne pouvons en revenir au temps où les mythes étaient encore vivants, où on y croyait naïvement comme à des histoires objectives. Nous avons maintenant besoin d'aborder critiquement les textes en y réfléchissant, par exemple grâce à la psychanalyse. Nous retrouvons alors les mêmes formes d'angoisse, de désespoir, mais aussi d'espérance, mais aussi et surtout le même éternel besoin, absolument inconditionnel, de trouver sur terre un être qui nous aime au point de nous élargir l'âme aux dimensions du ciel.

Jaspert: Mais, Monsieur Drewermann, n'est-ce pas exactement ce que Rudolf Bultmann voulait faire en partant de Heidegger et en reprenant sa notion d'existentiaux: angoisse, confiance, confiance originelle, pourrait-on aussi dire, amour, paix? Ce sont là des réalités qui restent de tout temps semblables, même si on ne les exprime pas toujours exactement de la même manière. C'est d'ailleurs bien de là que vous partez vous-même, Monsieur Drewermann, puisque vous dites que la Bible n'apporte rien de neuf. Elle nous apporte quelque chose d'humain, et tant que les hommes dureront, cela restera constant. Dans cette mesure, le message que la Bible adressait autrefois aux hommes, celui d'une bonne nouvelle de guérison et de salut, vaut tout autant pour les hommes d'aujourd'hui. Je repense à ce jour, au Vendredi saint. L'Église prêche que le salut et la guérison de l'homme se trouvent au pied de la croix. À notre époque où on commet au moins autant de meurtres qu'au temps de Jésus, sinon beaucoup plus, cette question reste toujours vivante; nous la crions dans nos poèmes et dans nos manifestations de rue: quand le salut viendra-t-il, et de qui viendra-t-il? En comprenant les anciens mythes comme un langage porteur de vie et de salut, ceux qui apportent le salut, les grands porteurs du salut de la religion, célèbrent vraiment un retour au sens des anciens mythes. Je pense que votre façon de faire de la théologie n'est pas du tout éloignée de celle de Bultmann, et que votre connaissance de la psychologie la plus récente vous permet de jeter un pont entre la théologie, la méthode historico-critique, la psychologie et la psychothérapie. C'est ce que je considère comme très important, en tant que curé lancé dans la pastorale et amené à parler avec des malades ou des gens paumés.

Drewermann: Je ne puis qu'être d'accord. Mon point de départ est pour une large mesure celui de l'existentialisme de Kierkegaard et de Jean-Paul Sartre. À travers eux, je me relie évidemment à la pensée de Heidegger et de Bultmann. Mais j'ajouterais à tout cela une expérience capitale: je n'ai pu comprendre et aider les gens qu'en apprenant à saisir le mécanisme de leur angoisse et la façon dont les images de leurs rêves pouvaient leur ouvrir la route du salut; puis j'ai découvert comment tout cela avait un rapport avec le discours de la Bible sur l'homme. Il y a manifestement un abîme entre l'interprétation existentiale de la Bible et ce que nous pouvons aujourd'hui savoir de l'homme. Il existe des domaines entiers de psychopathologie dont les théologiens ignorent à peu près tout, alors que ce serait important pour eux de comprendre par exemple ce dont il est question aujourd'hui, en ce Vendredi saint: d'un homme qui a voulu semer confiance et bonté chez les hommes mais qui s'est heurté à l'angoisse, à la tracasserie, à la haine et à des systèmes de défense tels qu'il en a été détruit. Nous avons besoin de comprendre un peu mieux toute cette dialectique. N'importe quelle psychothérapie un peu prolongée permet de voir combien c'est difficile de se considérer soi-même de façon tant soit peu amicale, et de saisir ce que peut être la mécanisation de l'angoisse, l'intériorisation du dégoût de soi et le refoulement des désirs les plus profonds. Et quand quelqu'un, après des années de bonne volonté, s'aperçoit de l'inutilité de ses efforts, quand il découvre la possibilité qui lui était offerte de vivre dans la gratuité, ou, pour parler théologiquement, dans la grâce, non plus selon le principe du rendement, mais selon celui de l'acceptation, il ne peut que se sentir horrifié à la pensée de ces années où il ne s'est pas contenté de se torturer lui-même, mais où il a peut-être aussi fait souffrir ses proches. Rien d'étonnant qu'il commence par chercher à se justifier et donc par combattre ce qui pourrait le mener droit au salut. C'est cette effrayante dialectique de la foi et de la peur déchaînée au cœur de l'homme que la psychothérapie m'a permis de comprendre pour la première fois vraiment. Ce en quoi elle pourrait fournir une grille d'analyse du procès de Jésus. Ce sont des dimensions de l'expérience que la théologie a depuis longtemps oubliées, et que je souhaiterais pour ma part réintroduire dans la lecture de l'Écriture.

Hochgrebe: Les dernières interventions de Monsieur Jaspert et de Monsieur Drewermann nous plongent directement dans le problème du Vendredi saint. Essayons donc de voir comment notre définition du mythe nous permet de comprendre pratiquement cette donnée centrale de l'Écriture qu'est le message de la crucifixion et de la résurrection. Cette crucifixion est un fait incontestable, historiquement parlant. Mais, pour la Bible, elle est inséparable de la résurrection. Or pour la science, celle-ci est impensable et invérifiable. Elle constitue donc un « mythe » auquel il est cependant parfaitement possible de continuer à croire: deux mille ans d'histoire chrétienne en font foi. Monsieur

Drewermann, que peut encore nous dire aujourd'hui le discours mythique sur la victoire sur la mort du Christ, mort et ressuscité?

Drewermann: Puisque nous parlons du mythe, je me dois de rappeler qu'il n'est pas ce qui caractérise le christianisme. Il faut rappeler que la foi chrétienne renvoie au moins indirectement à la réalité historique de Jésus de Nazareth; c'est en lui qu'elle trouve historiquement son origine, et cela suffit à lui conférer un caractère unique dans l'histoire des religions. Si nous parlons du mythe, il me paraît très important de noter que les formes essentielles de la foi et de l'espérance se retrouvent dans presque toutes les grandes religions, et même dans les religions tribales actuelles, et qu'elles s'articulent exactement de la même façon dans la Bible. J'en suis venu à considérer comme très importante la comparaison que je fais entre la mythologie égyptienne et le christianisme dont celle-ci constitue l'arrière-plan; car elle permet de voir que, plus de mille ans avant Jésus, on rêvait déjà les images de mort et de résurrection. Il faut bien se le dire: l'énigme que pose à celui qui aime quelqu'un la nécessité de le voir est au moins aussi vieille que la prise de conscience de sa propre individualité.

Hochgrebe: On ne peut séparer l'annonce de la crucifixion et de la résurrection du Christ de la prédication sur sa vie. Il est né et a grandi dans une tradition religieuse juive qui, incontestablement, s'est historiquement affirmée comme une protestation contre la religion égyptienne aussi bien que contre les religions de la nature. Jésus a compris sa vie comme une histoire avec un commencement et une fin, et non pas comme un cycle éternel de mort et de devenir. D'où une fois de plus ma question: qu'y a-t-il de particulier dans le message chrétien de mort et résurrection?

Drewermann: La chose étonnante, c'est que, pendant près de mille ans, l'Ancien Testament n'a pas connu la foi en l'immortalité personnelle. On ne voit cette croyance émerger que dans le judaïsme tardif. Je suis cependant certain que Jésus l'a connue et qu'elle a été sienne. Et je pense que c'est la première chose importante à dire: qui oserait vivre la vérité divine, affronter les oppositions et prendre sa vie en main comme il l'a fait jusqu'à la dernière heure, Gethsémani, s'il ne peut reprendre le psaume 31 comme Jésus sur la croix: « Père, je remets mon esprit entre tes mains. » Il est exact que cette forme de foi chrétienne en la résurrection n'est pas autre chose que celle des Grecs dans le « meurs et deviens » de la nature, ou même que celle de son germe chez les Égyptiens. Dans le cadre de la nature, nous sommes interchangeables. Et les sciences naturelles nous obligent à reconnaître le caractère ridiculement petit de notre réalité individuelle, à nous, fourmis ou simples atomes dans l'immensité de l'espace et du temps cosmique. Quelle audace, quelle foi inouïe que de pouvoir croire que nous possédons un caractère unique et à jamais irremplaçable! Quelle reconnaissance est la mienne envers cette religion qui nous a appris cette espérance, et je fais totalement confiance au christianisme quand il déclare que Dieu nous a aimés de toute éternité et qu'il nous a depuis toujours appelés par notre nom. La croix ne vient pas infirmer ce message de vie.

Hochgrebe: Monsieur Vierzig, seriez-vous d'accord avec cette interprétation de la crucifixion et de la résurrection? Une des objections que je vous soumettrais est que la foi chrétienne n'est pas foi en l'immortalité de l'âme, mais bien celle en la résurrection. Et cette résurrection présuppose la mort accomplie, comme ce fut le cas pour Jésus. Qu'est-ce que c'est donc que la résurrection?

Vierzig: Je me demande sérieusement si on peut qualifier le Vendredi saint de mythe, car il renvoie bien à un fait historique. Jésus a été exécuté par l'occcupant romain. Je sais bien où commence alors le mythe: c'est dans l'interprétation de ce fait historique. Mais si nous voulons présenter la foi chrétienne comme supérieure à une simple interprétation d'images mythiques, nous ne devons pas aplanir la différence entre la pensée cyclique et la pensée historique.

Hochgrebe: Ce qui m'importe actuellement, c'est de savoir ce que peut vouloir dire aujourd'hui ce langage mythique de mort et de résurrection; de montrer à travers un exemple pratique comment les différentes acceptions du mythe peuvent maintenant nous proposer un sens à l'existence. Monsieur Drewermann...

Drewermann: J'y viens tout de suite, mais je voudrais tout d'abord revenir sur votre déclaration, Monsieur Vierzig. L'idée que le mythe serait cyclique et l'histoire linéaire n'est pas aussi claire qu'on le suppose. Je crois que ce qu'il y a d'admirable dans le mythe, c'est qu'il a appris à l'homme à écrire l'histoire, ainsi que souhaitaient le faire les Égyptiens quand ils sculptaient les murs extérieurs de leurs temples pour y faire apparaître la volonté divine. Il faut voir ces pylônes pour deviner Dieu de l'intérieur, pour se rendre présent à lui. L'Ancien Testament lui-même n'a pas su faire mieux. On pourrait dire que son point de départ à lui aussi est mythique: il repose sur l'idée que Dieu écrit l'histoire. Mais l'autre face, c'est l'Église qui la montre. Après de longues discussions entre les premières communautés, celle-ci a choisi de situer Pâques au premier dimanche qui suit la première lune de printemps. Elle rappelle ainsi, ne fût-ce que par allusion, la nécessité d'interpréter aussi le cours de la nature.

Vierzig: On a interprété cela comme une rechute dans le paganisme...

Drewermann: Chez les protestants, certes. Mais chez les catholiques, on a toujours défendu cette idée, quand ce ne serait que parce que l'année liturgique elle-même est déjà symbolique. On veut ainsi dire qu'il y a vraiment des éléments constants de confiance, et qu'on les retrouve toujours. Et c'est bien là un message du mythe: si on voit un sens dans la nature, c'est bien celui de fournir la garantie de ce dont l'homme a besoin pour vivre.

Hochgrebe: Voulez-vous dire que c'est pour vous la signification du message chrétien de la croix et de la résurrection?

Drewermann: Il faut sûrement y ajouter sa dimension existentielle. Un appel symbolique à la seule nature ne saurait me suffire, mais je crois que celle-ci ne trouve sa vérité...

Hochgrebe: Et en quoi consisterait-elle?

Drewermann: Je pense que la crucifixion est liée à l'angoisse, et vois alors dans ce qui s'est passé le Vendredi saint, en particulier à Gethsemani et dans cette horrible exécution elle-même, quelque chose d'entièrement différent de ce que proposent les autres religions. Ce qu'il y a ici de spécifique, c'est qu'aucune religion n'a ressenti aussi profondément que le christianisme à quel point l'homme, en tant que personne, est taraudé par la peur. Je vois dans la crucifixion la réponse la plus extraordinaire à la question de savoir que dire quand on se heurte au travail de destruction de la haine, de la cruauté, de l'ergotage, de la chicane; à celle de savoir où se tenir pour rester en présence de Dieu. C'est horrible de se faire fouetter, de se voir cracher à la figure, de se trouver dépouillé de ses vêtements, d'être jeté en pâture aux gens, d'entendre toutes ses paroles systématiquement retournées contre soi; mais il est encore plus terrible de se mentir tous les jours, de se cracher soi-même au visage, de se couvrir soi-même de honte en menant une existence tordue. Pour moi, la résurrection signifie d'abord et essentiellement que ce n'est pas la peine d'avoir peur des hommes — conformément à la parole de Jésus, ou à celle du psaume: « Si Dieu est à mon côté, de qui aurais-je peur? » Ce message doit durer, même sur le Golgotha; et pour cela j'ai effectivement besoin de la vision de la résurrection; de croire qu'il y a une vie, que l'homme n'est pas fichu, car il est chez Dieu — et cela non pas seulement au sens d'un accomplissement existentiel, mais en un sens ontologique, éternel.

Hochgrebe: Il y a aussi eu des crucifixions avant Jésus, et celui-ci en a lui aussi eu peur. La question est de savoir si, du point de vue de l'histoire des religions, cette première résurrection, telle que l'enseigne la Bible, est vraiment quelque chose d'unique à laquelle rien ne correspondrait dans les autres religions. Si oui, le Vendredi saint et le dimanche de Pâques vont vraiment de pair, comme vous le disiez en conclusion. Cela paraît évident aujourd'hui. Mais en ce temps-là, dans la situation historique de ce vendredi-là, ce n'était pas clair. La dominante, c'était la peur, une immense frayeur. Il est dit que les apôtres s'étaient barricadés chez eux. Cela veut dire qu'actuellement encore nous sommes seuls; que nous ne pouvons échapper à ce terrible événement de la crucifixion. Puis il y a cette possibilité qu'ouvre le dimanche de Pâques: le verrou saute, et les femmes ouvrent la porte. Il est caractéristique que ce soient des femmes, celles que la société de l'époque reléguait toujours à la seconde place, qui viennent apporter la Bonne Nouvelle aux hommes en leur annonçant: « Jésus est ressuscité, il est vraiment ressuscité. » Cela libère aussi ceux qui s'étaient enfermés et barricadés: ils deviennent capables de sortir dehors et de former effectivement l'« Ecclesia », l'Église, autrement dit le rassemblement de ceux qui ont été appelés à sortir de leur angoisse; ils peuvent annoncer la Bonne Nouvelle: non seulement la vie se poursuit, mais elle est vraiment neuve; c'est une nouvelle naissance. Il me semble alors que le Vendredi saint et Pâques ont également quelque chose à voir avec Noël, avec la naissance. Peut-être pourrions-nous considérer d'un peu plus près cet aspect des choses.

Mais j'ai encore une question à vous poser, Monsieur Drewermann. Dans ce que vous venez de dire au sujet de la mythologie égyptienne et des similitudes entre les religions, une idée a fait tilt: il existe aussi un salut à l'extérieur de l'Église. Il faut aussi laisser tomber le vieil adage ecclésiastique « Hors de l'Église pas de salut. » En regard de notre monde actuel, de la rencontre avec les religions non chrétiennes et de tous ces gens d'autres religions aujourd'hui présents chez nous, diriez-vous que, bien au-delà de la simple tolérance extérieure, il existe une communauté profonde entre tous, une communauté de destin, une espèce de découverte existentielle de la croix, au sens d'expérience commune de la peur, du malheur, de la solitude, mais aussi de la résurrection comprise comme expérience de salut, de confiance et de certitude de Dieu?

Drewermann: Il y a un fait que nous devons bien reconnaître: il y a d'autres religions, par exemple la vieille religion égyptienne, qui se sont représenté une divinité mourant sous forme d'homme avant de ressusciter. La logique de cette idée se traduit même mieux dans l'architechtonique mythique que dans la dogmatique chrétienne, puisque celle-ci affirme l'immortalité de l'âme et dans un second temps seulement la résurrection que nous a value le Christ.

Hochgrebe: Ce en quoi l'idée d'immortalité de l'âme apparaît comme un rejeton tardif...

Drewermann: ...mais néanmoins tel qu'elle joue un rôle capital dans la tradition dogmatique. Elle est passée de l'antiquité grecque et égyptienne au christianisme. Dans l'antique foi osirienne, on s'imagine que tout homme a en lui une âme qui, au moment de la mort, s'élève sous forme d'oiseau jusqu'aux étoiles, jusqu'à sa patrie céleste, tandis que le corps sombre dans le monde souterrain pour y retrouver une fois encore le soleil et refleurir, comme le monde printanier environnant. Que l'en haut et l'en bas — en psychanalyse, le conscient et l'inconscient — viennent ainsi se répondre, que le ciel et la terre célèbrent ainsi une noce de lumière, voilà une merveilleuse image de la religion égyptienne qui ne nous est plus tout à fait accessible dans le christianisme. Ainsi, ce qu'il y a de neuf dans ce christianisme, ce n'est pas l'idée d'immortalité de l'homme: elle existait déjà avant; c'est qu'un homme, Jésus de Nazareth, en dépit de l'angoisse, ait osé aller jusqu'au bout pour vérifier cette foi. Voilà ce qui change effectivement le monde. Voilà ce qui nous enseigne à vivre à neuf, ce qui nous montre une fois pour toutes ce dont nous sommes capables devant Dieu. C'est pourquoi il y a Pâques. Et je crois que ce sont justement les femmes, et avant tout les désespérées comme Marie Madeleine, qui ont su ouvrir les yeux.

Hochgrebe: Tout ceci ne concerne-t-il que l'individu? Est-ce quelque chose qui se passe uniquement dans l'âme? Ou l'histoire, depuis la crucifixion jusqu'à aujourd'hui, ne nous enseigne-t-elle pas que cette vision de la vie, cette compréhension de l'existence humaine a aussi constitué une force sociale?

Vierzig: Le christianisme se réclame d'une expérience historique, d'une expérience d'ailleurs extrêmement ambiguë. Pour moi, j'en trouve une expression relativement claire dans l'histoire des deux disciples d'Emmaüs. Le premier point de cette expérience historique, c'est d'avoir cru simplement qu'un homme, un homme ordinaire, mais dont la vie était un modèle de justice, de pacifisme et d'amour, avait été exécuté, de telle sorte que tout était fini. La seconde expérience historiquement perceptible, c'est que cette expérience d'effondrement n'a pas suscité la déprime totale, mais un rebondissement. Entre les deux, il y a ce que nous appelons la résurrection. Ce sont là deux expériences historiques qui ne forment naturellement qu'un tout: effondrement, puis capacité de repartir du fond de l'abîme. Voilà ce que signifient pour moi la démythologisation du Vendredi saint et de Pâques.

Hochgrebe: Mais il existe des mythes, non seulement dans le langage chrétien spécifique, mais dans l'expérience quotidienne. J'évoque quelques têtes de chapitres: celui du « bon vieux temps »; des « jeunes », de « la jeunesse »; ou encore de « la nouvelle maternité »; de « la terre natale »; celui des « prestations » et des « salaires », ceci à une époque où nous ne pourrions survivre un seul jour sans la collaboration des autres. J'aimerais alors vous demander si, dans ces circonstances, le message chrétien de la crucifixion et de la résurrection peut présenter quelque utilité pour l'intégration de tels mythes dans la vie quotidienne.

Vierzig: En fait, nous avons affaire à de nombreux phénomènes manifestant clairement que l'homme voit les mythes de façon toute nouvelle. Transposant la déclaration de Bettelheim suivant laquelle les enfants ont besoin de contes, on pourrait dire qu'ils ont besoin de mythes. Mais ce retour au mythe est-il souhaitable? Est-il constructif? Ou, pour parler comme Ernst Bloch, marque-t-il un pas vers l'avant, ou au contraire un retour en arrière? Selon toutes les apparences, les mythes de la vie quotidienne sont pour une large part signes de régression, de fuite devant une réalité difficile à affronter. Ce n'est pas cela qu'il faudrait, mais j'ai l'impression que cette tendance est très très forte.

Hochgrebe: En psychanalyse et en psychothérapie, il s'agit très souvent d'aider les gens à réapprendre à se confronter au réel. C'est pourquoi je m'adresserai à vous,

Monsieur Drewermann, pour vous demander si, face à ces mythes de la vie quotidienne, vous prendriez les mêmes positions que Monsieur Vierzig?

Drewermann: Je crois plutôt que c'est en nous que nous devons nous confronter aux mythes. Dommage qu'en Occident, pendant deux mille ans, le christianisme ait cherché à propager la Bonne Nouvelle de l'Évangile en ne faisant presque exclusivement appel qu'à la raison. Notre histoire témoigne du caractère écrasant qu'en a pris notre dogme, dans l'Église comme à l'extérieur: celle-ci a dû sans cesse renforcer sa pression pour tenter de pallier la difficulté de convaincre rationnellement les gens, étant donné son incapacité de tirer totalement au clair nos images de la foi. Qu'en aurait-il été si nous avions pu interpréter nos symboles de la foi à la façon dont on a traduit les rêves en musique, en art, en poésie, en littérature? Je pense que, à partir du début de l'âge moderne surtout, le christianisme n'a proposé qu'une interprétation très partiale de sa doctrine, et que cela a contribué à nous démolir. Nous avons réduit la réalité à ce qui existe et nous n'avons plus considéré l'existence que comme une donnée de fait. Nous nous sommes construit un monde manipulable que la science régnante nous permet d'interpréter en termes opérationnels, mais dont nous ne remarquons même plus combien il nous détruit nous-mêmes. J'ai tous les jours la visite de femmes complètement fichues du simple fait d'avoir à vivre aux côtés d'un mari qui ne voit plus que des choses à exploiter. Des hommes de ce genre ne connaissent plus ni sentiments, ni symboles, ni signification, ni profondeur. Ils réduisent tout à des faits. Il y a de quoi en devenir cinglé. Et comme les gens ont besoin de mythes, on les voit venir en psychiatrie venir les rêver... et retrouver spontanément la santé. C'est un point sur lequel je ne suis guère d'accord avec Bloch: dans l'euphorie de la fin des années soixante et au début des années soixante-dix, il a pensé que la marche en avant était inéluctable, que toute régression était suspecte, politiquement réactionnaire et cons-tituait fondamentalement une impasse. Mais la psychothérapie nous montre très clairement que nous devons retrouver nos racines pour pouvoir nous tourner vers l'avant et reprendre en main notre avenir.

Hochgrebe: Monsieur Drewermann, je vois que vous nous dressez contre le règne omnipotent du réalisme des faits. Mais en vous entendant insister si fortement sur l'importance majeure des processus intérieurs, j'ai réfléchi. Dans un passage de votre ouvrage *Psychanalyse et exégèse*, vous dites que, pour nous parler, Dieu ne dispose d'autre langage que de celui des rêves. Or cela m'apparaît de la pure mystique. Un théologien de la libération d'Amérique latine dirait peut-être que Dieu ne dispose d'aucun autre langage que du cri de nos compagnons soumis à la dictature, à l'exploitation et à la torture. Et c'est sûrement là une dimension qui appartient aussi au christianisme. Jésus n'a pas seulement souffert de la peur. Sur la croix, il a connu l'angoisse, c'est évident. Mais il a aussi souffert des clous.

Vierzig: Puis-je poser une question dans le même sens? Vous m'accorderez qu'il n'est pas indifférent de savoir quels sont les mythes qu'on reprend. Je serais volontiers d'accord avec vous quand vous dites qu'il ne s'agit pas seulement de se tourner vers l'avant, mais que nous devons aussi savoir regarder en arrière. Mais quelle différence, selon que je me mets à rêver des mythes du bon vieux temps, ou à ceux de notre époque (ceux que j'appellerais les mythes médiatiques, ceux du monde de la distraction), ou à celui de l'Exode!

Hochgrebe: Pour préciser les choses, l'Exode raconte la remontée d'Égypte des enfants d'Israël: c'est à la fois un fait historique, et une donnée que l'Ancien Testament interprète comme un signe que les Juifs, en quittant l'Égypte, se dirigent vers la terre que Dieu leur a promise.

Drewermann: J'entends toujours reprocher à l'interprétation psychanalytique de l'Écriture ou des mythes de ne conduire qu'à un repli sur soi. Elle permettrait à des individus isolés de fuir leurs conflits. Comment voulons-nous régler les problèmes de la misère en Ethiopie ou en Amérique latine si nous ne réussissons pas à rêver d'un mythe plus profond de l'homme? J'entends continuellement dire que notre échec est dû aux contraintes du réel. On s'appuie éternellement sur des arguments raisonnés, là où nous ne pourrons l'emporter qu'à la condition de refaire ce qui est essentiel dans la Bible:

admettre le caractère irrationnel de notre humanité tout entière. C'est en chacun de nous que celle-ci s'incarne, et nous devons en rêver, tout comme le font les mythes et les contes. Pour pouvoir nous faire une idée du drame de chaque vie personnelle, c'est de cette vision poétique de l'homme que nous avons besoin. Ce fut celle de Jésus, j'en suis convaincu, quand il affirmait que même le plus petit en Galilée ou à Capharnaüm devait se considérer comme fils de roi, et que cela lui conférait une dignité aussi inaliénable qu'au prince des vieux contes, en route vers des noces sacrées. En un certain sens, c'est le christianisme qui a inventé ce mythe grandiose, celui du repas sacré dont Jésus pouvait parler en images, celui de la famille humaine qui, en se regroupant, devient capable de vaincre la faim. L'unique leçon à tirer de l'antique rituel de la Sainte Cène, c'est celle du partage universel. Et là où on ne voit que hordes de chasseurs ou États venir imposer l'égoïsme de leurs lois sur le marché mondial, le christianisme devrait montrer qu'il existe un archétype plus profond, celui du repas sacré capable d'unir tous les hommes en dépit de leurs différences culturelles. C'est là qu'il nous faut retrouver l'éternel en l'homme: la faim de nourriture, de vêtement, mais plus encore de justice, de dignité, d'humanité, de grandeur. Si on veut voir ces images retrouver toute leur force dans la vie personnelle, il faut commencer par les ressentir au fond de soi. C'est en se dégageant du stress, de l'angoisse, de l'obsession de la rationalité, que l'on devient plus humain; et c'est en devenant ainsi meilleur qu'on pourra s'ouvrir à la compassion envers tous ceux qui souffrent, y compris envers les animaux: car c'est cette bonté qui rend possibles toutes les audaces. J'ai par contre très peur de ceux qui prétendent interpréter les vieilles images, par exemple celle de l'Exode, sans passer par le filtre de la personne: ils risquent très vite de retomber dans une mythologie fort suspecte, celle dont le troisième Reich nous a donné un triste exemple en recourant aux vieux mythes pour fonder son idéologie et sa morale d'État. A ces mythes-là, je ne puis que dire non.

Hochgrebe: Dans cette perspective, Monsieur Jaspert, Monsieur Vierzig, comment répondriez-vous à la question de savoir s'il faut oui ou non en revenir aux mythes? Après avoir entendu la réponse de Monsieur Drewermann, pouvez-vous vous-mêmes nous donner vos conclusions?

Jaspert: Ma réponse sera: retour aux mythes? Oui, si sous ce mot nous entendons la parole qui vient nous parler du salut de l'homme, celle qui vient guérir en lui ce qui est malade. Au cours de notre entretien, nous n'avons pas parlé du péché. On peut dire du mythe qu'il est son antithèse. Il nous fait rêver d'un monde où le salut vainc le mal: non pas d'un salut que l'homme pourrait acquérir par lui-même, à la force du poignet, mais d'un salut qui vient d'un Dieu infiniment plus grand que l'homme, d'un Dieu dont la force dépasse tout ce qui est humain au point de pouvoir faire ressurgir une nouvelle vie de la mort, d'un Dieu capable de nous sauver dès maintenant. L'homme ne saurait se soustraire à ce mouvement dans lequel il se trouve saisi, et c'est bien pourquoi il en rêve. Tel est le devoir de la théologie chrétienne: susciter le rêve du salut divin.

Vierzig: Retour aux mythes, oui, si on entend par là le rejet de ce rationalisme et de ce rétrécissement de la connaissance qui nous ont tant appauvris et la redécouverte des images de l'inconscient. Non, si on nous propose ainsi d'en revenir à un état pour ainsi dire onirique. Je pense qu'il est aujourd'hui impossible de se contenter d'une conscience mythique qui conduirait à renoncer à la réflexion critique. Autrement dit, si nous recourons aux mythes, nous devons en retour changer nos visions de la vie et du salut. Je veux dire que nous devons trouver un discours social sur ce qu'est la vraie vie, sur ce qu'est ce salut.

8

La rationalité pure débouche sur le désert[1]

Entretien entre Eugen Drewermann et Ekkehard Pohlmann.

— L'hôte que j'ai aujourd'hui dans mon studio est actuellement l'occasion de controverses théologiques qui ne vont pas sans à-coups violents. On voit soudain en lui un destructeur du christianisme, et si on ne va pas jusqu'à employer explici-tement le terme d'hérétique, j'ai tout de même bien l'impres-sion que c'est exactement ce qu'on pense. Ces reproches viennent de théologiens de son propre bord, de l'Église catholique. Lui, c'est un auteur de best-sellers: huit volumes (que j'ai tous lus) d'interprétation psychanalytique des contes de Grimm, avec un tirage total de plus de 100 000 exemplaires. Il a publié plus de vingt livres. Jusqu'à présent, son ouvrage principal est Psychanalyse et exégèse *en deux tomes de quelques 1 400 pages, dont la quatrième édition vient de paraître. C'est vraiment extraordinaire pour un ouvrage aussi monumental, d'autant plus qu'il s'agit de théologie.*

Né en 1940, prêtre, il est maître de conférences en histoire des religions et en dogmatique à la Faculté de théologie de Paderborn. Il est aussi psychothérapeute, ce qui ne manquera pas de nous intéresser. Il a donc une formation

1. Émission du 16.7.1988 de la Radio libre de Berlin, troisième programme.

philosophique, théologique et psychanalytique. Je suis heureux de lui souhaiter la bienvenue.

Monsieur Drewermann, puisque c'est de vous que je parle, on dit de vous que vous êtes« Workoholic », un drogué du travail. Vous êtes d'accord?

— Depuis mon enfance, j'ai toujours eu la passion d'apprendre, et je suis affamé de savoir. Mais un drogué, au sens de celui qui aurait besoin de travailler pour s'oublier, non! Je n'y passe pas mes journées. Certes, depuis des années, j'ai beaucoup trop à faire. Je me sens surchargé. Mes publications me valent un public très attentif, ce qui fait qu'on m'écrit beaucoup, parfois de véritables biographies. De l'étranger, on vient me poser des questions auxquelles il me faut souvent des années pour répondre. Ajoutez un programme de publications et de conférences assez étendu. Je tiens à exprimer un peu mieux et à faire entendre dans l'Église les souffrances, les échecs, les tâtonnements des gens. D'où mes livres. Sur ce point, je me sens vraiment motivé et je me pense relativement fécond.

— *Fécond! Oui, sûrement. Les controverses dont je viens de parler, sur le contenu desquelles nous aurons peut-être à revenir, ne cessent de vous redonner du travail, et entraînent même de nouvelles publications. J'ai lu que vous consacriez plus de vingt heures par semaine à des consultations — s'agit-il de consultations de psychothérapie ou de pastorale? Quel nom leur donneriez-vous?*

— A mon avis, il s'agit de pastorale au sens large du terme. Pour les gens qui viennent me voir, je pense que c'est de la psychothérapie; autrement dit je suis pour eux un peu comme un médecin qu'on peut venir consulter, ce qui ne suppose pas nécessairement qu'ils me perçoivent comme prêtre. Je reçois la visite de gens qui n'ont rien à voir avec l'Église catholique et qui seraient même gênés s'ils avaient le sentiment que j'interviens auprès d'eux en tant que son ministre. Par ailleurs, il y en a d'autres, surtout parmi ceux qui ont souffert de celle-ci mais qui sont encore en recherche: ils cherchent avant tout à rencontrer quelqu'un prêt à les comprendre et à les accompagner hors des sentiers battus. Je pense que, de façon générale, dans notre Église, la séparation entre pastorale et psychothérapie est le signe d'une certaine schizophrénie. Dans le Nouveau Testament, on peut lire que Jésus, en envoyant ses disciples en mission, leur donna l'ordre de guérir les malades et de chasser les démons, nous dirions aujourd'hui les névroses, les psychoses, les maladies psychosomatiques de toutes sortes. Si notre Église n'est plus en état d'opérer de telles guérisons, ou même, comme je crains de devoir le dire, se refuse à ce qui lui en redonnerait la possibilité, c'est une anomalie qui montre à quel point notre monde ecclésiastique est devenu schizophrène.

— *Autrement dit vous cherchez tout au moins à lier en votre personne l'enseignant, le chercheur et le guérisseur, autrement dit le thérapeute?*

— Oui, si vous voulez. Je cherche depuis des années à faire dialoguer le sentir, le penser et le croire — c'est ainsi que j'aime appeler les quatre frères Karamazov.

— *En parcourant vos livres, on retrouve toujours deux idées centrales, profondément liées, celles d'angoisse et de souffrance. Je crois que, d'une certaine manière, on peut dire que vos réflexions tournent toutes autour d'elles. Cela vient-il de vos thérapies, de cette pastorale personnalisée?*

— Mes expériences sont plus anciennes. J'ai déjà grandi dans la perspective philosophique de l'existentialisme. Pour celui-ci, l'angoisse est une catégorie centrale. De plus, comme enfant de la « génération de la guerre », j'ai vu comment, lors des bombardements, les gens pouvaient perdre totalement le contrôle d'eux-mêmes: des adultes en arrivaient à pleurer comme des enfants au lieu de penser à protéger les autres; d'autres, dès qu'ils se trouvaient dans des situations menaçantes, en arrivaient à désespérer et à devenir méchants. Pour moi, enfant, c'était quelque chose d'effrayant et lourd de conséquences. Je me dis aujourd'hui que toutes les questions que pose l'existence humaine se résument en une alternative unique: existe-t-il fondamentalement une espèce de lieu où nous pourrions nous sentir à l'abri, ou nous faut-il toujours fuir comme des lapins devant tous les chasseurs, vrais ou supposés, qui nous traquent? La réponse est ce qui détermine si nous pouvons advenir à nous-mêmes ou non. Scientifiquement parlant, en psychanalyse, la notion d'angoisse joue un rôle central dans l'étiologie des névroses. Dans les philosophies de l'existence, elle est également capitale, car elle seule permet de comprendre pourquoi il est si difficile d'accéder à la liberté, à la conscience, et à l'individualité. En théologie, cette notion devrait aussi constituer la clef nous permettant de nous défaire de ce malheureux moralisme qui juge à l'aune de ses canevas, et de nous comprendre, non plus en termes de faute et de culpabilité, mais en termes de carences, de désespoir, d'inauthenticité, de désintégration de soi. Nous en deviendrions enfin concrets, et nous pourrions comprendre ce qui se passe, alors qu'aujourd'hui encore les gens ont trop souvent l'impression que l'Église les met en accusation, les juge et les cloue au pilori.

— *Je reprends ici un reproche de ceux qui vous critiquent: si, comme vous venez justement de le demander, on se préoccupe de l'individu, de ses problèmes, de ses angoisses, de sa vie, on perd de vue une des grandeurs centrales du christianisme, la communauté. Le tort de Drewermann, dit-on, c'est de limiter les énoncés du christianisme à la personne individuelle.*

— J'entends bien le reproche, mais je ne peux y croire, en tout cas pas en ce qui concerne ce que je fais. La psychanalyse n'a rien d'individualiste: elle consiste à travailler sur les expériences bloquantes que les groupes relationnels originels, les familles, ont provoquées sur le chemin de la vie — la vie des individus, bien sûr. Autrement dit, en psychanalyse, on ne considère jamais isolément l'interlocuteur auquel on s'adresse. On le considère avec ses parents, ses éducateurs, avec tous ceux qui ont contribué à lui donner sa culture d'enfant, mais également avec ceux qui vivent actuellement avec lui et auxquels il doit s'affronter. C'est grâce à cela que la personne concernée peut découvrir les éléments lui permettant de devenir vraiment elle-même, de vivre plus authentiquement, de trouver du courage, éventuellement celui d'une rupture nécessaire, ou celui d'une remise en question du système de contrainte et d'aliénation qui la cerne et la ligote. Qui parvient dans une certaine mesure à se trouver en accord avec soi-même accède en même temps à une vie extérieure plus ouverte, plus audacieuse, plus authentique. Je n'en reste donc jamais à l'individu pris isolément. Et je considère la psychanalyse comme une bonne illustration de l'impossibilité de principe à se sauver tout seul, ceci tout particulièrement quand il s'agit d'angoisse.

— *Bon. D'accord en ce qui concerne la société. Mais qu'en est-il maintenant de la communauté chrétienne?*

— Je voulais justement y venir. Je dirais que la forme actuelle de vie en Église est à mon avis structurellement inau-thentique. Le christianisme se dit religion de salut, autrement dit il déclare que les hommes sont originellement cassés, malades, perdus sans rémission dans un monde impitoyable; qu'ils ont donc besoin d'être sauvés, quel que soit le sens qu'on puisse donner à ce mot. Pour moi, sauver signifie essentiellement arracher les gens à ce cercle de l'angoisse pour les reconduire dans un univers plus fondamental où, grâce à d'autres, ils pourront renaître à la confiance. Mais, devenu religion populaire, le christianisme (tant le protestantisme que le catholicisme) s'est mis à accepter au baptême des enfants de quelques mois. Il déclare que ce rite les sauve. Ce faisant, il coupe court à la démarche. Ces enfants sont désormais membres de la communauté, et nous sommes déclarés sauvés tous ensemble. Cependant, ce rituel n'a évidemment pas le moins effet psychique et, spirituellement, les gens restent aussi perdus qu'avant. Quand l'Église osera-t-elle vraiment reprendre le dur chemin de l'individuation? Les hommes en ont grand besoin pour échapper une bonne fois pour toutes à une société qui n'a cessé de les détruire. Et la question est brûlante dans l'Église même. Il y a quarante ans, un grand théologien comme Paul Tillich pouvait déjà dire que le problème essentiel du christianisme consistait en ce que le discours de foi fabriquait plus de malades que de bien-portants. Voilà ce qu'affirmait un théologien! Quelques années plus tôt, Sigmund Freud avait déjà déclaré qu'il soupçonnait la religion, telle qu'il la voyait, de favoriser la névrose obsessionnelle. Nous nous adressons sans cesse aux gens comme s'ils étaient définitivement sauvés, et nous dogmatisons sur des conditions qu'on n'a jamais éprouvées psychiquement. C'est bien ce que veut dire névrose obsessionnelle: considérer comme achevées des personnes qui, à ce titre, n'ont plus la permission de tâtonner pour trouver elles-mêmes leur chemin. Je tiens donc à bien le dire: la communauté ne peut exister de façon crédible qu'en autorisant l'individu à vivre, ce critère devant d'ailleurs s'appliquer à toutes les sociétés et à toutes les structures de pouvoir.

— Cependant dans votre pratique, vous n'êtes pas seulement thérapeute d'individus, mais également prédicateur. Vous avez à monter en chaire devant une communauté que j'espère très grande, vous baptisez probablement aussi des enfants. Ce faisant, vous ne devez pas vous sentir très à l'aise, si j'en crois ce que vous venez de me dire?

— Je ne baptise que relativement rarement, et si j'avais à le faire plus souvent, je me sentirais effectivement assez mal à l'aise. Je considère ce problème comme extraordinairement important, car il montre combien, dans l'Église, nous nous contentons trop vite de répondre au rituel. Les rites ont pour moi une valeur considérable, en particulier le baptême. Mais je vois que nous n'osons pas réellement vivre ce que pourrait signifier vraiment renouvellement, renaissance. Imaginez-vous ce que cela peut vouloir dire en thérapie, quand, des années durant, vous vous trouvez confrontés à des rêves qui sont d'une certaine manière des rêves de baptême: des gens se trouvent dans une cave, sous terre, et se sentent comme submergés, étouffés, tendus vers en haut, poussés vers l'extérieur, aspirant à une bouffée d'air. Et ils découvrent tout d'un coup que ce qu'ils sont en train de vivre, c'est un nouveau début dans une vie qui devenait absolument impossible, véritable mort vivante, même s'ils l'avaient menée plusieurs années. Quel bouleversement, souvent à l'encontre de la pression de la société, de la parenté ou de l'entourage immédiat, mais malheureusement assez souvent aussi d'une Église qui n'a prévu à cet égard que des lois, des lois encore plus rigoureuses que celles de l'État ou de la société moraliste démocratico-bourgeoise. Voilà ce que je veux dire. Dans l'Église, nous devrions avoir plus de courage, être plus authentiques.

Mes livres constituent d'ailleurs aussi une forme de prédication. Je souhaite que mes expériences ne restent pas limitées à des individus, mais deviennent celles de la communauté, et en premier lieu de l'Église à laquelle j'appartiens comme prêtre. Je voudrais que celle-ci puisse les faire siennes. Finalement, il s'agit bien de la communauté, aucun doute sur ce point.

— *J'aimerais en revenir encore une fois à votre activité scientifique. Vous avez fait front contre une méthode d'interprétation de la Bible presque devenue vénérable dans le monde protestant: l'exégèse historico-critique. Elle tente de reconstituer le cadre historique et social de la naissance des textes; elle en examine la forme, ce qui lui permet d'en déceler les différentes couches originelles. C'est une méthode qui a eu plus de mal à s'imposer dans le catholicisme que dans le protestantisme. Vous dites d'elle qu'elle est « poussiéreuse, unilatérale, mortifère, religieusement dommageable » (je ne fais que citer vos mots).*

— En fait, actuellement, je me sens parfaitement compris des cercles protestants: ils ont fort bien saisi combien cette forme d'exégèse était au bout du rouleau. Les milieux catholiques, au contraire, éprouvent un certain besoin de rattraper les Lumières, ce qui les conduit à attendre encore beaucoup de la méthode historico-critique. Je n'ai jamais voulu dire et je n'ai jamais dit que celle-ci serait superflue et à mettre au rancart. C'est un enfant du XIXe siècle, une fille des Lumières, et elle a donc une part de vérité. Son plus grand mérite, c'est d'avoir introduit dans l'Église la liberté de recherche et de pensée. A l'encontre de tous les fondamentalismes ou des idées et des préjugés dogmatiques, elle a incontestablement beaucoup amélioré l'intelligence de la Bible.

Le problème est celui qu'un protestant, Sören Kierkegaard, a diagnostiqué depuis longtemps. Il déclarait en 1840 que la problématique de la science historique ne saurait jamais être religieuse, car elle ne concerne que les morts, alors que Dieu est le Dieu des vivants. Il aurait aussi pu dire avec Maître Eckhart que Dieu ne pense qu'au présent.

Ce que je cherche en critiquant aujourd'hui la méthode historico-critique, c'est à en élargir les acquis positifs pour la rendre religieusement supportable et féconde. Un de ses acquis — de l'importance duquel on n'a peut-être pas encore totalement pris conscience dans le monde catholique — c'est le fait que la Bible communique sans doute des données historiques, mais que, quand il s'agit de ce qui est essentiel, elle renonce à nous proposer un quelconque compte rendu historique, une sorte de reportage journalistique: elle nous rapporte bien des expériences historiquement vécues, mais en les condensant symboliquement. Un peu comme nous le faisons quand, la nuit, en rêve, nous tentons de découvrir la signification de notre vie actuelle et d'en faire le bilan. C'est pourquoi je propose de valoriser les découvertes de la méthode historico-critique en la prolongeant par une interprétation faisant appel aux symboles et aux rêves. En la mettant en relation avec la psychanalyse, je souhaiterais en permettre une meilleure intelligence, l'élargir et la rapprocher de la religion. Il s'agit là d'une transformation structurelle qui ne concerne pas seulement l'exégèse, mais aussi la théologie tout entière, dogmatique et morale.

— *Nous pourrions peut-être préciser les choses par un exemple. J'en propose un. Si vous dites avec Kierkegaard que le savoir historique ne peut jamais être religieux, on doit aussi dire que le savoir psychanalytique n'est jamais religieux non plus, car les sciences sont toutes aussi irréligieuses les unes que les autres.*

— La psychanalyse n'est qu'un instrument. En elle-même, sa vision du monde est totalement neutre. Mais on gagne beaucoup à tenir compte des rêves et des expériences psychothérapeutiques, à s'informer des différentes formes de langages qui permettent aux hommes de communiquer entre eux. On découvre alors que la Bible utilise les mêmes images pour décrire des expériences telles que l'Exode de l'Israël ancien, avec la découverte de liberté et la naissance du peuple qu'il permet, ou, dans le Nouveau Testament, le salut qu'apporte la présence de Jésus. C'est cela qui suscite une contemporanéité qui ne me paraît impossible sans la psychanalyse. Il ne sert à rien de dire que la Bible recourt à certaines tournures verbales ou à des représentations liées à son cadre historique; ou à prétendre expliquer certains concepts en disant que, pour se faire comprendre, les premiers missionnaires avaient dû s'adapter aux différentes aires culturelles dans lequelles ils prêchaient. Si on prend ainsi les choses, cela vaut pour toutes les images essentielles que nous avons reprises dans le dogme: fils de Dieu, fils de l'homme, sauveur du monde, ne seraient que des concepts relatifs à l'époque de leur apparition. Comment alors les répéter deux mille ans plus tard, alors que ces expressions nous sont désormais devenues étrangères? Si les choses en restaient là, la religion serait tout à fait justiciable de la critique que lui adressaient Feuerbach et Karl Marx en 1840: elle ne serait pas simple danger d'aliénation de la conscience; elle serait effectivement aliénante, puisqu'elle nous contraindrait constamment à penser, et même à sentir, en vocables étrangers, sans jamais tenir compte de ce qui surgit spontanément en nous. Une religion qui se transmettrait ainsi serait effectivement oppressive et produirait des effets destructeurs. Si elle ne parvient pas à s'insérer dans le cœur même de l'homme, elle se montre incapable de répondre à son projet, celui que désigne son vocable, celui qu'elle déclare aussi être le sien: guérir et sauver.

— *Revenons-en peut-être à un exemple. J'ai quelque peu lu et relu une phrase qui traîne aussi sûrement dans la tête de nos auditeurs et de nos lecteurs. Dans son récit de Noël, Luc rapporte ainsi la parole de l'ange aux bergers: « Aujourd'hui un sauveur vous est né, qui est le Christ, Seigneur. » Et je me redis maintenant dans mes mots simples, pas du tout théologiques, ce que la recherche historico-critique a trouvé: « le Sauveur », et le« le Seigneur », sont deux titres que l'on donnait à l'empereur romain Auguste, lequel joue un rôle de figure historique dans ce récit de la nativité. La phrase « Aujourd'hui un sauveur, un Seigneur vous est né dans une étable, dans la pauvreté », était une déclaration politique: ce n'est pas l'empereur de Rome qui est le véritable Seigneur de ce monde, mais cet enfant que vous trouverez dans la crèche. Si je comprends bien, c'est là une donnée de la recherche historico-critique, et elle me dit quelque chose. S'il vous plaît, selon votre méthode, en quoi cette histoire vous intéresse-t-elle?*

— La difficulté, c'est la certitude avec laquelle la méthode historico-critique déclare que, compte tenu de son genre, le récit de l'annonce aux bergers est une légende. Dites cela, et vous en concluez aussitôt que cette histoire n'est pas vraie. Parole monstrueuse donc, puisqu'elle aboutit à une simple négation historique. Ce type d'exégèse repose donc sans cesse la question : « qu'est-ce qui s'est vraiment passé? » Or nous ne pouvons trouver de réponse à votre question qu'en tentant de nous engager nous-mêmes dans le récit, en en reprenant à notre compte les images. Telle est bien la question que vous soulevez: comment nous sentir nous-mêmes concernés?

De quelle manière comprend-on la royauté du Christ ou sa domination sur l'homme? Au temps de Jésus, on voyait effectivement dans l'empereur Auguste l'homme qui avait pacifié le monde entier, et même les peuples qu'il avait soumis par l'épée s'inclinaient devant lui en reconnaissant la sagesse de son règne. Pour Israël, celui-ci est dérisoire. Pour sa part, le christianisme croit en un royaume qui vient du cœur et il affirme qu'il ne saurait y avoir d'autre force à régner sur l'homme que celle de l'amour. Le royaume de Jésus consiste à convaincre l'homme qu'il constitue une parcelle de ce royaume invisible, qu'il a donc une grandeur et une dignité immense. Même le plus pauvre esclave de Rome est lui aussi un homme, créature de Dieu, et comme tel unique, irremplaçable. Il est fait de poussière, certes, mais c'est un géant et son front touche les étoiles. Si l'homme commence à se sentir ainsi pris dans le champ de force d'un amour qui le pense et qui croit plus en lui qu'il n'a jamais appris à le faire, c'est déjà un peu Noël qui commence.

Le rêve peut alors se poursuivre. Comme nous ne nous contentons plus de poser une « thèse », il devient exact que l'affirmation de la seigneurie de Jésus transforme notre idée de la société, de l'histoire et du monde. La question devient: « quel rôle Jésus joue-t-il en nous? » Nous découvrons alors ce que signifie l'incarnation dans notre propre vie. C'est ce qui se passe en psychanalyse: juste aux moments cruciaux de leur développement, au moment où ils voient vraiment surgir en eux de nouvelles possibilités de vivre, les gens, surtout les femmes, font presque toujours des rêves de naissance, d'accouchement. Il y a encore peu de temps, une étudiante me racontait qu'elle avait très longtemps éprouvé des difficultés à s'admettre et à oser vivre en femme; or, une nuit, elle s'est rêvée en train de mettre un enfant au monde, cela sans savoir de qui. Et elle me disait en riant : « Et cela ne m'a pas fait mal ». C'est exactement ce que dit le dogme chrétien: il parle d'une vierge en train d'accoucher. C'est là une image qui surgit spontanément à l'esprit, à partir de la vie même, sans qu'on y puisse rien. Une sorte de fécondité de l'âme qui se continue et qui conduit extérieurement à une forme de vie totalement nouvelle, à une vie qui est pourtant bien la nôtre.

Ce que le récit de Noël (Matthieu, mais non Luc) nous dit ensuite est tout aussi typique: aussitôt après la naissance, les persécuteurs sont aux aguets. Il y a là les rois, représentants notre volonté de pouvoir, notre intelligence rationnelle, celle qui entend rappeler tout de suite à la raison ce qu'elle ne peut admettre, le côté maternel de notre être, notre dimension de rêve et d'intériorité. Rien ne change davantage le monde que la force du rêve: c'est lui qui fait de nous des poètes, des artistes ouverts au grand large; c'est lui qui donne à notre âme les ailes lui permettant de s'élever au ciel. Voilà ce que veut nous dire Noël. C'est pourquoi, dans mon petit livre *Ton nom est comme le goût de la vie* [2], j'ai montré que la légende des bergers rendus attentifs au sauveur du monde, quels que soient les échos de Bethléem et du roi David dont elle résonne, est structurellement extrêmement proche de l'histoire d'Asclépios, le dieu sauveur du sanctuaire d'Epidaure, celui qui guérissait les gens à partir de leurs songes. Imaginez un peu la chose! Il y a 2500 ans, il y avait déjà une religion qui mettait en œuvre ce que la psychanalyse ne fait encore qu'en tâtonnant: guérir les gens en écoutant leurs rêves, leur inconscient, les messages incohérents qui surgissent des couches profondes de la psyché, ceux qui sont une véritable révélation de Dieu à laquelle on doit vraiment se conformer.

— Je crains que nous devions nous interrompre ici. Mais je suis convaincu de mieux saisir votre idée fondamentale, quand vous appelez les gens à comprendre les textes bibliques de façon nouvelle, dynamisante, sinon indiscutée.

2. En allemand: *Dein Name ist wie der Geschmack des Lebens.*

— J'espère aussi que vous avez compris l'absurdité du reproche d'hérésie qu'on m'adresse. Je parle essentiellement comme prêtre, et mon souci est de voir les gens croire plus que par le passé. En ce qui concerne la méthode historico-critique, j'ai au total publié 23 livres, dont un épais ouvrage sur l'Évangile de Marc avec des milliers de notes de nature historico-critique. Celui qui déclare pourtant que Drewermann ne travaille pas historico-critiquement, qu'il retourne apprendre à lire à l'école primaire. Le second volume doit paraître en août [3]. En tout, cela fera 1 300 pages, aussi passionnantes qu'un roman policier.

— *Eugen Drewermann est contesté. Il est attaqué de plusieurs côtés. Cela a commencé en 1986, par les critiques d'Albert Görres, psychanalyste munichois, devant la Conférence des évêques allemands. Cela s'est continué en 1987 par un écrit polémique de deux théologiens catholiques réputés. Eugen Drewermann a alors répliqué par un livre:* Vous les reconnaîtrez à leurs fruits[4]. *Puis, en mai 1988, il y eut la parution sous forme d'ouvrage d'une nouvelle discussion entre Eugen Drewermann et huit auteurs. En d'autres termes, Monsieur Drewermann, l'aiguille descend vers tempête. Nous avons eu « le cas Küng », ou celui de Uta Ranke-Heinemann [5], exclue de l'enseignement catholique et interdite d'examens. Mais ces deux personnes n'en sont pas moins restées enseignants officiels d'État. Vous n'auriez pas cette chance. D'où ma question: Sommes-nous sous la menace d'un nouveau cas Drewermann, avec interdiction d'enseigner ?*

— En tant que maître de conférences, il est certain que je travaille sans filet. Mais par ailleurs je ne ferai rien contre un quelconque retrait de ma charge d'enseignant. Et si on voulait m'excommunier en tant que prêtre, il faudrait d'abord me

3. 1988 (NdT). La traduction française de cet ouvrage est en préparation.

4. An Ihren Früchten Sollt Ihr Sie erkennen, Olten, Wolsen, 1988.

5. Théologienne allemande actuellement connue en France à travers son ouvrage *Des ennuques pour le royaume des cieux* (trad. fr. de Monique Thiollet, Robert Laffont, 1990).

prouver le caractère non catholique de ce que je dis, car ce que je sens et pense, c'est ma théologie.

— *Considérez-vous cela comme possible ?*

— A mon avis, la plus grande difficulté vient de ce que, vingt ans après le Concile Vatican II, l'Église catholique reprend par la force une orientation qui la reconduit à des structures autoritaires, à des préjugés étroitement moralisateurs. On voit renaître la soif ecclésiastique de pouvoir, celle qui exige l'obéissance par décret. Cette orientation me met très mal à l'aise. Même si je considère comme possible que des grands groupes aient leurs lois particulières, je me dis que la logique de la vague ne saurait être celle du cercle, et je dois me mordre les lèvres. En outre, j'aimerais que les choses se passent de manière un peu plus fair play. Je n'ai par exemple cessé de répéter des jours et des années à Monsieur Görres que tout ce que je disais et écrivais sur les problèmes de morale s'inscrivait sur fond du besoin radical de salut de l'homme. A mon avis, les hommes ne peuvent être bons simplement parce qu'ils le veulent. Tout au contraire, c'est parce qu'ils s'efforcent de tout bien faire qu'ils provoquent souvent les plus graves dommages chez les autres comme en eux. C'est ainsi que des mariages peuvent devenir mortels: les gens se sentent en conscience obligés de le maintenir alors qu'ils ne font que se blesser et se faire du mal. J'ai écrit sur tous ces sujets, et Albert Görres en a pris prétexte pour me présenter à la Conférence épiscopale comme l'homme qui bénit tout, qui trouve tout juste et bon: l'homosexualité, l'avortement, le divorce. Bref, Drewermann pousserait les gens à faire ce qui leur plaît. C'est pourtant clair! Je ne fais que demander à l'Église catholique de reconnaître elle aussi le droit au tragique. Celle-ci n'est pas une communauté de sauvés. Elle doit donc bien s'occuper de ceux qui ont soif de salut. Cela signifie qu'elle doit cesser d'enseigner sa théologie morale à la façon d'une éthique bourgeoise, en se contentant d'y joindre quelques additifs. Or, pour la société, la différence catholique, c'est « tu ne divorceras pas ». Cela a la même valeur que les ordonnances du sabbat au temps des Juifs. Je pense que l'exemple de Jésus a consisté à montrer que, quand les gens souffrent et sont dans le besoin, on doit savoir tenir compte de l'homme et faire des exceptions à ce qui peut par ailleurs constituer la règle générale. Je ne puis comprendre comment un homme comme Albert Görres, qui a pratiqué la psychanalyse plusieurs décennies, peut se laisser ainsi récupérer.

— *Il faudrait en tout cas ajouter qu'Albert Görres s'est rétracté sur certains points, quand ce ne serait que par une note assez peu visible en bas de page. Mais sa critique continue à porter.*

Restons-en encore aux événements extérieurs. Vous tenez vos cours à Paderborn le samedi matin à huit heures. Pour les étudiants, c'est vraiment l'heure la plus détestable qui soit. Est-il exact, comme le suggère un journaliste, que vous auriez fait cela pour éviter de susciter l'envie de vos collègues de faculté ?

— La première raison a sûrement été de ne pas donner aux étudiants un sentiment d'écartèlement du fait d'un double curriculum à suivre. De plus le samedi matin permet à beaucoup de gens de venir en ville. C'est bien ce qui s'est passé. Bien sûr, je vois bien que nombre de collègues se sont crus autorisés à me juger en disant que si mon enseignement théologique est si passionnant et s'il attire tant de gens, c'est qu'il ne doit pas être scientifique. Mais ce n'est pas mon problème.

— *Un des principaux reproches qu'on vous fait, et il est beaucoup plus sérieux que tous ceux dont nous avons discuté jusqu'ici, c'est que vous remplacez la théologie, ou tout au moins l'interprétation biblique, par la psychanalyse. Je puis comprendre dans une certaine mesure le souci qui se cache derrière cette objection, car elle révèle une situation de concurrence objective: les églises se vident, et les groupes « psy » de tout genre se gonflent.*

— Je crois que l'on doit juger du sérieux de mes censeurs et de mes critiques au fait qu'ils ont lu ou non les trois volumes de mon *Structures du mal*, ceux que je tiens pour mon œuvre essentielle. Ce n'est pas le cas de la plupart. S'ils l'avaient fait, ils auraient trouvé en page 20 de l'introduction du second volume une déclaration toujours valable, vingt ans après. Je disais alors utiliser la psychanalyse pour m'en détacher. Cela vaut tout autant de la méthode historico-critique. Je l'utilise dialectiquement pour en montrer les limites. Et c'est pourquoi dans le troisième volume, toujours du même ouvrage, j'ai travaillé très explicitement à un niveau philosophique, celui d'une philosophie de l'existence, en disant: les problèmes, y compris celui de l'angoisse humaine, ne sont pas seulement ceux de l'intériorisation du pouvoir des autres sur nous: nous avons peur parce nous sommes conscients, parce que nous pouvons penser, parce que nous voyons le monde terrestre ouvert devant nous comme un abîme. S'il n'existe à cela aucune réponse religieuse transcendante, aucune psychanalyse ne pourra nous sauver de l'angoisse de ce que signifie le fait d'être homme.

Une chose m'est évidente, et je n'ai cessé de la réécrire chaque fois que c'était opportun. C'est à travers cet instrument qu'est la psychanalyse que j'ai compris de façon concrète certains sentiments: celui d'être fondamentalement de trop dans le monde; celui d'écrasement dû au fait d'avoir à vivre dans un univers qui nous détruit structurellement et nous déshumanise, où il faut lutter pour y acquérir le simple sentiment d'être reconnu et admis. Voilà ce que la psychanalyse nous permet aujourd'hui de percevoir. Je n'ai jamais dit qu'elle était une potion universelle ou qu'elle pouvait remplacer la religion. Le seul à avoir dit clairement cela, c'est Otto Rank, en 1910. Et c'est lui qui, par la suite, a fondé aux États-Unis un institut pour la religion! Signe que la psychanalyse en arrive rapidement à renvoyer à des vérités qui la dépassent. Je trouve le reproche qu'on me fait tout simplement absurde. Ce que je dis, c'est qu'aujourd'hui la religion chrétienne, et en particulier la théologie, doit passer par la psychanalyse, comme le chameau par le trou de l'aiguille. Veut-on nous interdire l'accès aux salles de traitement psychothérapeutique, alors que, dans le cadre de notre culture et de notre société, ce sons les lieux où on prend le plus au sérieux, en théorie et en pratique, la misère, la souffrance, les questions des hommes ? Tel est le reproche que j'adresse à la pratique actuelle du christianisme: nous y opérons beaucoup trop de dichotomies, nous méconnaissons l'inconscient, nous nous construisons un langage sur Dieu qui nous permet de doctoraliser, mais qui ne nous touche même pas. Il ne nous remet pas en question. Il peut nous valoir pouvoir et prestige, mais il est devenu inapte à sauver l'homme.

— D'une certaine manière, vous vous trouvez dans une position privilégiée par rapport à vos critiques. Vous êtes théologien, philosophe, analyste, et vous avez une formation solide en chacun de ces domaines. Alors qu'eux sont soit analystes, mais non théologiens, soit théologiens, mais dans ce dernier cas sans cette formation supplémentaire que constitue la psychanalyse. La communication est alors difficile. Est-ce que vous y arrivez ?

— Oui, parfaitement. Jusqu'à présent, la psychanalyse n'est pas matière d'enseignement universitaire, parce qu'elle s'efforce de faire sauter le modèle universitaire de psychologie. C'est à mon avis ce qui en fait une des principales forces critiques de la société et lui confère sa valeur de science. Elle a très tôt découvert que les états psychiques, cela ne pouvait se décrire objectivement, à la façon de l'électrophysique ou de l'électromécanique (même si Freud a emprunté à celles-ci son premier langage). Elle a montré que la compréhension de l'homme n'était possible que sous forme de dialogue entre un moi et un toi: ses mots clefs sont « transfert », « contre-transfert ». C'est exactement ce qu'on devrait trouver en théologie. Nous ne pouvons parler de symboles, de réalité religieuse, de Dieu, que sous forme de dialogue. Impossible de transformer Dieu et la religion en objets de savoir au sujet desquels nous serions d'autant plus calés que nous nous serions mis hors jeu, en tant que sujets. C'est totalement absurde, comme si un mari en arrivait à penser qu'il connaîtrait mieux sa femme en ne la rencontrant qu'en tant que médecin. J'espère que cette femme prendrait le large. Je soupçonne que, dans notre Église, le bon Dieu cherche depuis longtemps à prendre le large. Je dois encore ajouter que quand j'ai commencé à étudier la psychanalyse, cela m'a été extraordinairement dur. Il m'a pratiquement fallu le faire en douce, en secret, en le prenant à mon propre compte. Encore ai-je eu vraiment de la chance d'être accepté. Cela a été vraiment très dur, et à cette époque, du fait des frictions internes et externes, je n'ai même pas pu mener cette analyse à son terme. Une grande partie de la théorie que je continue aujourd'hui à élaborer ne vise à rien d'autre qu'à édifier une Église où de telles contradictions idéologiques et humaines deviendraient enfin impossibles.

— Vous venez de dire, et vous l'avez écrit à plusieurs reprises, que vous aviez l'impression que vos critiques n'avaient même pas lu ce que vous écriviez. Je vous pose la question inverse. Parmi ces critiques, y en a-t-il qui vous ont fait réfléchir au point de vous conduire à vous dire: sur ce point, je ne suis plus si certain que cela; il se pourrait bien que j'aie à y revoir?

— Il y a des centaines de reproches que je me fais moi-même. Je me dis: ce à quoi je réponds, ce sont des problèmes qui étaient brûlants à la fin des Lumières, et on aurait dû les résoudre en 1920, ou en partie en 1840. Mais, particulièrement dans l'Église catholique, nous les avons laissé dormir. En 1954, nous avions encore un index des livres interdits où figuraient *La Critique de la raison pure* de Kant, les œuvres de Pascal, de Jean-Paul Sartre, et tutti quanti, tout ce qui aurait pu stimuler ce dont je vis aujourd'hui comme théologien. Schopenhauer, Nietzsche, Camus: tout méritait l'index, et on ne pouvait lire ces auteurs sous peine de péché. Spirituellement, c'était un véritable ghetto hermétiquement fermé. Regardez! Quand nous, théologiens, parlons aujourd'hui de la personne, nous le faisons en des termes qui font paraître cette notion claire et indiscutable; ce n'est pourtant pas le cas. La cybernétique, l'intelligence artificielle, soulèvent toutes les questions possibles sur le sens de mots comme personne, liberté, esprit, conscience. Or nous l'ignorons: ce sont des questions trop horribles. Il y a déjà pourtant plus de quinze ans que Lacan les a posées. Je ne sais toujours pas y répondre, sinon en recourant à des jeux de mots en lesquels je crois encore, mais qui me font voir les trous de notre recherche et de notre savoir. Mais, en théologie, personne ne veut en convenir.

— Un dernier point critique que je voudrais bien aborder. On entend dire: ce succès de Drewermann auprès des auditeurs ou dans l'édition n'a rien d'étonnant. Il repose sur

la tendance postmoderne. L'adieu aux Lumières et à la pensée rationnelle critique est « in ». Le rêve, le mythe, les contes: voilà ce que réclame le marché.

— Il m'est passablement égal de savoir si je suis ou non dans le vent. Je ne suis en tout cas sûrement pas dans le vent de la politique ecclésiastique actuelle. Mais ce qui me préoccupe, c'est l'homme. Et je vois que celui-ci a besoin de se libérer, ne serait-ce que d'un poil, d'un monde où il n'est plus possible d'extérioriser ses sentiments; d'un monde où, tant dans la vie professionnelle qu'en privé, toute parole personnelle et intime tombe immédiatement sous le coup de la censure et de l'infamie; où on n'enseigne plus le moindrement aux gens un langage susceptible de communiquer leurs émotions aux autres; où poèmes, symboles et langue ont perdu ce qui était autrefois leur propre: la capacité d'évoquer des images magiques.

Notre monde de rêve est donc sûrement important. Il ne signifie pas pour autant un adieu à la pensée. Il constitue simplement une intensification de l'expérience. René Magritte, un peintre surréaliste, a dit que nous avions tous des rêves, mais que le problème était de savoir ce que nous en faisions. Il y a des rêves qui endorment; ce sont ceux des gens ordinaires. Mais d'autres personnes rêvent pour nous réveiller: ce sont les artistes. Je pense que les théologiens devraient aussi prendre place en cette aire de la poésie vécue, pour rouvrir le monde et lui redonner sa transparence.

— *J'ai ouvert cet entretien en vous demandant si le travail n'était pas pour vous une drogue. Vous m'avez répondu que non. En terminant, j'aimerais vous demander quand vous vous sentez heureux.*

— Dans mes entretiens avec les gens, il y a des moments où j'éprouve le sentiment de pouvoir si bien comprendre quel-qu'un que je puis lui proposer une image dans laquelle il se retrouve. Il lui arrive alors de me dire: c'est exactement ce dont je rêvais ces jours-ci. Quand, souvent après un long temps de travail, nous en arrivons à un tel accord de sentiments, un peu comme des instruments de musique bien accordés se trouvent en pleine harmonie, je me sens très, très heureux.

9

Psychanalyse et exégèse [1]

Entretien entre Eugen Drewermann, Michael Brömse et Wolfgang Thorns.

— *Depuis les Lumières, l'exégèse historico-critique étudie la Bible avec les méthodes de la philologie « séculière ». Si nous avons bien compris votre pensée, Monsieur Drewermann, vous critiquez la méthode historico-critique?*

Ne devez-vous pas reconnaître que la critique historique est la première à avoir fourni la base sur laquelle vous pouvez fonder votre interprétation?

Nous faisons allusion à la méthode de l'histoire des formes et des genres littéraires, celle qui, la première, a permis de comprendre la nature originelle des textes bibliques, y compris leur part de contes, de légendes, d'hymnes, de mythes.

— Quand je propose d'élargir la méthode d'exégèse historico-critique actuelle par l'interprétation psychanalytique, je pré-suppose les acquis de la critique historique de la Bible. Depuis le début de la Renaissance, la pensée occidentale a connu comme un réveil d'intérêt pour la reconstitution de ses fondements historiques, ce qui a marqué le début d'une pensée vraiment historique. En ce domaine de l'histoire de l'esprit, on ne peut revenir en arrière. C'est à ce courant que nous devons en tout premier lieu l'indépendance de la

1. Publié dans *Religion Heute*, Athenäum Verlag, Francfort, n° 1, mars 1989.

recherche et de l'interprétation de la Bible face au dogmatisme ecclésiastique. Nous sommes désormais en état de saisir dans quelles conditions historiques et en vue de quels objectifs les anciens ont rédigé ou nous ont retransmis les textes, donc d'échapper à l'arbitraire des interprétations subjectivistes ou idéologiques.

Ce qui m'a poussé à critiquer la méthode historico-critique provient de la dialectique même de ces dites « Lumières ». Il n'est pas possible de comprendre un texte religieux en ce qu'il a de spécifique si on se contente de l'interpréter à partir des méthodes habituelles de la philologie. La critique historique pose en effet un double problème.

Au départ, on doit bien constater que la Bible comporte des formes littéraires: contes, mythes, sagas, récits de miracles, visions, prédictions, que l'on trouve en usage chez tous les peuples du globe. D'où la conviction qu'il faut chercher à comprendre ces textes et les idées qu'ils nous proposent dans une perspective historique, donc à partir de l'histoire de l'époque biblique. Autrement dit, on ne peut comprendre pourquoi on a raconté les choses d'une certaine manière que si on connaît l'horizon intellectuel de l'époque du judaïsme, de l'Orient ancien et de l'hellénisme.

Mais, premier problème, cette façon d'interpréter le passé ne nous permet absolument jamais, à nous, aujourd'hui, de voir en quoi le texte nous concerne. On a oublié cette idée essentielle qu'il existe chez les hommes de tous les temps des vérités qui ne sont transmissibles que sous la forme de contes, mythes, rêves, etc. C'est pourquoi, dans mes deux volumes de *Psychanalyse et exégèse*, je me suis efforcé de jumeler l'histoire des formes de la Bible et une anthropologie psychanalytique permettant de dégager la vérité éternelle de l'homme, celle qui nous oblige toujours à recourir à des formes d'expression symboliques adaptées. C'est cette vérité humaine éternelle, celle qui s'exprime dans des formes de récits adaptées, qu'il faut commencer par flairer psychologiquement pour pouvoir jauger à sa juste valeur le caractère religieux du message biblique. Ainsi seulement me paraît-il possible de tirer de la Bible le message correspondant à son intention, celui qui reste susceptible d'intéresser les hommes de tous les temps. Seuls les moyens psychologiques permettent de trouver soi-même le point de jonction rendant fondamentalement intelligible la forme symbolique du langage biblique.

Le caractère symbolique du langage religieux, donc aussi du langage biblique, pose alors un second problème: celui de la vérité historique. Quand on a commencé, au plus tard avec Spinoza, à se poser la question des fondements historiques de la traditon biblique, on croyait fouler un sol sûr, celui des vieilles certitudes du fondement historique de la religion révélée de la Bible, par opposition aux religions mythiques. Mais, contre l'intention et la volonté même des chercheurs, on a dû découvrir que les textes religieusement les plus importants de la Bible étaient précisément ceux qui reposaient sur un soubassement historique particulièrement instable: trouvaille qui a conduit nombre de chercheurs jusqu'à l'incroyance et au désespoir. Car, parcourt-on la confession de foi chrétienne, on s'aperçoit que les contenus essentiels du christianisme manquent de base historique dans le Nouveau Testament: du point de vue de l'histoire des formes, les récits de la naissance virginale de Jésus, la plus grande partie de ses miracles, sa descente aux enfers, sa montée au ciel, et même la découverte du tombeau vide au matin de Pâques ne sont à comprendre que comme des romans, des légendes ou des mythes. Par contre nous pouvons suivre exactement au jour et à l'heure près le récit de la conquête de Jérusalem par le roi Nabuchodonosor, un fait relativement peu important d'un point de vue religieux. Il en résulte que l'élément essentiel à redéfinir à neuf pour saisir comment le christianisme et le judaïsme ont pu se comprendre et comment on peut les comprendre aujourd'hui (ce que fait la théologie fondamentale), c'est la relation du symbole à la réalité. C'est bien pourquoi, dans les deux volumes de mon ouvrage cité, je me suis longuement étendu sur le rapport des archétypes et de l'histoire, en proposant de voir dans les symboles religieux concrets une forme de langage religieux analogue à celui sur lequel on travaille en psychologie des rêves: ils renvoient à une vérité historique en ce sens qu'ils condensent des expériences bien réelles sans lesquelles n'auraient pu devenir actives les images archétypales auxquelles on doit faire appel pour les interpréter. Mais, pris en eux-mêmes, ces symboles ne permettent pas de retrouver ce que peut être la réalité historique, objective, en soi. En d'autres termes, la relation du discours religieux à l'histoire n'est pas à comprendre autrement que la relation d'une œuvre d'art, d'une poésie ou d'un drame à l'histoire du temps. A mon avis, c'est la seule voie qui permette de continuer à développer positivement et de rendre religieusement fécond le fait du discours symbolique dans la Bible, tout en respectant les acquis majeurs (avec tout ce qu'ils comportent d'historiquement négatif) de la critique historique, telle qu'elle s'est développée dans le cadre de l'histoire des formes et de l'histoire de la rédaction. Ce que je souhaite, ce n'est pas un retour en deçà de Bultmann, mais la poursuite et l'élargissement de l'herméneutique existentielle, de façon que, s'appuyant sur la méthodologie de la psychanalyse, elle puisse ouvrir à l'intelligence de la langue symbolique concrète de la Bible. En d'autres termes, je voudrais introduire une nouvelle synthèse de la foi et de la pensée, de l'intelligence et de la sensibilité, de la vie et de l'interprétation, de la science et de la mystique.

— *Selon Georg Pitch, tous les savants qui se prennent au sérieux sont atteints d'« obsession » méthodologique.*

Nous pensons comme lui que le motif caché de cette « obsession », c'est une peur que personne ne veut s'avouer aussi carrément: celle de la simple réalité, laquelle nous contraindrait à changer notre vie et les relations sociales. Dans notre idée, cette appréciation vaut aussi — et peut-être même de façon toute particulière — pour l'exégèse. Car qui oserait vraiment prendre au sérieux dans sa vie le Sermon sur la montagne? Seriez-vous d'accord sur cette explication par la peur?

— Oui, et cette peur perdure d'autant plus que l'interprétation historico-critique ne promet d'intelligence de la Bible qu'à celui qui la lit en faisant par méthode abstraction de sa propre vie. Le problème dépasse évidemment celui de l'exégèse actuelle. Le fait est que, en dépit des mesures disciplinaires désespérées (telles que le serment antimoderniste) prises au départ pour se défendre contre l'esprit des Lumières, l'Église catholique a bien dû adopter la méthode cartésienne. Or, épistémologiquement, celle-ci présuppose la rupture entre l'objet et le sujet. Autrement dit on croit ne pouvoir comprendre vraiment quelque chose qu'à la condition de laisser hors jeu les espoirs, les conjectures, les aspirations du sujet pensant. Même la psychanalyse à ses débuts entendait se conformer à sa manière à ce modèle idéal de connaissance qui était celui des sciences de la nature. Il lui a fallu un bon moment pour admettre la nécessité d'interpréter positivement le processus thérapeutique de transfert et de contre-transfert: il n'est finalement pas possible de comprendre quelqu'un si, sous prétexte d'objectivité, on cherche à tout prix à se maintenir soi-même en dehors du processus de connaissance; l'autre n'est pas un objet. On ne peut au contraire comprendre un tiers que dans la mesure où on accepte d'entrer soi-même en résonance et en correspondance avec sa personne. Principe qui devrait être tout particulièrement valable en théologie: seul l'engagement de sa propre subjectivité dans l'expérience peut permettre d'introduire un Dieu-sujet qui, par « définition » même, ne peut jamais se transformer en objet.

Je ne crois donc pas à la légitimité d'une théologie qui n'exigerait ni plus ni moins de l'étudiant que la botanique ou la zoologie. C'est justement par respect pour la personne de Jésus de Nazareth et parce que j'entends parler en chrétien que je crois devoir dénoncer ce scandale: la transformation de son message en une doctrine qu'on prétend répéter et retransmettre sous des formes et des formules figées. Si je ne me trompe, le maintien de tout ce système d'enseignement exige un investissement considérable. Pensez à tout ce que cela suppose: pouvoir, argent, prestige, moyens d'accès aux centres de formation. Bref, nous ferions mieux de reconnaître que le style dogmatique de l'Église chrétienne occidentale a fait et fait nécessairement de son histoire une lutte continue pour le maintien de son pouvoir sur des collectivités uniformisées. Par amour même de Jésus de Nazareth, il faut donc reconstituer le lien entre la théologie et la personne humaine, celle qui attend son salut et sa délivrance de son message. Je pense en cela que, face à la misère, à l'angoisse, au désespoir de l'homme de notre culture, la psychanalyse joue un rôle analogue à celui de la théologie de la libération quand elle lutte là-bas contre la misère sociale et l'exploitation économique des gens. Il s'agit de trouver une façon d'accéder à la Bible qui soit immédiatement libératrice, redonne courage, fasse voir clair, qui permette à ceux qui ne savaient plus comment vivre sans Dieu de retrouver un coin de paradis sur terre. Au terme de la critique historique de la Bible, il est indispensable de reprendre au sérieux un des acquis de cette méthode de recherche: on ne peut interpréter mythes, sagas, légendes, visions, qu'en redonnant aux hommes une intense capacité de rêver, de ressentir, de penser et d'agir. Il y aura alors correspondance entre l'expérience vécue et ce que les vieux récits racontaient à leur manière, En rendant alors témoignage du caractère admirable de l'existence humaine, avec tout ce qu'elle peut receler d'héroïsme caché et de sainteté voilée, on rendra de nouveau possible en le libérant tout ce qui n'est que sourdement ressenti.

— *Chez nous, l'idée de personne est gangrenée par le rôle, le statut, l'identité. « Homme véritable », Jésus atteint les publicains, les Samaritains, les soldats, le jeune homme riche, le pharisien Nicodème au cœur de leur personne, bien au-delà de la personne telle que nous la concevons. À travers leurs rôles et leurs statuts, les gens se trouvent touchés dans leur humanité. Pourquoi cette façon de s'adresser à eux, avec tout ce que cela traduit de libérateur, nous est-elle donc si difficile?*

— En psychanalyse, il y a un jeu de mots qui consiste à dire que le côté extérieur de notre existence ne se définit pas par la personne, mais par la *persona*, autrement dit par le masque que, conformément au rôle que nous prescrit la société, nous nous mettons à chaque entrée sur la scène fixée par notre statut social, avant de le retirer en sortant. La redécouverte de la personne derrière la *persona* suppose la renonciation à la volonté de planifier, de manipuler, de ranger, de diriger les gens. Il n'est possible de laisser s'exprimer le toi de l'autre que si nous le rencontrons sans conditions, donc en laissant tomber la question de son utilité possible, pour nous ou pour quelque institution que ce soit, fût-ce l'Église, et en ne nous souciant que de la vérité qui réside en lui. C'est alors que nous pourrons découvrir en lui la vie enfouie en attente de son éveil. Nous aurons à nous confronter avec une tendre patience aux angoisses, aux blocages mécanisés, aux obsessions morales de l'autre, jusqu'à ce que nous sentions progressivement mûrir son être tel que Dieu le veut vraiment. C'est un chemin long et pénible, et c'est pourquoi, me semble-t-il, on ne le trouve que si rarement en notre fin du xxe siècle, parfois dans le cadre d'une psychothérapie, donc uniquement dans les recoins de notre société et moyennant argent. Je souhaite voir dans l'avenir les éléments essentiels de ce que nous nommons aujourd'hui psychothérapie devenir pratique courante et toute naturelle (je ne parle pas ici de tous ses accessoires techniques de diagnostic et de pratique thérapeutique). L'Église en particulier devrait retrouver le courage de reprendre au sérieux l'appel des hommes au salut, ce en quoi elle déclare d'ailleurs elle-même que consiste sa mission. Il lui faudrait se demander quel jeu elle peut consentir aux tâtonnements et aux erreurs, à la maturation et à la croissance à l'intérieur de ses murailles. Psychiquement parlant, le sacrement de baptême par lequel on a incorporé les gens à l'Église à six jours ou à six mois est loin de les avoir changés. Si on veut redonner une valeur vécue à l'expérience qui s'exprime dans l'image de nouvelle naissance ou de recommencement, il faut permettre à ces gens de refaire lentement et difficilement, mais vraiment, le chemin les reconduisant d'une existence faite de frigidité sentimentale, d'enfance perdue, d'adaptation désespérée, à un véritable renouveau. Pour cela, il faudrait que l'Église révise sa prétention à prescrire une morale d'hommes achevés et accepte de troquer son vocabulaire éthique de perpétuelle censure contre un autre vocabulaire qui permettrait, lui, de comprendre l'homme en profondeur. C'est en tout cas ainsi que Jésus de Nazareth nous a montré la profondeur de son humanité: il a considéré une centième brebis complètement perdue comme plus importante que les quatre-vingt-dix-neuf autres. Une Église de ce genre, où la misère des gens serait éventuellement plus importante que les commandements, répondrait vraiment à la volonté de Jésus quand il créait sa nouvelle communauté, une communauté fort différente de celles de son temps, que ce soit celle des moines de Qumrân ou la fraternité pharisienne des fidèles de la Loi.

— Bertolt Brecht a mis dans la bouche de l'Église ces mots:

« L'homme, il n'est pas bon,
Tape-lui donc sur le chapeau. »

Les deux Églises reconnaissent dans la pénitence un

moyen de libération. Est-ce que la confession provoque vraiment un retour-nement; autrement dit, est-ce que l'Église croit vraiment à la possibilité de changer l'homme?

Nous avons l'impression que, dans les situations révolutionnaires, l'Église se présente assez souvent comme un tranquillisant.

L'institution mourra-t-elle plutôt que de changer?

— Charles Darwin a naturellement raison: tout ce qui ne change pas meurt; et je crois que, dans cette misère qu'est l'institution ecclésiastique de la confession, on peut lire clairement le sort d'un sacrement qui court à la mort, parce que, sous ses revêtements extérieurs, il étouffe son contenu plus qu'il ne le permet. Si on en croit le dogme, ne pourrait se confesser que celui qui est passé de la mort à la vie par le sacrement de baptême. Selon l'enseignement de l'Église, seul celui qu'une confiance radicale a déjà rendu à Dieu peut faire ce que lui prescrit le sacrement de pénitence: éclairer sa vie en vérité et repartir à neuf grâce à un franc échange. En psychothérapie, on découvre combien d'années d'efforts opiniâtres il faut pour que quelqu'un, en dépit de son angoisse, en arrive à briser les poncifs habituels et à dire où il en est vraiment. On voit aussi le caractère superficiel et même dangereux d'une recherche de la vérité constamment mesurée à l'aune d'un catalogue de prescriptions morales bien ficelées. Ce qui paie, ce n'est pas d'évaluer, mais de comprendre quels motifs se cachaient, ou se cachent, derrière certains comportements. On reproche souvent à la psychothérapie de dissoudre le sentiment de faute et de mettre entre parenthèses la notion même de péché. C'est pourtant tout le contraire. La psychothérapie fait voir que les gens, quand ils se heurtent à certains préceptes moraux définis, renvoient à coup sûr indirectement à certains conflits de leur vie. Ce n'est pas en renforçant la pression morale et en multipliant les déclarations de bonne volonté qu'ils les résolvent, mais en saisissant ce qui n'a pas collé dans les couches profondes de leur construction. Bien loin de disparaître, l'idée de faute ne fait alors que s'approfondir: elle descend de la superficie moralisatrice au plan de l'existence. Quelqu'un remarquera par exemple qu'il ne suffit pas de regretter un adultère (donc, selon les prescriptions de la morale catholique, un acte à accuser dans la confession suivante, à regretter et à réparer): il doit y reconnaître le signe qu'il a laissé s'anémier des pans entiers de sa vie de couple. Peut-être a-t-il vécu son mariage à la façon que décrivent tant de contes, lorsqu'ils parlent de châteaux ensorcelés avec des corridors sans fin et des chambres interdites ou oubliées. Surgit peut-être alors pour la première fois le devoir de toucher aux zones jusque-là interdites; on voit en tout cas que, dans la vie, il n'est pas possible de regretter les choses en simple logique de noir et blanc, ni de faire vœu de s'améliorer de façon purement volontariste. Le problème, c'est toujours de redécouvrir la fêlure intérieure et la dialectique du conscient et de l'inconscient, conjointement à l'ambivalence attenante des sentiments et, ce faisant, de noter que nous, les hommes, nous ne pouvons de façon générale progresser qu'en redécouvrant et en libérant en nous le bien présent au cœur de nos fautes.

Quand une situation tourne au tragique, elle peut conduire l'individu au désespoir; dans la société, elle devient « révolutionnaire ». Nul doute que l'Église, au cours de son histoire, ait dépensé un trésor inouï de patience envers les besoins et les problèmes des dirigeants. Dans l'Occident chrétien, elle en est arrivée à admettre comme inévitable la répétition des guerres, en gros tous les trente ans. Je souhaiterais la voir capable de montrer un jour autant de compréhension à l'égard des conflits et des souffrances de ceux qui, dans ses rangs, sont parfaitement incapables de jamais se défendre. Ce serait dire adieu au pouvoir au profit de la vérité de ceux qui sont sans pouvoir, psychologiquement aussi bien que politiquement.

— *L'Église maintient fermement le besoin de salut de l'homme par la grâce (sola gratia).*

Il n'est pas rare d'entendre aujourd'hui qualifier la psychanalyse de religion du XXᵉ siècle. L'analyse devient un « troisième Testament ».

— En 1910, Otto Rank, élève de Freud, pouvait sans doute encore écrire dans la *Revue internationale de psychanalyse* que celle-ci prendrait la place du christianisme et qu'une hygiène psychologique intelligente viendrait éliminer la névrose collective qu'il croyait déceler dans le christianisme et le judaïsme. Mais, vingt-cinq ans plus tard, le même

Otto Rank fondait aux États-Unis un institut de recherche sur l'importance de la religion. A mon avis, c'est la trajectoire même de la psychanalyse qui devait le conduire à cette rencontre plus intime du savoir religieux des couches profondes de la psyché humaine. Otez la couche de rocaille névrotique qui recouvre la vie de quelqu'un, et vous découvrirez que c'est impossible de lui redonner confiance en se contentant de faire appel au discours et aux efforts de bonne volonté. Cette confiance ne renaît que par catalyse, au contact de certaines images données que la psyché tient toutes prêtes, images extraordinairement proches des symboles religieux et bibliques. A certains moments clefs du développement psychique, on voit toujours ressurgir par exemple celles de renaissance, de retour à l'enfance, de naissance virginale, de descente aux enfers ou d'ascension, ce qui montre combien la psychanalyse, paradoxalement parce qu'elle ne parle pas et ne veut pas parler explicitement de Dieu, rend possible la libération du religieux dans la psyché humaine. Celui qui accompagne vraiment en toute confiance des gens en cheminement découvre à quel point Dieu se rêve en l'homme, et la quantité de rêves enfouis qu'il voudrait le voir réaliser. D'ailleurs, prenant jour après jour conscience du peu de chances de changer les gens de l'extérieur et, dans certains cas précis, de la quasi-impossibilité pratique d'une véritable thérapie, le psychothérapeute a lui-même besoin d'une légitimation venue de l'infini pour garder des années durant confiance, courage et patience devant certaines personnes apparemment brisées sans espoir. Certes, le thérapeute ne songe sûrement pas à qualifier pathétiquement de « grâce » ce qu'il fait spontanément. Mais, dans notre société si souvent impitoyable et, me semble-t-il aussi, dans notre Église si dure, il s'agit pratiquement toujours d'offrir des lieux d'asile où les gens pourraient commencer à se comprendre eux-mêmes et par là à saisir aussi peu à peu ce que Dieu attend d'eux.

— Aujourd'hui, dans la mentalité publique, la Bible, en tant qu'autorité, relève vraiment du passé. La contribution à la solution des problèmes sociaux et éducatifs qu'on voudrait lui prêter apparaît souvent artificielle.

Quelle place pensez-vous que la Bible devrait tenir dans

le discours de la société et, à votre avis, quel type de rencontre féconde avec la Bible pourrait-on entrevoir aujourd'hui?

— A mes yeux, quel paradoxe invraisemblable de devoir constater que nous, théologiens, qui déclarons la Bible livre de vie, nous en sommes par ailleurs arrivés, du fait de notre interprétation historico-critique, à en faire un livre « saint », autrement dit un livre que personne n'ose plus prendre en main. C'est vrai aujourd'hui même des prêtres et des pasteurs. Quand ceux-ci essayent d'expliquer la Bible au « peuple », les exégètes, toujours présents dans la coulisse, se dépêchent de prouver qu'ils n'y entendent rien, qu'ils ne sont pas habilités à l'interpréter et que, avant de pouvoir commenter « correctement » un verset biblique quelconque, ils doivent d'abord lire des étagères entières de bouquins. C'est pourquoi, pendant des années, j'ai moi-même commencé mes cours publics par l'interprétation de contes. J'ai alors découvert que, surtout les jeunes, mais même des adultes, venaient volontiers m'écouter, parce qu'ils croyaient spontanément à la sagesse et à la force vivifiante de ces contes, à la différence de la Bible que nos théologiens commentent sans fin. Je ne comprends donc pas le reproche qu'on me fait parfois de faire de la Bible un livre de contes. Tout au contraire, je dis qu'il y aurait tout à gagner si nous pouvions interpréter la Bible au moins au niveau que la psychanalyse nous permet quand il s'agit des contes et des rêves de la tradition humaine. C'est évident que la Bible n'est pas un livre de contes, quand ce ne serait que parce que les contes ne constituent qu'un genre parmi la douzaine d'autres formes d'expression et de récits auxquelles elle recourt. Cependant, en se coulant dans la façon de parler symbolique qui est la sienne, il devrait être possible de la comprendre dans une lumière telle qu'elle en deviendrait immédiatement intelligible. Il ne s'agirait plus tant de se demander ce qu'elle a voulu dire jadis que ce que nous disent ses images aujourd'hui. Quel écho éveille-t-elle dans les sentiments de ses auditeurs? Comment découvrons-nous en nous-mêmes et en nos voisins Jacob, Rachel, Léa, tous ces personnages bibliques dont on ne pourra jamais nous prouver qu'ils ont bien existé? Comment nous apercevons-nous que les problèmes qui se jouent le Vendredi saint entre Caïphe, Pilate et Jésus, sont ceux du pouvoir et de l'orthodoxie religieuse, donc ceux qui continuent à se poser tout au long de l'histoire? La pertinence *sociale* et psychologique de la Bible consistera toujours en ce que, dans la scène de la transfiguration sur la montagne, *Moïse* et *Elie* ont commencé à parler à Jésus de Nazareth: Moïse, autrement dit l'homme qui a été capable d'arracher tout un peuple à l'oppression pour le conduire sur le chemin de la liberté, et Elie, l'homme qui, en Terre promise, a cherché à libérer son peuple de la peur des démons, liée aux cultes de Baal. Si, dans notre confiance en Dieu, nous parvenions à briser les liens intérieurs et extérieurs de l'homme, nous découvririons dans la psychanalyse et dans la théologie de la libération les deux formes d'interprétation nous conduisant à reconnaître l'éternelle actualité de la Bible. Dans les deux cas, il s'agit de redonner à l'homme la double possibilité, et de garder les pieds sur terre, et de frôler de son front les étoiles, dans l'infini de sa liberté et de sa dignité. Les hommes sont trop grands pour pouvoir se laisser diriger, planifier, asservir, dresser comme des bêtes, dans quelque appareil que ce soit. À vrai dire, je crois plus facile pour l'Église d'agir dans le cadre de la théologie de la libération que dans celui de la psychanalyse. Il est par exemple plus aisé pour Rome de demander plus de démocratie au Chili que de réaliser elle-même la démocratie dans l'Église. Je pense donc que, deux cents ans après la Révolution française, la provocation que lance la psychanalyse à l'Église est fondamentalement plus révolutionnaire, plus nécessaire, plus pénible, humainement parlant, que le fait d'adresser certains desiderata politiques qu'émettent depuis longtemps certains groupes politiques étrangers à l'Église.

— On dit le protestantisme cérébralisé? Le rôle de la conscience serait réduit au domaine de la rationalité. C'est un péché contre l'inconscient. L'inconscient se venge en venant obstruer les sources vives des autres formes de conscience. Dans certains cas extrêmes, il en résulte une « névrose ecclésiale ». « Pour l'amour du Christ », ne faudrait-il pas faire revivre ces côtés de la conscience humaine déclarés démoniaques? Nous pensons par exemple à la répression de la sexualité ou de ces sen-

timents que sont la haine et l'agressivité.

Monsieur Drewermann, pourriez-vous vous imaginer protestant?

— Curieusement, c'est dans les milieux protestants plus que dans maintes places du camp catholique que je trouve le plus d'ouverture aux problèmes que je m'efforce de résoudre en introduisant la psychanalyse en théologie. A mon avis, cela tient à ce que l'Église catholique, jusqu'à l'époque de Vatican II, a refoulé la question que lui posait la critique historique de la Bible, et qu'elle a donc encore terriblement besoin d'accéder aux données purement objectives que nous ont apportées les Lumières; tandis que le monde protestant a entre-temps beaucoup mieux pris conscience par exemple des problèmes que pose à la prédication le fossé qui sépare le Jésus de Nazareth du Jésus du « kérygme ». Nous avons si longtemps cherché à maintenir notre forme de vie religieuse par opposition à l'autre que, me semble-t-il, cela a renforcé la rupture institutionnelle entre les deux camps, catholique et protestant, les deux choses allant ensemble. Je vois la vérité éternelle du protestantisme, et je reconnais donc le défi qu'il nous lance historiquement, en ce qu'il refuse toute forme de foi qui ne serait pas passée par l'inquiétude, l'angoisse et le besoin, autrement dit qui ne serait pas devenue personnelle. Cette prise de conscience du sujet est dès l'origine due à la modernité. Et l'Église catholique devra finir par admettre que Dieu veut la liberté: c'est en toute légitimité que chacun a besoin de se trouver lui-même, et qu'il doit donc se chercher. Le caractère sacré de la tradition ne saurait suffire à rendre crédible aucune institution, aucun dogme, aucune doctrine, tant que tout cela ne sera pas passé par le chemin de l'expérience vivante et d'une appropriation personnelle permettant d'y croire subjectivement. Dans cette mesure, c'est avec enthousiasme que je m'imagine protestant.

Mais je crois par ailleurs que la modernité n'a parlé de la personne que de façon réductrice en la réduisant à la pointe consciente du moi et en lui imposant ainsi un poids trop lourd existentiellement. Précisément d'un point de vue psychanalytique, il me paraît important d'insister sur le fait que la rencontre entre deux personnes n'est pas quelque chose de purement conscient, volontaire, mais que déjà, dans la rencontre entre l'enfant et sa mère, et plus encore dans celle entre l'homme et la femme ou entre adultes, on voit intervenir des éléments préexistants, schémas, intérêts, images, désirs insatisfaits. Les déclarations verbales ne sauraient non plus suffire pour nous apprendre la confiance: celle-ci naît essentiellement de l'activation d'images nous faisant voir que la Bonne Nouvelle est survenue. Tels sont les éléments que le catholicisme pourrait représenter, s'il acceptait de reconnaître vraiment la nature psychique de ses propres bases au lieu de chercher dans une histoire purement extérieure ce qu'on ne saurait y trouver. La critique protestante me paraît donc avoir raison en ce que Dieu ne sera jamais un élément de la science historique, et qu'il ne saurait y avoir d'autre discours sur lui que symbolique. Mais la vérité du catholicisme me paraît consister en ce que le symbolique a une vérité objective, prédonnée au sujet. Bien sûr, cette vérité réside dans l'âme de l'homme. C'est sur ce point que catholicisme et protestantisme pourraient se rapprocher un peu et, portés par la Bonne Nouvelle de Jésus de Nazareth, pointer vers une forme plus intégrale du devenir humain. Le problème de la division religieuse n'est pas différent de celui de la scission entre conscience et inconscience, entre individu et collectivité dans l'humanité actuelle. Nous sommes donc nous-mêmes dans l'obligation de découvrir une façon de rendre à nouveau crédible notre foi au Fils de l'homme en retrouvant la vraie manière humaine de nous comporter vis-à-vis de nous-même et entre nous. A cet effet, il est indispensable, non seulement de remettre quelque peu sur ses pieds un appareil d'enseignement universitaire qui fonctionne au niveau de la tête, mais aussi de faire craquer le rationalisme étroit qui caractérise le contenu de disciplines capitales telles que l'exégèse, la théologie morale et dogmatique, pour les remettre en relation avec les images, les sentiments, les angoisses et les espoirs qui se cachent dans les couches profondes de la psyché. La psychanalyse ne constitue pas une méthode supplémentaire à « manipuler ». La rencontre avec l'inconscient exige une mutation de toute la vie religieuse et de toute la pratique de la théologie.

— *Monsieur Drewermann, nous vous remercions pour cet entretien.*

10

Psychanalyse ou exégèse[1]?

Entretien entre Eugen Drewermann, Jürgen Hoeren, Bernd Marz et les auditeurs.

Hoeren: Aujourd'hui, à « Forum Église » nous aurons un entretien en direct sur « Psychanalyse ou exégèse? », thème sur lequel les théologiens viennent de prendre feu et flammes. Professeurs de théologie, pasteurs, vicaires, ont-ils besoin de l'interprétation psychanalytique de la Bible? En recourant à la psychanalyse, est-il possible de proposer une interprétation de l'Ancien et du Nouveau Testament meilleure, plus humaine, plus profonde, plus parlante, qu'avec ce qu'on appelle la méthode historico-critique? Aujourd'hui, dans notre studio, nous avons pour hôte un prêtre qui le pense et agit en conséquence. C'est lethéologien et psychanalyste bien connu: Eugen Drewermann.

Vous mêmes, chères auditrices et chers auditeurs, vous pouvez participer à cet entretien en direct. Faites-nous connaître votre opinion. L'Église doit-elle recourir en priorité au langage de l'âme, ou à l'analyse critique du texte biblique? Lui faut-il chercher la vérité des paraboles de Jésus en tentant d'en reconstituer scientifiquement la teneur exacte ou en redécouvrant le sens des symboles, des mythes et des songes?

Marz: Monsieur Drewermann, dans les programmes d'études de théologie au séminaire, on ne trouve nulle part inscrites ces spécialités que sont la psychologie, la

1. Émission du 2.12.87 de la Südwestefunk, deuxième programme.

psychanalyse et la psychothérapie. Vous êtes vous-même prêtre catholique, maître de conférences en théologie dogmatique à la Faculté de théologie de Paderborn, et en même temps psychothérapeute praticien. Comment en êtes-vous venu à cette étrange mixture professionnelle, et qu'est-ce qui vous a amené à recourir à la psychanalyse pour analyser et interpréter les textes de la Bible?

Drewermann: Ce fut une expérience extrêmement importante pour moi. Elle eut lieu dans une ville d'eaux où j'avais été nommé immédiatement après mon ordination sacerdotale. Je m'aperçus que je ne savais absolument pas comment répondre à certaines questions que venaient me poser les gens. Certains me parlaient de leurs difficultés dans leur ménage, d'autres, au bout de quelques jours de cure, avaient des crises d'angoisse qui les décontenançaient. Ils souffraient physiquement de certains sentiments refoulés. Je rencontrais des étudiants en théologie qui se croyaient homosexuels. Tous attendaient de moi, comme prêtre et comme pasteur, un accompagnement et une aide pour résoudre leurs conflits. Or je n'y pouvais rien.

Hoeren: Votre formation sacerdotale, théologique, était donc insuffisante. Ni en faculté ni au séminaire, on ne vous avait transmis l'outil nécessaire?

Drewermann: Ce fut pour moi un terrible conflit. Je souhaitais aider des gens, surtout ceux qui souffraient manifestement le plus et qui étaient le plus en recherche. Et je devais le constater: c'est justement pour eux que j'étais le moins préparé. Je l'étais pour les gens assez bien adaptés, pour la moyenne, pour ceux qui n'éprouvaient apparemment aucune difficulté à se laisser conduire: pour ceux-là, oui, ça allait. Mais pour les autres, ceux auxquels s'adressait en priorité Jésus dans le Nouveau Testament, les marginaux, ceux qui souffrent, se sentent perdus, la centième brebis, pour ceux-là, justement, non, cela n'allait pas. Cela m'a fait beaucoup réfléchir, et je me suis alors dit qu'il me fallait compléter mes connaissances théologiques par d'autres, susceptibles de me permettre d'aborder des problèmes que l'on n'était pas habitué à envisager dans la perspective chrétienne. On a refoulé tout le domaine de l'inconscient au profit d'une conception de l'homme qui fait constamment appel à la bonne volonté et à la pensée claire. Cela ne permet absolument pas de faire face aux angoisses, aux cauchemars, aux images nocturnes oniriques, à tout ce que nous nous efforçons désespérément de refouler, à tout ce qui échappe à nos prises. Je soupçonnais notre vision de l'homme, telle qu'on nous l'avait transmise en théologie, d'être si mutilée et si partielle qu'elle en devenait plus nuisible qu'utile. Par la suite, je remarquai combien moi-même, affronté à tous ces gens, j'étais tenté de m'enfermer dans les cadres qu'on m'avait enseignés, dans une vision figée de la doctrine du salut ou même de la personne du Christ. Quelle erreur de croire pouvoir apprendre la psychologie pour les autres! Elle nous oblige d'abord à nous confronter à nous-même et à tout un passé qui nous bloque.

Marz: En quoi consiste donc exactement la psychanalyse? Il en existe plusieurs définitions. Est-ce une méthode de guérison, une méthode de recherche, ou une somme de constatations de psychologie expérimentale?

Drewermann: Tout cela à la fois. C'est une façon de redonner aux gens une chance de guérir en les rendant conscients de leur névrose; à partir de cette pratique, c'est une théorie bien précise qui, au départ, ne portait que sur les névroses, mais qui, en se généralisant, en est arrivée à proposer une vision globale de l'homme. Si je voulais résumer son projet pratique en une phrase, je ne pourrais mieux la définir que comme l'art d'accompagner patiemment les gens pendant des années en évitant le plus possible de les diriger, de les censurer ou de leur proposer des normes.

Hoeren: Mais c'était déjà le projet sous-jacent à la Bible et à la Bonne Nouvelle de Jésus! L'Évangile entendait bien libérer les gens. Quand je vous écoute maintenant, j'ai l'impression que c'est la psychanalyse, et non pas la théologie ou la lecture de l'Écriture, qui vous a libéré personnellement et vous a rendu libre de comprendre les besoins des autres.

Drewermann: À mes yeux, c'est exactement le point

brûlant. Bien sûr, la théorie psychanalytique s'est affirmée de façon essentiellement athée. Pourtant, à mon avis, elle peut nous aider à comprendre le projet de Jésus quand il guérissait les malades, chassait les démons, remodelait les fronts ridés d'angoisse, imposait les mains à ceux qui n'avaient jamais eu de chance. Elle le fait mieux que tous ces grands mots qu'on nous a transmis en théologie: ceux-ci ne font que traduire des idées toutes faites imposées de l'extérieur, et ne nous apprennent pas à aider des gens transis de peur, coincés dans une existence rétrécie, bloqués dans leurs sentiments de culpabilité, les problèmes irrésolus de leur enfance et leurs restes de dépendances infantiles.

Hoeren: Monsieur Drewermann, je vais vous pousser loin. Pour vous, l'Église serait-elle marquée par un complexe d'angoisse?

Drewermann: Je pense que Sigmund Freud avait raison en pratique, quand, en 1920, il déclarait voir dans la religion dont il était témoin une forme de névrose collective. Il dénonçait par là une situation affective marquée par le refoulement de l'inconscient et la lutte contre ses propres sentiments intimes: au lieu de vivre de façon personnalisée, il fallait s'adapter à tout prix à la collectivité, adopter des idées correctes, s'efforcer de satisfaire aux obligations imposées. Obéissance, soumission à l'autorité, oubli de la personne, fuite dans le général: de quoi rendre les gens malades. Je ne l'aurais jamais cru à ce point quand j'étudiais la théologie, il y a des années. Mais il faut vraiment avoir vu des religieux, des prêtres, des maîtres en théologie, venir vous trouver et vous parler des semaines durant de Dieu, de leur espérance, de leur vie de prière, de la façon dont ils aimeraient trouver Dieu ou de celle dont ils pensent avoir trouvé la foi, puis les revoir deux ans plus tard en pleine révolte contre l'image qu'ils s'étaient donnée de Dieu, arrachant la croix de leur mur en criant que ce Dieu n'a fait que les torturer... Il faut l'avoir vu, pour commencer à se méfier quand un entretien thérapeutique débute par une conversation sur Dieu. Il s'agit presque toujours de l'intériorisation d'une peur du père, de la mère, de la mère Église, du curé, de l'instituteur, bref d'un état de viol psychique prolongé. Cela ne peut pas continuer.

Hoeren: Vous disiez que la remise en valeur de l'inconscient constituait un problème essentiel. Quel rapport cela a-t-il avec la Bible, avec les textes bibliques? En quoi la Bible peut-elle conduire à une remise en valeur de l'inconscient?

Drewermann: Je dirais d'abord que l'expression lancée en introduction n'est peut-être pas très heureuse: elle laisse entendre qu'il faudrait commencer par renier le travail scientifique sur la Bible, celui de la méthode historico-critique, et y substituer une méthode psychanalytique. Il me semble que le rapport entre ces deux méthodes est dialectique. Nous ne saurions renoncer aux acquis de la recherche exégétique des XIXe et XXe siècles. Impossible de revenir en arrière en ce domaine. Il faut dire au contraire que cette forme de recherche scientifique fait partie intégrante du développement historique qui a permis à la théologie de se libérer des contraintes dogmatiques et des blocages extérieurs.

Ceci admis, on devra dire que la Bible, prise en elle-même, n'est pas historique. Elle nous rapporte la réalité des expériences de Dieu d'un peuple, Israël, et du cercle de croyants qui entourait Jésus. Elle les redit de façon telle qu'on peut en reconnaître la valeur éternelle. Elle ne les dépeint donc pas dans un langage de faits: elle redonne le sens des événements, tel que l'avaient perçu les gens concernés. La plupart des récits bibliques ne sont donc pas à entendre en un sens historique. Sous une forme symbolique, ils ont un sens latent que la psychologie des songes paraît particulièrement apte à élucider. En rêvant la nuit, chacun de nous fait un peu la même chose: il revit sa journée et élabore le sens qu'elle peut avoir pour lui. Pour cela, il se sert des symboles que l'inconscient met à sa disposition. Et l'étonnant en cela, c'est que le sens se donne ainsi beaucoup plus clairement à connaître à travers l'inconscient que dans la lumière du jour.

Le problème constant de la psychanalyse, c'est que, quand les gens décrivent leur vie, ce qui leur est arrivé, leur façon de voir les choses, ils ont peur. Ils adoptent alors la conduite d'évitement dans laquelle ils ont été éduqués. Leur discours conscient en est si bloqué, si refoulé, que leur rêve leur permet mieux d'approcher leur vérité.

Un exemple pour concrétiser les choses. Ce que me

racontait une femme, il y a peu de temps. Pendant six mois de thérapie, elle avait toujours maintenu que son mariage marchait bien, que ses enfants étaient bien élevés, qu'elle menait une vie tout à fait normale. Or elle fit un rêve: elle voit le portrait d'une femme étrusque, une fresque, dont les contours sont presque effacés. Puis, dans un café de Rome, elle revoit la même image de femme, mais maintenant couverte d'un voile de mariée. Un peu plus tard elle se voit elle-même dans un lit d'enfant, avec à ses côtés une religieuse qui joue le rôle de sage-femme, et un drap blanc qui devient complètement rouge sang. Cette femme me raconte donc ce songe, puis éclate en sanglots. C'est la première fois qu'elle s'avoue que toute son existence n'a été d'un bout à l'autre que viol prolongé. Il lui a fallu remonter littéralement deux mille cinq cents ans en arrière pour trouver ce en quoi sa vie a consisté. Elle se perçoit princesse étrusque, une jolie femme qui voulait vivre mais qu'on a forcée à devenir femme avant même de pouvoir être jeune fille, et mère avant de pouvoir être femme. Son mariage n'a été que saignement sans fin. Telle est sa vérité. Et elle a dû étouffer tous ses sentiments de haine, ses protestations, sa colère, sous couvert de morale chrétienne. Il ne lui était pas permis d'avoir une pensée à elle, de dire un mot à elle: cela aurait été trahison, immoralité dont il fallait se confesser. Impossible de sortir de cette vision des choses. Un songe résumé en trois phrases en a dit plus que six mois de clarification consciente. C'est pourquoi les songes sont importants.

Marz: J'ai entendu l'expression « méthode historico-critique »: que faut-il entendre par là?

Drewermann: Il s'agit de la recherche qui a débuté avec la Renaissance, au XVIe siècle. Elle visait à un retour aux sources. Il s'agissait de pouvoir lire les textes dans leur teneur originelle, en particulier une Bible rédigée dans des conditions historiques précises, donc de comprendre celle-ci dans le sens que ses auteurs avaient voulu lui donner jadis. Pendant longtemps cela n'a consisté en rien d'autre qu'à effacer les surcharges dogmatiques ecclésiastiques qui en gauchissaient la compréhension, afin de retrouver directement le texte natif. Pour expliquer ce texte, on chercha à distinguer ses différentes formes de récits, afin de découvrir ce que chacun d'eux avait de spécifique. Je tiens à réinsister: impossible de renoncer à ce point de départ! Pas de retour en arrière possible! Je n'ai jamais voulu le prétendre.

Marz: Vous venez de dire que la Bible n'est pas un livre historique. Mais elle est par ailleurs un livre très réaliste: quand par exemple, dans la deuxième épître de Pierre, elle rapporte la discussion exégétique au sujet des épîtres de l'apôtre Paul. L'auteur note la difficulté de certains passages, mais insiste sur la nécessité d'empêcher les ignorants de les interpréter faussement et de les gauchir, comme cela se produit. Quel critère utilisez-vous maintenant pour distinguer les ignorants de ceux qu'on pourrait dire savants?

Drewermann: A mon avis, il y a deux choses capitales. La première, c'est la critique historique de la Bible. Il faut commencer par reconnaître combien limitées sont nos connaissances sur la vérité historique des récits bibliques — ce qui n'était pas du tout l'objectif visé par les initiateurs de cette méthode. Il faut paradoxalement le dire en termes de rapport de proportionnalité inverse: plus une expérience est intensive religieusement, moins il est possible de la communiquer en termes de faits objectifs, et plus le langage qui la traduit devient au contraire symboliquement riche.

Hoeren: Poussons à l'extrême: pour vous, la Bible n'est-elle qu'un recueil de contes, de récits, de légendes, de mythes? Ou l'Ancien et le Nouveau Testament sont-ils pour vous des livres de foi? Les deux choses ne sont-elles pas contradictoires?

Drewermann: Justement, il faut dire les deux choses à la fois. La Bible est une manière d'exprimer une expérience croyante en recourant à ces différentes formes d'expression que sont les genres littéraires que vous mentionnez. Et mon souci, c'est de dire qu'il y a des vérités que l'on ne peut traduire que sous forme de mythes, de contes, de légendes. La critique historique a précisément reconnu que ce sont ces formes de récits qu'on trouve dans la Bible.

Hoeren: Nous avons un premier auditeur au téléphone.

L'auditeur: Je voudrais tout d'abord dire à Monsieur Drewermann qu'en le lisant, j'ai senti se résoudre bien des questions personnelles. Vous m'avez fait découvrir beaucoup. Je suis donc navré de voir tant le contenu que le style de la polémique qui vient de se déclencher. Je croyais tout cela dépassé. Nos études nous ont appris le caractère nécessairement perspectiviste de la vérité, ainsi que la fécondité de la collaboration entre méthodes diverses.

Maintenant ma première question: dans *Publik-forum*, vous écrivez que « ce ne sont pas les peuples ou les nations qui seront sauvés, mais seulement les personnes. Chacun doit donc commencer par parcourir le difficile chemin de la personnalisation avant de pouvoir réussir ses relations humaines. » Comment comprendre alors la tradition religieuse juive, celle de l'Exode, où on croit justement que Dieu s'est tourné vers un peuple et l'a libéré collectivement?

Drewermann: Je suis très heureux de votre question, car on m'a reproché d'enseigner une religion du salut par soi-même. Ce n'est sûrement pas le cas, mais j'insiste fortement sur ce que, en nous rendant étranger à Dieu, l'angoisse vient gangrener toutes nos relations sociales, allant jusqu'à détruire même les relations élémentaires entre l'homme et la femme en ce qu'elles ont de plus intime. C'est le genre d'expérience que nous ne cessons de refaire en psychanalyse: les gens qui ont peur ne peuvent plus s'accorder confiance et sombrent dans un tourbillon de destruction réciproque. Ce tourbillon ne se calme que quand on rend chacun capable de vivre sa propre individualité. Cela ne signifie pas du tout coupure de la communication, mais au contraire accès à une forme renouvelée de rapports mutuels, ce qui, à mon avis, permet de laisser à l'autre plus de liberté, de mieux l'accepter, d'être meilleur envers lui, de mieux l'accompagner. L'Ancien Testament n'a jamais saisi avec cette radicalité ce besoin humain de salut et c'est pourquoi il a pu sans problème rester une religion du peuple. On devient juif par naissance, comme dans l'Ancien Testament. C'est le christianisme qui a insisté sur la nécessité pour tout homme d'être reconduit à Dieu, et sur l'impossibilité de principe de faire ce pas tout seul.

Personne ne peut donc dispenser l'autre d'avoir à découvrir ce point capital: il lui faut passer de l'angoisse à une confiance profonde. Cela, c'est devant Dieu qu'on doit l'apprendre.

L'auditeur: Ma deuxième question: que pensez-vous de la pensée « dialogale » de Martin Buber, cette idée de base selon laquelle l'individu ne devient vraiment *je* que face à un *tu* dans le cadre d'une communauté de vie et d'échange?

Drewermann: Je la tiens pour absolument capitale. Celui qui lit mes livres verra tout ce que j'ai appris de Buber, et c'est considérable. Car la psychanalyse n'est pas du tout ce qu'en disent certaines caricatures: une réflexion totalement centrée sur soi. Elle signifie essentiellement entrée dans un monde de confiance accrue. C'est ce que le thérapeute rend possible. Et c'est uniquement dans la mesure où il est là, en se gardant bien entendu de mélanger ses problèmes avec ceux du patient, qu'il devient possible à celui-ci de se retrouver lui-même. Ce n'est pas le récit des songes qui guérit, mais le fait d'être en face de quelqu'un qui, par toute sa personne, instille la confiance. Peu importe ce qui existe dans la psyché: c'est en soi légitime, puisque cela existe. L'important, c'est de pouvoir l'exprimer en ayant pleinement confiance que l'autre s'y rend présent. C'est ainsi que je comprends la parole du Nouveau Testament: « La vérité vous rendra libre. » Ce qui rend libre, c'est un dialogue vécu dans la confiance.

Hoeren: À l'auditrice suivante.

L'auditrice: Monsieur Drewermann, je voudrais tout d'abord vous remercier de ce que, en dépit de toutes les résistances, vous ne vous laissiez pas décourager dans votre interprétation psychanalytique de la Bible, et surtout de ce que vous exprimiez ainsi des sentiments extrêmement profonds, ceux qui rejoignent les images originelles que nous portons tous dans notre âme. En ce qui me concerne, je voudrais dire que votre livre *Psychanalyse et exégèse* m'a permis d'aborder la Bible de façon totalement nouvelle.

Hoeren: Et en quoi consiste la nouveauté de cet abord?

L'auditrice: En ce que je ne discours plus sur Dieu: je suis entrée en relation personnelle avec lui en le découvrant comme un Dieu bon, aimant, riche de sentiments. Cela m'a été très, très précieux, et la Bible est devenue pour moi un livre de vie et de guérison. Ici, dans notre paroisse, nous avons la chance d'avoir un curé qui met cette interprétation psychanalytique à la portée des gens par ses prédications, ses célébrations, ses soirées bibliques, ses entretiens spirituels. Tout son travail pastoral et toute sa spiritualité en sont pénétrés, et il considère comme de son devoir et de sa responsabilité d'en faire part le plus possible à tous ceux qu'il rencontre. Or les gens en ont justement soif, et c'est ce qui les conduit à s'ouvrir à cette sorte d'interprétation, à surmonter leur peur et à s'engager. Telle est bien mon expérience.

Hoeren: Monsieur Drewermann, la dernière auditrice a dit que, à travers vos livres, elle avait appris à aborder la Bible de façon plus détendue, plus sensible. Votre inquiétude, c'est que, prise isolément, la méthode historico-critique finisse par rendre la Bible exsangue, et que l'ensemble de l'Église devienne ainsi indifférente aux relations avec les gens, ou risque tout au moins de le devenir.

Drewermann: C'est exact. Je peux bien le dire maintenant, après six ans de séminaire et vingt ans de sacerdoce. Dans les bibliothèques, vous pouvez trouver toute la littérature exégétique que vous voulez; mais ce sont des livres qui ne connaissent pas le mot « je », qui ne transmettent aucun sentiment, des livres où le langage poétique fait totalement défaut. Ce n'est pas la faute des seuls exégètes. Cela tient plutôt à ce que, en théologie, nous avons cherché à faire nôtre un idéal de savoir imprégné de l'idée d'objectivité, de ce savoir qui fonctionne si bien dans les sciences de la nature. Nous nous y retrouvons d'autant mieux qu'il nous dispense de nous mettre personnellement en jeu. Mais ce savoir idéal est précisément celui qui ne fonctionne pas lorsqu'il s'agit de comprendre l'homme. Voilà ce que la psychanalyse devrait commencer par nous réapprendre. On pourrait dire qu'on ne peut pas mettre l'autre sous le microscope, pour l'observer de façon neutre. Cela ne provoque qu'une prolifération de l'angoisse, au lieu de susciter la confiance. Au contraire, plus nous nous engageons personnellement, donc plus nous sommes soucieux de faire de notre âme et de ses sentiments le baromètre, la caisse de résonance, le sismographe de ce que vit l'autre, et plus nous le comprenons intensément, en profondeur. C'est pourquoi je voudrais tant voir la psychanalyse venir élargir et enrichir la théologie dans son ensemble, et l'exégèse en particulier.

Hoeren: Discutons sur un exemple concret. Nous nous sommes dit que vous pourriez prendre le récit néo-testamentaire du possédé et montrer ainsi comment une interprétation psychanalytique est possible. Je le lis:

Ils entrèrent à Capharnaüm et, dès le sabbat, ils se rendirent à la synagogue, et il se mit à enseigner. Et ils étaient hors d'eux en raison de son enseignement. Car il les enseignait en homme qui a autorité, et non pas comme les scribes. Il y avait justement dans leur synagogue un homme possédé d'un esprit impur. Il se mit à vociférer: « Que nous veux-tu, Jésus le Nazaréen? Es-tu venu pour nous perdre? Je sais qui tu es: le Saint de Dieu. » Mais Jésus le menaça: « Tais-toi, dit-il, et sors de cet homme. » Et l'esprit impur, le secouant violemment, sortit de l'homme en poussant un grand cri. Et tous furent effrayés, de sorte qu'ils se demandaient les uns aux autres: « Qu'est-ce que cela? Voilà un enseignement nouveau, donné d'autorité! Il commande même aux esprits impurs, et ils lui obéissent! » Et sa renommée se répandit aussitôt de tous côtés, dans toute la contrée de Galilée.

Marz: Il s'agissait du chapitre 1, 21-28, dans la traduction d'Eugen Drewermann.

La littérature exégétique donne plusieurs interprétations de ce passage. En voici quelques exemples caractéristiques: « La confession du démon est désagréable à Jésus, car celui-ci souhaitait qu'on reconnaisse en toute clarté sa nature. » Autre vision des choses: « Contre Jésus, le démon cherche à mettre en œuvre des moyens violents: il sait son nom, et cette connaissance lui confère un certain pouvoir sur lui, de telle sorte qu'il va jusqu'à le menacer. » Autre idée encore: « Le démon ne voulait pas adjurer Jésus, mais il reconnaît en lui le Messie. » Encore une autre: « Le démon entendait combattre Jésus par un contre-charme; et le récit montre la puissance libératrice du royaume de Dieu, le miracle d'une vie humaine sainte, délivrée de l'angoisse, celui que constitue la réussite de la communication. » On peut poursuivre ce genre à volonté.

C'est clair: en faisant appel à l'exégèse, chacun peut trouver sa propre interprétation du texte. Sur ce passage, en quoi votre exégèse se distingue-t-elle des autres? Faut-il n'attendre de vous qu'une interprétation de plus, venant se surajouter à celles qui existent déjà?

Drewermann: Je suis très heureux de pouvoir discuter du rapport entre la méthode historico-critique et l'interprétation psychanalytique de la Bible sur un exemple précis. Car, vous avez parfaitement raison de le dire, nous pourrions prolonger sans fin ce type de commentaire. Nous ne ferions ainsi qu'un salmigondis, tant sur ce texte du Nouveau Testament que sur d'autres. En ce qui concerne ce texte, la valeur de la méthode historico-critique consiste par exemple à avoir reconnu que ce récit est construit selon un schéma type qu'on retrouve assez fréquemment. Ce dont on tire assez facilement une conclusion scabreuse: plus on raconte quelque chose de façon typée, plus on s'éloigne de la réalité concrète, donc plus il devient invraisemblable que les choses se soient passées comme on le dit. En creusant ansi le texte, on en arrive à voir s'effondrer son fondement historique; et un récit de miracle se réduit finalement à un simple moyen d'annoncer en Jésus le Fils de Dieu. Or ce moyen ne nous parle absolument plus aujourd'hui, pas plus le discours du démon, que la violence avec laquelle cet homme se débat contre sa guérison ou que la façon dont Jésus insiste. Moi, j'aimerais qu'après la lecture d'un texte, on commence par noter sa première impression, que ce soit en cours biblique, pour soi ou pour préparer un sermon.

Hoeren: Puis-je demander ce que vous ressentez, vous?

Drewermann: De l'effroi, de l'étonnement, de l'admiration, et aussi une impression de bizarrerie. La scène me met mal à l'aise. Un démon! Qu'est-ce que cela veut dire ici? Pourquoi parle-t-il d'abord au pluriel collectif, « nous »: « Que nous veux-tu? » Et le voilà qui se met tout d'un coup à crier : « Je sais qui tu es, tu es le fils de Dieu. » Pourquoi ce changement brutal? Tout cela paraît bien étrange.

En psychanalyse, cette histoire n'a absolument rien d'étrange. Nous la vivons tous les jours, à partir du moment où nous admettons que ce qui est décrit ici d'une façon si accélérée, presque sous forme d'un raid, condense un cheminement qui peut s'étendre sur des dizaines d'années. C'est la première chose à voir: le discours du démon n'a rien d'une bizarrerie lointaine, peut-être valable il y a deux mille ans, mais dont le seul intérêt aujourd'hui serait son contenu dogmatique chrétien sur Jésus ou sur les démons.

Psychanalytiquement parlant, les démons désignent l'ensemble des états psychiques nous empêchant de vivre personnellement: tout ce qu'il y a d'étranger, tout ce qui parle à notre place dès que nous prenons la parole: le père, la mère, l'instituteur... Chacun de nous tient en réserve, tout prêts au creux de soi, les enregistrements magnétiques de son enfance, ceux qui se font sans cesse réentendre en se brouillant les uns les autres, ceux qui ne permettent jamais de dire « je », ou qui ne le tolèrent qu'à contretemps.

Hoeren: Et c'est ainsi que vous comprenez les démons?

Drewermann: C'est ce que le texte dit ici. Je le comprends comme l'expression d'un état où l'on n'ose absolument plus exister de façon personnelle, où on ne peut se présenter que de façon collective. Le « nous » est toujours un « on », et le moi propre en est totalement recouvert. On a en tête de telles contraintes d'adaptation: le devoir, l'opinion des gens, l'idée que la tante se fera de nous lors de sa prochaine visite, les obligations d'une jeune fille... Toutes ces prescriptions, ces rôles auxquels on s'identifie, ces formes de défense contre ses propres sentiments, cela dure, même chez les adultes, et on ne s'en rend pas compte. Et toutes ces voix qui s'entrecoupent de façon parfois parfaitement incohérente déchirent le moi, l'empêchent d'exister par lui-même. Les démons? Ce sont ces esprits qui ne laissent jamais le moi s'affirmer, qui l'obligent à tourner en rond autour d'eux, comme dans un manège.

Hoeren: Et comment voyez-vous la guérison?

Drewermann: Tout d'abord, il est clair que le possédé, autrement dit celui qui est encombré par des voix, agresse Jésus et se hérisse à la seule idée de guérison. Normalement, nous devrions nous attendre à voir les gens qui souffrent beaucoup venir solliciter poliment qu'on les guérisse. Mais, dans cet état psychique, ce n'est plus du tout ce qui se passe. C'est ce que nous ne cessons de constater en psychanalyse: les gens viennent se faire traiter; et commence alors une partie d'échec où l'enjeu est la mort ou la vie de la psyché personnelle. Quand quelqu'un a été robotisé trente ans, quarante ans, quand il s'est parfaitement adapté à tout ce qui le rendait étranger à lui-même, il lutte pour défendre ses fausses identifications parce qu'il a peur d'en être dépouillé et de se retrouver tout nu. Les gens qui n'ont pas vécu eux-mêmes défendront leur néant d'existence contre vents et marées. Alors l'essentiel pour nous, c'est d'attaquer ces résistances.

Hoeren: Et, en tant qu'interprète de la Bible, comment pouvez-vous utiliser ce texte pour guérir? Comment en arrivez-vous à ce que, sur leur route, des gens puissent dire: c'est grâce à ce texte que j'ai trouvé la guérison? Je parle ici de « guérison » parce que vous l'avez fait vous-même.

Drewermann: Jésus attend de ses disciples, de l'Église actuelle, qu'ils fassent la même chose. Dans le chapitre 6 de l'Évangile de Marc, par exemple, il est dit qu'il donne à ses disciples l'ordre d'aller sur les routes, de guérir les malades, de chasser les démons, d'imposer les mains aux gens et de leur dire combien Dieu peut être proche. Mais revenons au texte de départ. J'y trouve étonnante la façon dont Jésus intervient avec force contre le discours aliéné des voix étrangères. Etant donné le peu de temps dont nous disposons présentement, il m'est difficile de faire voir en détail tout ce que nous pourrions trouver d'équivalent en psychanalyse. Normalement, celle-ci ignore tout impératif. Le thérapeute doit se montrer extrêmement patient. Mais il y a des situations où il a vraiment besoin de faire appel à toute son autorité: certaines personnes croient encore tellement à leur père, à leur mère, ou en tout cas à des personnes qui les ont intimidées pendant leur enfance, qu'on doit en arriver à des extrêmes, à un véritable combat contre ces forces adverses. Par toute sa personne, le psychanalyste doit alors se montrer plus fort qu'elles. C'est manifestement la situation devant laquelle se trouve Jésus: ce qu'il veut entendre, c'est la personne de cet homme, et non plus ce qui parle en lui, ce « on » collectif, ce bavardage du général: il veut cet homme comme personne.

Hoeren: Transposons tout cela dans l'Église. Jésus veut le chrétien majeur, et c'est comme cela qu'il veut le voir se présenter à Dieu, avec toutes ses questions, ses doutes, ses cris; et il refuse toutes les crispations, les dressages, la mécanisation, le rabâchage, toutes ces déclarations hypocrites par lesquelles on proclame ce en quoi on ne croit pas.

Drewermann: Et regardez! Si vous continuez vos associations d'idées sur ces passages, vous êtes immédiatement ramené au texte même, celui où il est dit que Jésus s'oppose diamétralement au mode d'enseignement des scribes, à leur continuel recours extérieur aux citations de l'Écriture, à ce farfouillage dans des documents peut-être objectivement exacts, mais sans prise sur la personne, sur l'individu; à ces discours sur Dieu, mais vidés de tout sujet: tout cela est destructeur de la personne humaine. C'est vraiment démoniaque. En guérissant ainsi, Jésus déclare vraiment la guerre à la théologie objective de son époque. Partout où il ose vivre librement et transmettre un peu de sa liberté aux autres, il se heurte à une caste de scribes qui ne cessent d'épier ses démarches et qui commencent déjà à combiner sa condamnation à mort.

Hoeren: Pour en revenir encore au point brûlant: la psychanalyse, l'exégèse psychanalytique consiste avant tout à annihiler la peur?

Drewermann: Exactement.

Hoeren: Par contre la méthode historico-critique, avec sa neutralité affective et sa réflexion purement scientifique, en est incapable?

Drewermann: Bien plus, elle suscite l'angoisse.

Hoeren: Nous avons une auditrice qui attend depuis longtemps.

L'auditrice: Monsieur Drewermann, pour vous, qu'est-ce que Dieu, qui est-il, comment est-il?

Drewermann: C'est une question à laquelle je préférerais répondre par images. Dieu est pour moi l'arrière-plan de la confiance, le milieu où il fait bon, la force qui nous maintient au-dessus de l'abîme du monde. Pour moi, Dieu est essentiellement Personne. Il est le vis-à-vis d'un amour que je voudrais croire absolu. Dans le monde, on ne peut rien trouver de tel. Tout ce qui est terrestre a son revers, est ambivalent. En arrière-plan de tout ce chaos, je voudrais le croire, il y a une volonté qui nous pense et qui a souhaité notre existence. Cette force, cette volonté, et, telle que je la vois, cette sagesse et cette raison éminentes, voilà ce que j'appelle Dieu.

Hoeren: Est-ce un Dieu de toutes les religions, un Dieu à plusieurs visages, et pourtant un Dieu unique?

Drewermann: Dieu ne s'est sûrement pas trompé quand il a mis sur notre route à nous, hommes, une foule d'images capables de dire qui il est. J'en suis convaincu, ce serait une bien courte pensée que celle affirmant le caractère exclusif de sa révélation dans la religion judéo-chrétienne. Cette idée n'est pas pensable, car, tant qu'il y a des hommes, ils sont en route vers Dieu. Et cette recherche à elle seule témoigne de cet appel, de cette soif que Dieu a mis en leur cœur en l'emplissant de ces images que nous appelons archétypes, celles qui nous aident à nous orienter. Ce niveau religieux est présent en tout homme, et il engendre une langue universelle qui permet à toutes les religions de se comprendre. Certes, le christianisme a ceci de spécifique — et c'est bien ce que montre la scène de guérison du possédé de Capharnaüm — qu'il se centre sur le problème de la guérison de l'angoisse dans la vie humaine. C'est le domaine où il n'est possible de trouver le repos que grâce à la confrontation à une autre personne, et c'est pourquoi nous avons essentiellement besoin de Jésus comme personne, de Dieu comme personne.

Hoeren: Monsieur Drewermann, vous venez d'introduire la notion d'« archétype ». Marie est donc alors une image archétypale — un archétype de la femme, de la mère de Dieu telle que l'a reconnue Bernadette lors des apparitions de Lourdes — une image déjà présente dans l'Église antique, mais que l'on pourrait aussi reconnaître sous les traits d'Héra ou d'Artémis? Est-ce exact?

Drewermann: Après ses visions à la grotte de Massabielle, Bernadette Soubirous n'a pas commencé par dire: « La mère de Dieu m'est apparue », mais: « J'ai vu une dame merveilleuse ». Je considère cela comme très important. Les récits d'apparition du Nouveau Testament disent aussi toujours qu'on ne reconnaissait pas le visage de Jésus ressuscité. Je voudrais dire de façon générale que ce qui peut se manifester à la psyché de l'homme, ce n'est jamais l'ange Gabriel, ou la mère de Dieu, ou n'importe quelle puissance céleste en soi. Ce qu'on voit relève avant tout des modalités selon lesquelles notre imagination peut se mettre en branle. L'image de la femme constitue sûrement une de ces représentations. Elle est le symbole de l'aspiration du cœur, de la dynamique du développement. Elle est présente en tout homme, et plus vivante encore chez les femmes. Et si je me représente bien l'histoire de Bernadette, il s'agissait d'une jeune fille au début de sa puberté, d'une fille sans aucune perspective de développement, du fait de la pauvreté et de l'abaissement de sa famille, bref de quelqu'un sans aucune chance d'avenir. Je trouve admirable de dire que Dieu a ainsi mis en notre âme l'audace de s'affirmer elle-même en dépit des résistances du réel. Cela peut aller jusqu'à permettre à quelqu'un de voir devant soi, comme quelque chose d'objectif, son être potentiel, la pure image de ce que signifie le fait d'être femme. Derrière cela, je vois l'action de Dieu. Oui, Dieu nous a faits tels que notre âme continue à faire crédit, dans la confiance. Il est exact que des cultures étrangères peuvent réagir de façon tout à fait différentes devant de telles visions. Dans le monde protestant scandinave, il est probable que, si quelqu'un avait une apparition de la mère de Dieu, on l'enverrait tout de suite en asile psychiatrique: cette culture n'est absolument pas préparée à ce genre d'apparition. Il faut hautement féliciter le catholicisme d'avoir fait place à l'archétype de la femme, en la personne de la Madone, et d'avoir su y répondre intégralement. Son problème est de refouler bien vite le caractère psychique de telles visions en voulant absolument en donner une interprétation dogmatique.

Marz: Revenons encore au problème du rapport entre la religion chrétienne et les autres religions. Même s'il revêt des traits religieux, le christianisme est plus qu'une religion: il est essentiellement religion révélée, et cette révélation s'est produite non seulement dans les mots que nous livre la Bible, mais essentiellement dans l'action rédemptrice de Jésus-Christ. Il ne s'agit donc pas seulement de mots, de récits, mais aussi d'un acte. Les représentations qu'on se fait de Dieu diffèrent aussi selon les religions. Le Dieu du Christ est essentiellement un Dieu qui se révèle dans l'impuissance, qui souffre, qui est mort sur la croix et qui a ainsi sauvé l'humanité. A votre avis, est-ce bien là quelque chose d'unique, et comment définir alors la relation du christianisme aux autres religions?

Drewermann: Ce qui me paraît essentiel, c'est que le christianisme permet la conjonction de deux choses. En premier lieu, il reprend, d'un point de vue historique, l'immense héritage de l'histoire des religions, et d'un point de vue psychologique, les immenses archives archétypales de la psyché humaine. A ce niveau, on rencontre un énorme consensus et une grande uniformité entre toutes les religions. D'un point de vue psychanalytique, je puis seulement constater que les chemins conduisant les hommes à eux-mêmes ne s'énoncent pas de façon abstraite, mais qu'ils se coulent dans des images précises, prédonnées, auxquelles chacun se heurte et qu'il reprend pour parcourir sa route vers le salut.

Seconde chose: à la différence des religions mythiques, le christianisme insiste fortement et à bon droit sur le fait que les images n'ont pas de soi une qualité rédemptrice: celle-ci ne joue que dans un espace de confiance lié à une parole, à une personne, à l'histoire. Et l'unification de l'être suscitée par la confiance mise en une personne donnée, Jésus de Nazareth, est assez forte pour libérer tout le royaume psychique des images et pour créer les conditions nous permettant de devenir intégralement nous-mêmes. En cela, le christianisme a une responsabilité grandiose, et c'est là que me paraît résider sa vérité.

Marz: Cela résume-t-il toute l'imitation de Jésus dans la vie quotidienne?

Drewermann: Jésus n'entendait transmettre aucune doctrine achevée au sens où il s'agirait d'imposer à quelqu'un quelque chose à apprendre par cœur. Ce qu'il voulait, c'était créer dans le cadre de la religion juive une religion de confiance en Dieu-Père, susciter une communauté dont personne ne serait plus exclu et où on s'occuperait de tous les paumés. Cette ouverture, ce compagnonnage, ce refus de juger, cette acceptation inconditionnelle de l'autre, cette reconnaissance de tout ce qu'il y a de tragique dans la détresse des gens: voilà, à mon avis, la vraie manière d'annoncer Jésus. Et je pense que la psychanalyse le fait mieux que tous ces jeux de mots de la théologie telle qu'on nous la transmet dans les cours du séminaire.

Auditrice: Ma question porte sur la santé et sur la prévention des névroses. La psychanalyse peut-elle faire que la jeunesse, mais aussi les enfants, restent fidèles à Jésus, à l'Église qui en est la médiatrice; qu'ils s'y accrochent, au lieu de ne faire que remplir un devoir ennuyeux qu'ils envoient ensuite promener? Je vous demande cela à cause de mes propres enfants.

Drewermann: La psychanalyse peut montrer quels dégâts peut provoquer la volonté d'imposer autoritairement des choses aux enfants du fait qu'on en a le pouvoir. C'est ce qui se produit trop souvent dans l'Église. La plupart de nos actes de la vie chrétienne ne viennent pas de l'intérieur. D'où le besoin de discipline, d'encadrement, de gouvernement fort, de tout ce qu'on demande aux parents de faire. Dans des familles, c'en est une misère. Je pense que le mieux que vous puissiez faire, en tant que mère, c'est de montrer ce qui vous fait vivre vous-même; et si vos enfants voient que votre foi en Dieu vous rend meilleure, plus libre, plus compréhensive, ils n'auront pas de raison d'en vouloir parfois à Jésus.

Hoeren: Mais vous recommanderiez aussi aux parents de ne pas commencer par toujours mettre en avant commandements, école, culpabilité...

Drewermann: Ce qui est le plus admirable chez Jésus, c'est que, à la différence des scribes, il préfère briser les lois, y compris des lois divines écrites, que le cœur de l'homme. La première chose, c'est d'être ainsi intérieurement libre. Cela suppose d'exister personnellement et non par délégation.

Marz: Proposer le christianisme?

Drewermann: Plus que proposer! Il s'agit de découvrir que rien n'est plus obligatoire pour l'homme que l'amour et la confiance. Quand quelqu'un s'engage ainsi jusqu'à la croix, sans frémir de peur, mais en prenant le vrai chemin de l'homme, on peut penser qu'il est faible, vu de l'extérieur. Mais c'est le début d'un règne de l'amour où il est roi. Il n'existe pas d'empire humain plus fort que celui de l'amour. Le christianisme est une proposition, mais la plus contraignante qui soit.

11

Pour un amour universel[1]

Entretien entre Eugen Drewermann et Wilhem Flues.

— Depuis des années, on se plaint de voir les églises se vider, tendance qui affecte toutes les confessions chrétiennes. En même temps, toutes sortes d'indices montrent que la soif religieuse des gens n'a absolument pas diminué: recherches en pays lointains, groupes d'expériences émotionnelles, cours de yoga, médecines douces, etc., prouvent bien que les gens vont chercher ailleurs ce qu'ils ne trouvent plus dans les Églises. Un théologien, prêtre de Paderborn, entend pourtant réaffirmer qu'on peut le trouver là, dans l'Église. Nous vous invitons à devenir, quelques instants, avec nous l'hôte de Eugen Drewermann.

Ce samedi matin, 8 h 15, nous sommes dans la grande salle de cours de la Faculté de théologie de l'archidiocèse de Paderborn. Si tôt, et un début de week-end! C'est une heure que les étudiants n'aiment guère! Mais elle permet à ceux qui travaillent de venir de Düsseldorf ou de Hagen pour prendre part au cours de théologie de Eugen Drewermann.

— Mesdames et Messieurs. Dans ce dernier cours du semestre, nous continuerons notre discussion sur ce qu'il faut penser, psychanalytiquement parlant, des images de sacrifices dans la genèse des choix sacerdotaux. Lors du dernier cours, je vous disais le sérieux avec lequel il fallait considérer ce que le discours théologique peut nous apprendre sur la vie, et le fait qu'être au monde, l'existence comme telle, fait peser sur l'homme un sentiment de culpabilité très lourd, mortel, au sens strict du terme. Nous partirons spécialement de l'analyse de ce sentiment d'insécurité ontologique chez l'enfant: ses désirs et ses besoins sont si exigeants qu'ils engendrent chez sa mère une situation en parfaite correspondance avec la doctrine chrétienne suivant laquelle c'est l'infinitude même de son amour pour lui qui la pousse à tout sacrifier pour son bien...

— *« Théologie »... « rôle du théologien »... étranges notions! Le mot indique qu'il s'agit d'une science qui a pour objet Dieu. On peut s'interroger: est-ce qu'ils ignorent qu'on n'approche pas Dieu avec sa tête?*

— C'est un grand problème! Le poser suffit à nous faire remarquer combien nous sommes loin de la Bonne Nouvelle de Jésus: car celui-ci était tout, prophète, poète, mais sûrement pas théologien, ni davantage enseignant: dans un passage de l'Évangile de Matthieu, il interdit à ses disciples de se faire appeler Rabbi ou de prendre la place des scribes. Or c'est justement ce que nous sommes devenus aujourd'hui: docteurs et maîtres en théologie. Au plus tard à partir du IIe siècle, il y eut fusion croissante des principes de l'Église primitive et de la philosophie grecque.

— *L'avantage de la pensée logique, c'est qu'elle ne concerne pas celui qui parle. Nul besoin de souffrir. On a la certitude.*

— On a même l'illusion de rendre service. Mais la différence est immense. C'est avec sa tête qu'un médecin apprend à bien soigner. Si nous n'apprenons qu'avec la tête, nous, les théologiens, nous semons la mort; car c'est précisément ce qu'on ne doit pas faire avec ceux qui sont en quête de Dieu: leur servir un fantôme notionnel qui les intimide et les enfonce dans leurs peurs encore plus qu'ils ne l'étaient déjà. On ne peut maintenir en marche ce système d'enseignement au statut contradictoire qu'à coup d'argent et de pouvoir, qu'à condition de maintenir ce monopole éducatif nous permettant d'entraîner six ou sept ans les enfants à nos jeux de mots chrétiens. Quand les choses ne viennent plus du dedans, il faut bien trouver un moyen pour faire entrer dans le cerveau de ces gamins l'idée que la seconde personne de la Sainte Trinité est morte en croix pour nous sauver, ceci afin qu'à sept ans et demi ils puissent venir se confesser et avoir part à la rédemption des péchés qu'ils ont commis et dont ils sont désormais conscients.

Tout cela est monstrueux: un Évangile qui présuppose toujours une hiérarchie de savants opposée à un peuple de laïcs qui n'ont ni le droit ni le pouvoir de poser leurs propres questions, mais seulement ceux d'être enseignés par la caste de ceux qui savent vraiment. C'est exactement le mal dont Jésus entendait délivrer Israël: de ces gens qui venaient intimider la population des campagnes avec leurs six cents commandements et leur deux mille commentaires. C'était de ce peuple ignorant de la Loi que Jésus se trouvait proche, au point de finir par affronter ces grands messieurs de Jérusalem, la caste des théologiens. Je pense impossible de comprendre toute l'excitation qu'il provoquait si on ne se rend pas compte de l'actualité de cette situation. Car, depuis deux mille ans, rien n'a changé. Au contraire, c'est devenu pire, car la protestation de Jésus contre cette pétrification de la théologie de son époque n'a conduit qu'à reproduire des structures fondamentalement similaires. Du coup, ce qui aurait dû libérer les gens n'a fait que renforcer la contrainte et la dépendance.

— Cette prise de position sans détour, même à l'encontre de son propre ministère, éveille la sympathie, mais rend aussi son auteur vulnérable aux attaques. Autour du travail d'Eugen Drewermann on voit actuellement naître spontanément des groupes de discussion et de soutien.

Son œuvre maîtresse, c'est son ouvrage en trois volumes: Les Structures du mal. Il y explique que l'homme, depuis Adam et Eve jusqu'à nous, ne cesse de commettre la même erreur, le même péché: en prétendant définir lui-même le bien et le mal, il renonce à une vie faite d'amour et de confiance. Car il ne saurait savoir lui-même ce qui est bon et ce qui est mauvais. Cette démesure est ce qui lui fait tout rater, même ce qu'il fait avec la meilleure intention du monde, à moins de retrouver sa place dans l'univers, celle de l'amour et de la confiance.

— Mon grand souci, c'est d'arracher de la tête de nos auditeurs toute cette idée de péché dont je pense que la plupart, presque sans exception, sont contaminés: celle d'une réalité avant tout morale. Il y a d'un côté les commandements, de l'autre la volonté libre. Et quand nous faisons quelque chose d'interdit par le commandement, nous péchons. Mais les choses ne sont pas si simples! L'essentiel se situe au niveau de l'existence. C'est ce que dit le discours chrétien lui-même, quand il déclare que le péché concerne la totalité de l'existence, et non pas seulement certaines dispositions morales. Pour parler de façon paradoxale, mais je l'espère claire et compréhensible, je dirais que la morale peut tout au plus nous obliger à reconnaître que, dans notre vie, il y a quelque chose qui ne colle pas. Si elle est juste, ce dont nous devrons encore discuter plus en détail, elle a une valeur de symptôme. Mais elle ne constitue jamais la solution de la maladie qu'elle révèle. Très curieusement, c'est la psychanalyse, donc une science qui ne s'est pas particulièrement constituée dans la piété, qui nous révèle aujourd'hui la souffrance et la misère qui se cachent derrière une existence non vécue vraiment; et cela beaucoup plus que le christianisme, alors que c'est celui-ci qui devrait être habilité à nous en rendre compte. Je ne parlerai ici que des choses essentielles, et non de toutes ces confusions, de ces emballements ou de ces erreurs qui nous arrivent à tous: si les gens y réfléchissaient suffisamment, ils constateraient pour la plupart que ce n'est jamais par hasard qu'ils ont commis une faute, mais que c'est la totalité de leur vie qui ne colle pas; et que cela tient toujours à ce que la peur les a retenus de vivre à plein; et, très curieusement, souvent la peur devant des forces qui se présentent comme morales. C'est ainsi que la « morale des masses » se résume en angoisse devant « la censure de l'entourage ». Ce qui bloque le plus profondément, et ce qui passe alors pour la morale, ce n'est pas ce qu'on croit, ce qu'on ressent ou ce qu'on pense intérieurement, mais ce que les autres prescrivent de faire. La meilleure description de cette psychologie de masse, de celle qui passe pour la morale, c'est la formule: « l'important-c'est-de-ne-pas-se-faire-pincer ». Ce qui ne conduit pas du tout les gens à devenir plus libres, mais seulement à se reprécipiter avec angoisse dans le sein de la horde, donc à ne pas vivre. Mais cette morale prend sa revanche: celui qui a ainsi laissé s'accumuler au fond de sa psyché refoulement, division, ignorance, voit finalement ressurgir de ce sombre marécage souterrain des monstres et des fantômes dont il n'arrive plus à se dépêtrer.

— *Puis-je résumer ainsi les choses: le point de vue moraliste, l'idée qu'on pourrait savoir ce que sont le bien et le mal, ne conduit à rien d'autre qu'à réprimer, à refouler, à rejeter les choses dans l'inconscient; et la seule chose qui pourrait nous aider, ce serait la confiance en Dieu. Ou comment diriez-vous cela?*

— Je crois que le problème de l'homme vient de ce qu'il cherche désespérément à être bon et de ce qu'il s'aperçoit qu'il n'y arrive pas. Il ne retrouve son équilibre que dans la confiance. Pour parler un peu plus concrètement, essayez de vous imaginer ce que cela peut signifier pour une femme d'avoir appris dès le jardin d'enfants qu'elle n'a le droit de vivre qu'à condition d'être gentille, autrement dit que si elle décharge sa mère de cette tare consistant à avoir engendré une fille. Et cette femme, qui n'a jamais eu le droit d'être enfant, qui n'a jamais eu le droit d'être jeune femme, se retrouve un beau jour mariée, mère de trois ou quatre enfants. Elle fait tout ce qu'elle peut pour donner à ses propres enfants une enfance meilleure, et elle en devient une mère touchante de dévouement. Moralement, elle s'efforce de ne jamais commettre une faute, d'être du matin au soir bonne éducatrice, de bien servir son mari. Elle s'efforce surtout de ne manquer en rien aux canons de la morale de l'Église.

— *Je connais ce genre de femmes. Elles règnent sur leur famille d'une façon qui confine au terrorisme.*

— Justement. Et elles ne font que retransmettre l'angoisse dont elles ont hérité au jardin d'enfants. Et quand une femme de ce genre découvre que sa fille sombre dans la folie, que son garçon se drogue, que son mari s'éloigne de plus en plus d'elle, que son devoir moral lui interdit tout sentiment humain, vous avez exactement le problème dont traite la Bible lorsqu'elle nous raconte ses histoires de péché originel.

L'amour finit par se détruire. Par pure angoisse, il se transforme en domination, en tyrannie.

— *Pour faire de l'exégèse, pour interpréter la Bible, Eugen Drewermann recourt à la psychologie, à la psychanalyse, car les auteurs de l'Ancien Testament, tout comme aussi les évangélistes, recouraient eux-mêmes à des descriptions imagées pour faire comprendre ce qui se passait intérieurement. Tout comme Jésus lui aussi parlait en images et en paraboles. La question est alors de savoir comment l'âme comprend ces images, comment elle les vit aujourd'hui, lorsqu'elles se représentent en rêve: celle de la résurrection de Lazare, celle de la guérison du possédé ou Marie Madeleine, celles de l'agonie de Jésus, de sa passion et de sa résurrection dans la lumière d'une vie nouvelle. En retrouvant vie à travers l'expérience psychanalytique, ces images redonnent aux vieux textes leur sens originel, un sens qui redevient soudain parlant pour nous, actuellement. Et pas seulement cela: car quand elles commencent ainsi à nous travailler au fond de nous-mêmes, nous en arrivons à regarder les conditions de vie extérieures de façon tout à fait nouvelle. Drewermann décrit comment le comportement faussé vis-à-vis de soi-même débouche nécessairement sur des catastrophes mondiales, et que c'est donc d'abord en nous qu'il faut commencer par régler les problèmes de l'univers.*

Impossible de ne lire vos livres qu'entre deux portes, Monsieur Drewermann. J'ai essayé. Cela ne va pas. Il faut être tranquille pour pouvoir les approfondir; car vous écrivez à partir d'une base de données considérable. Est-ce que vous l'avez toujours avec vous, ou vous faut-il la reconstituer chaque fois que vous vous asseyez à votre table de travail?

— Je n'écris pas tellement à ma table de travail, mais beaucoup plus dans les salles d'attente, dans les trains, ou n'importe où. C'est dire qu'il m'a fallu apprendre à assembler des notes volantes pour en faire un livre. Pour moi, c'est une difficulté considérable de n'avoir jamais le temps d'écrire de façon continue. Ajoutez à cela que je n'ai guère le temps de m'approfondir moi-même. Ce qui m'aide beaucoup et me force à creuser, c'est la multitude d'entretiens privés que j'ai tous les jours. Je suis continuellement en dialogue avec les gens. Je retraduis leurs expérience dans mon langage, et je m'efforce de les faire entendre dans l'Église ou en théologie. De plus, j'ai mes propres difficultés, mes frustrations, mes bouffées de colère, et je couche tout cela par écrit. Je dispose donc d'un potentiel qui me relance sans cesse dans mon travail d'écriture.

— *Est-ce que vous devez retravailler ce que vous avez rédigé d'un premier jet, ou est-ce que c'est déjà assez au point?*

— Il y a douze ans, quand j'ai commencé à rédiger ma thèse de doctorat sur les structures du mal, c'était désolant. Je pouvais rester huit heures devant une feuille blanche sans réussir à sortir une ligne. J'en finissais par regarder ma table comme une espèce d'âne rétif freinant continuellement des quatre sabots. Cette angoisse devant la feuille blanche, cette « horror vacui », était telle qu'il me fallait vraiment beaucoup de patience pour ne pas fuir et pour tenir. Cela s'est amélioré essentiellement depuis que j'ai constaté combien mes livres pouvaient aider les autres; ceci au point que j'en suis maintenant souvent ému, heureux, comme si j'avais pris un médicament qui me soutiendrait des mois. Surtout quand il s'agit d'interprétation de contes ou de textes bibliques. Se sentir compris, et donc ne plus se sentir seul, c'est vraiment un aiguillon. Egalement le fait de se dire à soi-même, et de pouvoir communiquer aux autres, ce qu'on n'avait jamais osé jusque-là: c'est vraiment une expérience libératrice. Pour être franc, je dois dire que, depuis une douzaine d'années, je trouve vraiment extraordinaire de découvrir que ce qui auparavant pouvait me déprimer, m'angoisser, me désespérer, y compris dans ma vie de prêtre, peut désormais en aider d'autres. Autrefois, je me disais: « Je ne peux pas dire ça, je ne ferais qu'effrayer les gens. » Aujourd'hui, je vois bien que j'en irrite certains, spécialement ceux qui se sentent bien, ceux qui ne ressentent jamais d'angoisse, qui ont un tempérament de fer, qui foncent imperturbablement dans le monde. Ils pensent que tout va bien. Je les rends furieux, et je les inquiète. C'est bien ce que je cherche, d'ailleurs, et je n'en regrette rien. Cela aide les gens qui ont longtemps vécu dans l'insécurité et l'angoisse.

Je pense que tous ceux qui savent ce qu'est la souffrance psychique comprendront fort bien ce que je dis, même quand je le dis de façon un peu compliquée, en termes de philosophie de l'existence, de psychanalyse ou d'histoire des religions. Ceux qui ignorent combien les autres peuvent se sentir perdus ne voudront jamais rien y comprendre. Ce n'est d'ailleurs pas pour eux que j'écris.

— Ils sont furieux parce que vous leur faites voir leur chienlit.

— Ils la traînent même avec eux. Dans certains cas ils en arrivent à susciter l'angoisse chez les autres, exactement dans la mesure où ils s'épargnent d'avoir peur eux-mêmes. Je trouve d'ailleurs que les polémiques qu'ils déclenchent sont très fondées bibliquement. Car un jour Jésus a même le culot de déclarer aux scribes de son temps: « Les prostituées et les publicains entreront dans le Royaume des cieux, mais pas vous. » Notre bien-aimée traduction œcuménique s'avance à traduire: « Ils entreront avant vous dans le royaume des cieux. » Comme s'il ne s'agissait que de changer l'ordre de la procession! Mais c'est beaucoup plus vif et pointu. Ces messieurs sont assis dans la chaire de Moïse et ils tiennent en main la clef du Royaume des cieux. Ils n'arrivent pas à vivre vraiment — c'est ainsi que je traduis « entrer dans le Royaume des cieux » — mais ils empêchent aussi les autres d'y pénétrer. Telles sont les paroles de Jésus de Nazareth. Je crois que nous-mêmes, les clercs, les scribes d'aujourd'hui, les théologiens de métier, nous ne prendrons jamais assez furieusement au sérieux ce qu'il dit, et je regrette qu'on ne commente jamais ces mots. Dans le Nouveau Testament, il n'existe qu'une caste où Jésus voit une cancérisation de la parole de Dieu. Ces gens qui courent le pays pour bavarder sans retenue des affaires divines, c'est à eux qu'il s'oppose, parce qu'ils ne font que semer la terreur et l'angoisse, et qu'ils sont toujours là, eux qui ne font jamais rien de mal, eux qui sont toujours justes, eux qui ne vont jamais se coucher sans avoir accompli à la lettre la Loi, cent fois plutôt qu'une. C'est à hurler et à vomir, tant ils sont loin de la misère des gens. Je ne fais que citer.

La vérité acquise nous bousille, et la superstition chrétienne consiste à foncer sur les gens continuellement en prétendant parler au nom de Dieu, comme si nous savions quelque chose du bon Dieu. Ce que Jésus a raconté, ce sont les images de la vie humaine qui ouvrent à Dieu. C'est tout de même sacrément autre chose que tous nos je-sais-mieux-que-toi. Nous discourons d'en haut — je reprends les mots mêmes d'un psaume — du haut du ciel, et nous ne portons pas le fardeau des hommes. Dans ce psaume, la rogne pousse son auteur encore plus loin: « Leurs visages bouffis reflètent leur comédie; ils portent l'orgueil en sautoir. Et moi, abruti, j'étais là sans comprendre, en voyant combien les bons peuvent être malheureux, tandis que pour eux tout va bien; jusqu'à ce que j'entre dans le sanctuaire » (Ps 73).

— *Beaucoup de gens qui n'ont pas lu vos autres ouvrages ont pourtant lu ceux sur les contes. Et cela leur a donné bien du plaisir. Est-ce que vous avez aussi du plaisir à les rédiger?*

— C'est vraiment mon moment de vacances. Quand je sors d'une période de travail intense, comme par exemple après la rédaction de mes deux volumes sur l'Évangile de Marc, je « m'éclate » rien qu'à en rêver. A mes yeux, les contes nous offrent la seule manière de dire la vérité en donnant aux hommes le courage de croire en l'amour. Quand vous regardez le reste de la littérature des peuples, vous tombez toujours sur des descriptions tragiques de l'amour: Roméo et Juliette, Lancelot et Guenièvre, uniquement des gens qui échouent. Ce sont toujours des amoureux malheureux; jusque dans les tragédies bourgeoises des XVIIIe et XIXe siècles, ou dans les pièces réalistes de notre époque.

— *On voit dans vos livres que vous êtes entré profondément dans l'amour. On se demande comment un prêtre peut y connaître quelque chose, lui qui ne suit pas le chemin des autres, qui ne tombe pas amoureux à dix-huit ans, qui n'a pas de petite amie pour finir par se marier, et toute la suite.*

— Cela ramène des contes à la vie! Mais les deux choses vont bien ensemble. Je ne crois pas que la meilleure réponse à l'appel à la vie, tel qu'on le découvre à travers l'exemple de Jésus, consiste à fuir avec terreur tout contact avec les femmes, à les éviter comme si on en avait la phobie, à s'entourer d'une zone taboue, ou au mieux à partager l'humanité entre ceux qui, de façon fort paulienne, recourent au mariage pour se défendre d'eux-mêmes, et ceux qui mènent une vie sans souci dans l'état clérical ou religieux. Jésus n'a vécu aucun de ces deux états; il n'a pas fondé d'ordre du type Qumrân, et il ne s'est pas marié. En tout cas, dans le Nouveau Testament, cela paraissait tellement sans importance qu'on n'y fait pas la moindre allusion. Mais ce qu'il a connu, c'est une telle liberté de relation aux autres que tendresse, amitié, intimité en semblaient aller de soi; et il avait une façon de fréquenter les femmes, et même d'avoir des amies comme Marie Madeleine et Marthe et Marie, les sœurs de Lazare, qui lui semblait toute naturelle. Je ne saurais comprendre la pureté et le célibat comme un interdit de l'amour homme-femme. Je me mets parfois à rêver, même si je m'en sens encore très loin moi-même, que cela devrait essentiellement signifier une forme de rencontre, de tendresse, de relation qui permettrait d'aider l'autre à vivre, à se redresser, une manière de vêtir ceux qui sont nus sans avoir à s'enfuir, le rouge aux oreilles.

— *Pourrait-on dire que les contes nous racontent des rencontres de ce genre?*

— Toujours. Tous les contes, à de rares exceptions près — il y en a, évidemmment — nous décrivent des hommes qui surmontent leur peur et se mettent à la recherche de châteaux enchantés, descendent dans de mystérieux souterrains gardés par des dragons, et remportent la victoire en découvrant une jeune fille ensorcelée, l'image de leur âme, et bien entendu de leur partenaire amoureux. Et ce qui sous-tend toute la vie humaine, c'est cette tension dramatique entre départ et retour, entre aventure et découverte d'une issue qui était comme oubliée et qui surgit soudain comme si elle était nouvelle. Telle est la forme des contes, leur façon de raconter les choses. Ils savent qu'au fond de notre âme nous sommes infiniment supérieurs à ce que nous osons nous avouer, et ils entendent nous inviter à prendre un chemin qui nous conduit dans un pays au-delà du rêve, et à affronter les dangers qu'il est indispensable de surmonter si nous voulons donner une chance à l'amour.

— *Quand on est amoureux, on comprend parfois les contes d'un seul coup, et en tout cas beaucoup plus facilement.*

— Mais oui. Les contes nous rapportent que les animaux commencent à parler, que les ruisseaux murmurent. Ils nous racontent tous que, en suivant le chemin du désir, on parvient à l'aimée. Les nuages dessinent son visage, le souffle du vent sur l'herbe fait voir ses cheveux, les étoiles dans la nuit brillent comme ses yeux. En un mot, il n'y a rien de visible dans le monde qui ne fasse allusion à elle. Cette poésie qui, du point de vue de l'histoire des religions, remonte aux chamans, c'est l'amour universel se faisant concret, celui qui finalement refuse la coupure entre le ciel et la terre, entre les hommes et les animaux, celui qui chante un monde unifié, un pays de rêve. Nous devons entrer dans ce pays: tel est l'appel que nous lancent les contes. Ils prennent parti pour les amoureux, sans se soucier des limitations du réel extérieur; comme la psychanalyse, avec une force extraordinaire, ils vont droit au fond des aspirations de l'âme humaine, insistant sur la chance qu'ont les amoureux d'être heureux, si minime soit-elle. « S'ils ont de la chance, ils peuvent réussir; et pourquoi pas? » se disent les contes. Osez seulement! Au vu de la réalité, on doit au moins se dire qu'il est préférable de souffrir de l'amour que de se refuser par pure peur à jamais connaître cette souffrance. Les contes ont raison, quand ils nous invitent à tout miser sur ces cartes, quoi qu'il en résulte. Et elles se révèlent non seulement poétiques, mais presque religieuses.

— *Comme écrivain, Eugen Drewermann fait preuve d'une productivité inhabituelle. Il a plus d'une douzaine d'ouvrages sur le marché. Et il est fidèle à ce rituel de la librairie qu'est la signature. Mais cela conduit souvent plus loin. Nombreux sont ceux qui viennent lui demander conseil pour eux, pour leur famille. Même s'il n'a pas beaucoup de temps, c'est là que Drewermann, le pasteur, rencontre sa paroisse personnelle. Elle est faite de gens qui, en dépit de toutes leurs expériences passées, continuent à croire que le christianisme se montrera finalement prêt à collaborer à la naissance d'un avenir plus pacifique.*

— Je pense que l'on a beaucoup gagné s'il y a des gens qui se montrent capables de réclamer de prendre leur propre chemin, ceci à l'encontre de la culture qui leur permet d'exister, mais aussi à l'encontre des positions de la religion, laquelle est en réalité un organe d'expression universel de la psyché humaine. La religion devrait être aussi internationale que la *Septième Symphonie* de Beethoven ou les tableaux de Van Gogh et d'Edvard Munch. Tout ceux qui s'y ouvriraient intérieurement devraient la comprendre, au lieu de rester devant elle comme des philistins. Ainsi percevrait-on le sentiment et l'expérience communs sous-jacents à toutes les questions qui se posent à son propos, et son langage serait fondamentalement universel. Ce qui nous sépare les uns des autres, ce sont nos différences de culture. Les deux derniers siècles de l'histoire de l'humanité ont consisté en chemins de plus en plus divergents, de par la diversité des langages et des formes d'expression sans cesse nouvelles. Aujourd'hui, pour la première fois, Dieu merci, nous nous trouvons engagés dans une évolution qui nous conduit inexorablement à converger. Pour s'épanouir, l'humanité de demain aura besoin d'une religion unifiée, et la question qui se pose à nous, en particulier à nous, chrétiens, est de savoir quel rôle nous entendons y jouer: en renforçant toutes nos formes d'angoisse, accepterons-nous de dégénérer en secte, ou répondrons-nous à la mission qui devrait être la nôtre: contribuer partout à la délivrance de l'homme. Il nous faudrait alors renoncer à beaucoup de ce que nous croyons encore aujourd'hui solide et intouchable, ancré sur le socle d'airain de la révélation.

— La peur signifierait fermeture à tout ce qui vient de l'extérieur, y compris aux autres. La religion signifierait au contraire ouver-ture, abandon et oubli des formules de foi rigides, de tout ce qui est figé; recherche d'une pratique capable de rendre l'homme plus libre et plus ouvert, dans quelque religion que ce soit. Est-ce exact?

— C'est très exact. En un certain sens, je me rallie ici, bien que non sans de nombreuses réserves, à la définition romantique de la religion: elle consiste essentiellement en un goût de l'infini. Elle constitue en vérité un savoir que l'âme humaine a des ailes, et qu'on brise celles-ci à vouloir enfermer l'homme derrière les barreaux d'une cage. Encore une fois: la pression de l'angoisse est si forte qu'elle en arrive à cela, à enfermer les gens chacun dans sa petite boîte, dans la niche où il se sentira rassuré et hors de danger. Or c'est essentiellement ce que la religion doit se refuser à être. Il lui faut vivre de la conviction que les hommes doivent avoir le courage de vivre et de s'épanouir sur les passerelles des réponses symboliques.

12

Le Cantique des Cantiques [1]

Entretien entre Eugen Drewermann, Herbert Haag et Hildegard Lüning.

Lüning: Mesdames et Messieurs, bonsoir.

L'an dernier, à l'occasion des festivités marquant son cinquantième anniversaire, la Ligue biblique catholique allemande, dont le siège est à Stuttgart, a publié un livre mémorial de 430 pages sur *La Dynamique de la parole*. Le sous-titre en était: « Doctrine biblique et vie biblique. » Il reproduisait un certain nombres de remarquables contributions d'exégètes catholiques allemands bien connus. C'est ainsi que, répondant au souhait de l'éditeur de la publication, le professeur Herbert Haag, longtemps directeur de la Ligue, et jusqu'en 1980 président de l'École supérieure d'Ancien Testament de Tübingen, a envoyé un texte sur « La compréhension actuelle du Cantique des Cantiques ». Mais cet écrit n'a pas été publié. Le livre mémorial n'a pu le reproduire, parce que l'imprimatur lui avait été refusé par l'évêque de Rottenburg/Stuttgart, ordinaire du lieu, et en même temps protecteur de la Ligue. Pourquoi a-t-on ainsi interdit au professeur Haag de nous faire part de ses connaissances en la matière? Parce que, a-t-on expliqué, en matière de morale sexuelle, cet auteur entendait tirer de ses réflexions exégé-

1. Émission du 17.4.1984 de la Süddeutsche Rundfunk, deuxième programme.

tiques certaines conséquences que l'Église ne pouvait que refuser comme non fondées. Quelles conséquences? Telle est la question dont nous devons discuter au cours de ce « magazine du mardi ». Celui-ci aura donc pour titre: « Le Cantique des Cantiques — Entretiens sur l'histoire et la portée d'un message biblique souvent incompris. » J'ai donc le plaisir de saluer dans notre studio le professeur Herbert Haag ainsi que le théologien catholique Eugen Drewermann.

Monsieur Haag, outre vos fonctions d'enseignement à Tübingen, vous êtes connu pour vos publications sur le démon, le péché originel et le mal dans la doctrine de l'Église. Et maintenant, alors que vous avez soixante-dix ans et que vous êtes en retraite, vous venez de provoquer la surprise par votre nouvelle traduction et votre commentaire des chants d'amour de l'Ancien Testament. Vous avez donné à votre ouvrage le titre: *Qu'il m'embrasse à pleine bouche* [2]. Qu'est-ce qui vous a conduit à parler ainsi du Cantique des Cantiques?

Haag: Vous l'avez vous-même dit. Sur tous ces sujets que vous venez de nommer, le démon, le péché originel, le mal, je suis convaincu que la prédication de l'Église ne s'accorde pas avec le message de la Bible. Il existe un abîme entre ce que l'on prêche et les données bibliques, ou tout au moins ce qui paraît le donné biblique. C'est à ces sujets que je me suis consacré de préférence. J'ai toujours considéré qu'il était de mon devoir de chercher à harmoniser la doctrine avec les données bibliques, donc pour cela d'échanger avec les représentants des autres disciplines théologiques, dogmatique, morale, pastorale. C'est en ce sens qu'autrefois j'ai moi-même écrit une théologie morale biblique, car c'est en ce domaine que la doctrine et la pratique de l'Église me paraissent le plus en contradiction avec les énoncés et les conclusions de la Bible. Il est alors indispensable de se référer au Can-tique des Cantiques de l'Ancien Testament. Bien sûr, pas à ce seul texte: dans la Bible, il en existe quantité d'autres qui traitent de cette question — et nous aurons sûrement à en parler aujourd'hui. Mais c'est pourtant celui-là qui aborde de façon privilégiée le problème de l'amour et de la sexualité. C'est pourquoi j'ai commencé par

2. Titre allemand: *Wenn er mich doch küsste.*

lui. De sorte qu'il constitue comme une introduction à l'ouvrage que vous venez de mentionner: *Qu'il m'embrasse à pleine bouche.*

Lüning: Monsieur Drewermann, vous voyez bien pour quelles raisons similaires nous vous avons invité à ce « magazine du mardi » dont vous avez déjà été deux fois l'hôte. Il y a d'abord eu vos discussions sur le mal, l'angoisse et la faute, dans *Le Christianisme et la guerre* et *Le Progrès mortel.* Dans votre dernier ouvrage, vous traitez également des chemins et des impasses de l'amour. Cet itinéraire est-il conséquent?

Drewermann: Je le crois, oui. Je me suis toujours intéressé à la souffrance de l'homme, dans la mesure où elle a une origine psychique. Et je pense qu'il n'y a pas de pire tourment que les obstacles rendant l'amour impossible. Dans le cadre de notre culture, Sigmund Freud a certainement eu raison de dire que, même si originellement les lésions psychiques ne sont pas toujours d'ordre amoureux, elles ont toujours des retombées dans ce domaine. Comme en un miroir, angoisse et culpabilité d'un côté, confiance et amour de l'autre, ne cessent de se renvoyer leurs images inversées à la façon de la main droite et de la main gauche. L'angoisse et l'impossibilité d'accéder à l'amour, du fait d'un égocentrisme exacerbé, sont certainement des expériences destructrices; il n'est par contre de meilleure illustration de la confiance que l'homme capable de s'ouvrir à l'amour ou que celui qui, inversement, a rencontré quelqu'un capable de le sauver de son angoisse.

Lüning: Nous procéderons de la façon suivante: nous commencerons par écouter quelques-uns des chants d'amour dont se compose le Cantique des Cantiques, et vous nous en expliquerez les images qui nous paraîtraient bizarres et difficiles à comprendre au premier abord. Nous discuterons alors des problèmes que tout cela pose. Monsieur Haag, j'aimerais que vous nous fassiez une courte introduction. Qu'est-ce que c'est que le Cantique des Cantiques? Comment est-il né, et comment en est-on arrivé à l'insérer dans la Bible?

Haag: Vous avez déjà fait allusion au fait qu'il ne s'agissait pas d'un chant unique. Nous parlons certes du Cantique des Cantiques au singulier, mais en réalité nous avons à faire à une collection de chants d'amour comme on en chantait dans l'Israël ancien.

Lüning: A quelle époque approximativement?

Haag: Leur naissance est difficile à dater avec certitude. A en croire la tradition, ils auraient pour auteur le roi Salomon, ce qui les situerait au xᵉ siècle av. J.C., donc il y a trois mille ans. Mais, dans l'antiquité, il était d'usage courant de mettre ses ouvrages sous le nom d'un personnage connu, ceci pour conférer plus d'éclat au livre. D'où l'attribution du Cantique des Cantiques à Salomon. Ceci d'autant plus que ce roi était réputé comme un grand amateur de femmes (la Bible en parle). Même si cette attribution n'est pas entièrement valable, elle est peut-être en partie exacte: certains chants remontent à une très haute antiquité. Le règne de Salomon fut une époque de sagesse, de vie intellectuelle intense marquée par un véritable échange international, par un courant d'ouverture aux influences étrangères, ce qu'on perçoit fort bien dans le Cantique des Cantiques. Il se peut que certains autres chants soient nés plus tard. On peut penser que leur ensemble fut l'œuvre d'un compilateur du xᵉ ou du ivᵉ siècle, et que c'est alors que cette collection prit place dans ces écrits d'Israël que nous appelons présentement Bible.

Il est très remarquable de constater l'intégration de ce lyrisme amoureux dans une Bible qui prétend pourtant bien fournir aux hommes des orientations valables pour leur vie, et de voir qu'on ne l'a jamais récusée.

Lors des célébrations familiales de la Pâque, on lisait le texte du Cantique des Cantiques de A à Z, signe qu'on lui attribuait une importance capitale pour la mentalité et la piété juives. On le lisait aussi au cours de certaines autres grandes fêtes. Mais pourquoi justement lors de la Pâque? Probablement parce que cette fête tombait au printemps et que le Cantique des Cantiques célèbre cette saison comme le temps de l'amour. Mais il y a aussi à cela une raison plus profonde. La Pâque marque le souvenir de la remontée d'Égypte, de la délivrance de l'esclavage; cette liturgie familiale marque la réactualisation de cette vieille histoire. Chacun doit se rappeler à tout moment qu'il est lui-même sorti d'Égypte, est-il dit, et on a manifestement vu dans le Cantique des Cantiques une invitation à réactualiser ce voyage en entrant dans le monde de l'amour.

Drewermann: Je pense que nous devrions nous étendre davantage sur l'ancienneté de ces textes. Car l'amour est évidemment aussi vieux que le monde, et les idées du Cantique des Cantiques prennent sûrement leur source dans l'expérience et dans la tradition lyrique des peuples qui l'ont composé. Je crois juste votre remarque sur l'impossibilité d'ignorer que son insertion dans le processus de la nature est un héritage des religions de la fécondité d'où il tire même son origine. Cela me conduit à l'idée qu'il ne nous propose pas une vision parfaitement anodine de l'amour. Il constitue fondamentalement une défense de la longue tradition des rites et des religions de la fécondité. Son admission dans la Bible n'est possible que sur la base de la démystification de l'amour. Et il faut certainement louer Israël d'avoir ainsi distingué la personnalité et la liberté de l'homme du cours de la nature. D'un autre côté, il me semble regrettable que la polémique de l'ensemble de l'Ancien Testament contre les religions mythiques nous ait coûté si cher. Dans les religions de la fécondité, l'amour de l'homme et de la femme avait un caractère de reflet; il était d'une certaine manière béni des dieux. Il constituait le lieu d'expérience sacramentelle où le divin se faisait proche de l'homme, idée dans laquelle beaucoup plus tard le catholicisme se retrouvera en se détachant du judaïsme: il élèvera la sexualité et le mariage à la dignité de sacrement, ce qu'auraient pu comprendre les religions antiques de la fécondité, mais ce que le judaïsme avait exclu. Et je n'ai pas besoin de mentionner que la maturation de ce germe a non seulement conduit le « judaïsme antique » à n'admettre qu'une interprétation « spiritualisée » du Cantique des Cantiques, mais en a même marqué la forme extérieure.

Lüning: Nous aurons à y revenir. Pour le moment, nous voulons simplement rappeler ce qui vient d'être dit: puisque ces chants d'amour n'ont pas d'ordre obligatoire, et qu'il n'est pas toujours possible d'y discerner une logique conductrice, je me suis risquée à les répartir de moi-même en quatre blocs. Premier titre: Désir.

Qu'il m'embrasse à pleine bouche; car tes caresses sont meilleures que le vin, meilleures que la senteur de tes parfums. Ta personne est un parfum raffiné. C'est pourquoi les adolescentes sont amoureuses de toi. Entraîne-moi après toi, courons. Le roi me fait entrer dans sa chambre. Soyons heureux et joyeux grâce à toi. Célébrons tes caresses plus que du vin.

Je suis noire, moi, mais jolie, filles de Jérusalem, comme les tentes en poil sombre, comme les rideaux somptueux. Ne faites pas attention si je suis noiraude, si le soleil m'a basanée. Mes frères m'ont tannée. Ils m'ont mise à surveiller les vignes. Ma vigne à moi, je ne l'ai pas surveillée.

Explique-moi donc, toi que j'aime, où tu feras paître, où tu te reposeras à midi, pour que je n'aie pas l'air de tourner autour des troupeaux de tes camarades. « Si tu ne le sais pas, la plus belle des femmes, toi, sors sur les traces du bétail et fais paître tes biquettes près des demeures des pâtres. »

Tels sont les trois premiers chants dans l'ordre où ils sont dans la Bible. Nous avons besoin de quelques explications. Que signifie: « Je suis noire, moi, mais jolie »?

Haag: Venons-en donc à la description de la beauté et à la réflexion sur elle en tant qu'élément déclenchant l'amour. Quand quelqu'un est beau, on le fait toujours remarquer. On le dit de David, mais surtout des femmes. Dans l'Ancien Testament, il est affirmé explicitement d'au moins une douzaine d'entre elles qu'elles sont belles, très belles. Dans le Nouveau Testament, ce n'est dit d'aucune, ni de Marie, mère de Jésus, ni de Marie Madeleine qui aima tant Jésus et que celui-ci aima sûrement. J'ai très souvent entendu des prédicateurs déclarer que Marie, mère de Jésus, était une belle femme. C'est possible, mais ce n'est pas dans la Bible. Dans l'Ancien Testament, la beauté masculine joue plus encore que la beauté féminine le rôle de détonateur de l'amour. Comme tous les peuples, les Israélites avaient leur idéal de beauté, et, pour les femmes, c'était le teint clair. C'est pourquoi la jeune fille reconnaît très lucidement qu'elle n'a pas la peau blanche, comme le voudrait la règle, mais qu'elle n'en est pas moins belle. Elle se présente comme une bergère qui a bruni à force de paître les troupeaux. A Stuttgart, il y a actuellement une magnifique exposition sur l'Égypte; et il est très frappant d'y voir que les femmes sont toujours présentées comme blanches, les hommes comme rouges. Je ne sais pas s'il y a une explication psychanalytique à cela.

Drewermann: Je pense à deux explications possibles. La première, c'est que l'idéal de la beauté cherche presque toujours quelque chose qui se distingue de la norme. En Europe septentrionale, nous aimons la couleur bronzée, parce qu'elle nous semble un signe de santé et marque que nous sommes assez riches pour nous payer des vacances dans les pays méridionaux. Les peuples qui se trouvent constamment exposés au soleil aiment la couleur blanche: elle montre que l'on peut se dispenser de travailler dans les champs, et qu'on dispose du loisir de rester au palais.

La seconde explication possible, à mon avis la plus profonde, c'est que la métaphore de ce chant joue avec des symboles très anciens qu'on retrouve aussi dans les contes. C'est le roi qui introduit sa fiancée dans son appartement. On peut bien sûr voir derrière cette coutume un rite ou une poésie de cour. Mais on ne trouve aucun conte qui ne présente l'amour sous cet aspect de rapt; le bien-aimé se révèle être un roi, et celui qui aime se voit conférer la dignité de prince ou de princesse. Toute la gloire divine, toute la splendeur royale tombent sur la tête de celui qui se trouve aimé. On découvre qu'il est le centre du monde, le point de convergence de tout. C'est pourquoi je trouve très belle la traduction que Martin Buber a donnée du premier chant: Au lieu de dire: « C'est à bon droit qu'elles sont amoureuses de toi », il dit: « On t'aime franchement »; autrement dit il n'existe aucune angoisse venant barrer le chemin du cœur de l'autre. Il y a expression directe et sans détour de ce sentiment de fascination éprouvé devant l'autre. Et quand vous dites que la beauté est le détonateur de l'amour, c'est sûrement vrai de l'expérience sensible. Je crois cependant, et cela vaut aussi pour les contes, que l'extérieur ne prend sa valeur qu'en tant que manifestation de l'intérieur. C'est ce que veut dire Rilke, quand il déclare que la beauté est un grand éclat de l'intérieur. On vante la beauté du visage, l'allure corporelle de l'autre, mais ce qu'on y voit et ce qu'on y cherche, c'est l'âme qui s'y exprime. Je crois donc que la métaphore de la fiancée brune, si fréquente dans les contes, signifie aussi qu'il vaut la peine de découvrir la vraie nature de l'autre, au-delà de son aspect peut-être repoussant. Je pense par exemple au conte de la Boule de cristal où un homme est à la recherche de soi pour échapper à l'enchantement dont il est victime de la part de sa mère, et qui cherche sur la montagne de verre une amante dont il sait qu'elle est merveilleusement belle. Mais à peine l'a-t-il vue qu'il se détourne d'elle, parce qu'elle a le visage laid et défiguré: un magicien la tient sous son charme. Mais dès qu'elle se regarde dans un miroir et qu'elle redécouvre alors son être véritable, on la réaperçoit telle qu'on la sent. Avant d'en arriver à retrouver la femme blanche sous la noire, il faut souvent des décennies d'apprentissage amoureux. On retrouve ici le même motif, mais presque sous forme de propos piquant, quand la fiancée déclare qu'elle a dû garder les vignes, ce qui ajoute, propos psychanalytiquement à double sens, qu'elle n'a pas su garder la sienne, autrement dit soi-même. Elle a moralement une tache. On pourrait dire qu'elle est une figure d'anima qui attend que l'on découvre sa valeur. Je constate que, dans le Nouveau Testament, cela vaudrait de Marie Madeleine plus que d'aucune autre femme. Elle qui a été possédée de sept démons trouve Jésus, et celui-ci redonne une unité à sa vie. C'est cela, découvrir la beauté de la fiancée noire.

Haag: Est-ce que les Vierges noires qu'on trouve en différents endroits reposent sur le même motif?

Drewermann: Ce serait sûrement intéressant de voir dans quelle mesure le culte marial tient ses portraits des vieilles religions de la Grande Mère. Cela demanderait des réponses très nuancées. Prenons par exemple la Madone de Czestochowa, avec sa forme de visage blessé, ce qui au départ est sûrement dû au hasard, mais qui a été canonisé par l'iconographie; une madone dont tous les traits sont ceux de la souffrance. Ce sont ces traits qu'un peuple ayant depuis des siècles à combattre pour sa foi et pour sa liberté vénérera dans la Grande Mère. C'est évidemment là une image de la Madone fort différente de celles qu'on trouve en Espagne.

Lüning: Pour parler franchement, vous allez un peu vite en traitant déjà de l'âme et de la vie intérieure. Ce qui me plaisait, dans le Cantique des Cantiques, c'est la façon dont il reconnaît, valorise et célèbre le caractère immédiat et corporel de l'amour en le peignant sous mille couleurs. Je m'étonne que le professeur Haag ne vous ait pas contredit quand vous avez parlé d'ambiguïté morale à propos de la phrase: « Je n'ai pas gardé ma vigne. » La vigne est pourtant aussi une métaphore pour la jeune fille, pour le corps. Elle a certes laissé son bien-aimé entrer dans sa vigne; mais pas n'importe qui! Son bien-aimé! Cette idée se retrouve tout au long du texte. La jeune fille en est fière; elle s'en justifie et s'en vante tout au long du Cantique. Ecoutez cette louange de l'amante, de l'amant et de leur mutuelle beauté.

Que tu es belle, ma compagne, que tu es belle! Tes yeux sont des colombes à travers ton voile. Ta chevelure est comme un troupeau de chèvres dégringolant du mont Galaad. Tes dents sont comme un troupeau de bêtes à tondre remontant du lavoir: toutes ont des jumeaux; on ne les arrache à aucune. Comme un ruban écarlate sont tes lèvres, et ta babillarde est jolie. Comme la tranche d'une grenade est ta tempe à travers ton voile. Comme la tour de David est ton cou, bâti pour des trophées: un millier de trophées y sont pendus, toutes sortes d'armures de braves. Tes deux seins sont comme deux faons, jumeaux d'une gazelle, qui paissent parmi les lys. D'ici que le jour respire et que les ombres soient fuyantes, je m'en irai au mont emmyrrhé et à la colline encensée. Tu es toute belle, ma compagne; de défauts tu n'en as pas.

Que tu es belle, ma compagne, comme Tirça, jolie comme Jérusalem, terrible comme ces chose insignes. Détourne de moi tes yeux, car eux m'ensorcellent. Ta chevelure est comme un troupeau de chèvres dégringolant du Galaad. Tes dents sont comme un troupeau de brebis qui remontent du lavoir: toutes ont des jumeaux; on ne les arrache à aucune. Comme la tranche d'une grenade est ta tempe à travers ton voile. À une cavale attelée au char du Pharaon, je te compare, ma compagne. Tes joues sont jolies entre les torsades, ton cou dans les guirlandes. Des torsades d'or nous te ferons faire, avec incrustation d'argent.

Celui que tu chéris, qu'a-t-il de plus qu'un autre, ô la plus belle des femmes? Celui que tu chéris, qu'a-t-il de plus qu'un autre pour qu'ainsi tu me conjures?

Mon chéri est clair et rose, il est insigne plus que dix mille. Sa tête est un lingot d'or fin, ses boucles sont des panicules, noires comme du corbeau. Ses yeux sont comme des colombes sur des bassins à eau, se lavant dans du lait, se posant sur des vasques. Ses joues sont comme un parterre embaumé produisant des aromates.

Ses lèvres sont des lys distillant de la myrrhe fluide. Ses mains sont des bracelets d'or remplis de topaze. Son ventre est une plaque d'ivoire couverte de saphirs. Ses jambes sont des piliers fondés sur des socles d'or fin. Son visage est comme le Liban; c'est l'élite, comme les cèdres, et tout son être est l'objet même du désir. Tel est mon chéri; tel est mon compagnon, filles de Jérusalem.

Deux descriptions, deux chants d'admiration devant la beauté de l'amour, avec beaucoup d'images au premier abord incompréhensibles si on ne connaît pas l'arrière-plan culturel où elles ont pris naissance.

Haag: La description de l'aimé et de l'aimée correspond parfaitement aux besoins humains originels: quand on est enthousiasmé, on éprouve le besoin de le dire. Et si l'objet de la fascination est la beauté de l'aimé ou de l'aimée, comment n'en serait-il pas question? Nous trouvons déjà cette forme de chants descriptifs dans l'antiquité, dans la littérature orientale ancienne, surtout en Égypte. Le Cantique des Cantiques a de nombreux parallèles dans la poésie lyrique de ce pays, à moins de dire inversement la chose. La similitude va très loin, parfois jusqu'à la formulation même. Mais il faut surtout noter le recours aux mêmes images. La poésie lyrique égyptienne est celle de l'Orient ancien que nous connaissons le mieux, d'abord parce que c'est la mieux conservée. Elle est beaucoup plus ancienne que celle de la Bible, ce qui est normal puisque, culturellement, les Égyptiens précédaient de beaucoup Israël. La condition de la femme est également décrite de façon similaire: en Égypte elle disposait absolument des mêmes droits que l'homme; or c'est ce qu'on retrouve dans le Cantique des Cantiques. Ce qui n'est pas l'aspect le moins remarquable de ce poème.

Lüning: Puis-je aussi noter une comparaison qui m'a particulièrement surpris. « A une cavale attelée au char du Pharaon, je te compare, ma compagne. » Le Pharaon et les Égyptiens avaient été les oppresseurs d'Israël; en Égypte, le peuple avait été réduit en esclavage; il était prisonnier. Et voici pourtant que ce même peuple chante son admiration pour ce qui avait dû être objet de crainte et d'effroi: « la cavale du Pharaon ». Cela m'a vraiment étonnée.

Haag: Cela me semble renvoyer au fait que nous sommes au temps de Salomon, où les relations entre Israël et l'Égypte étaient excellentes. Salomon avait épousé une fille du Pharaon, et il avait organisé toute son administration, tout son corps de fonctionnaires, sur le modèle égyptien. En ce temps-là, l'Égypte n'était plus l'ennemi, mais le pays où l'on allait chercher des idées, culturellement et administrativement. Si la jeune fille est comparée à une pouliche, c'est pour mettre en valeur sa fierté, sa beauté, son audace.

Drewermann: Il faut avoir vu une fois l'exposition du trésor d'Akhenaton, et cet écrin où le roi, dressé sur son char, poursuit l'ennemi ou bondit à la chasse. Il faut comprendre ces représentations de façon expressionniste. Je ne pense pas qu'elles aient aucun trait politique. Mais, si on les regarde attentivement, elles agissent. Et le Cantique des Cantiques prête à la jeune fille les sentiments qu'on ressent devant elles. Elles sont si pleines de vitalité, d'emportement, d'énergie! C'est magnifique à voir.

Je tiens encore à dire combien ce serait merveilleux de pouvoir insister un peu plus sur le caractère d'indépendance de l'amour face à toutes les tentatives de canalisation dont il est l'objet dans les sociétés de l'époque. Il est juste de noter que l'Ancien Testament ne parle que rarement ainsi, et que nous sommes très loin de la soumission féminine des temps patriarcaux. Personnellement, dans l'Ancien Testament, je ne connais guère de textes m'impressionnant davantage par sa façon de décrire la liberté de l'amour par rapport aux pressions sociales que le récit yaviste de la création, au début de la Genèse, quand il est dit que l'homme quittera son père et sa mère pour s'attacher à sa femme. Il marque la continuité d'une vision matriarcale du mariage au sein de l'Israël patriarcal, et cela revient manifestement à dire que la relation amoureuse est telle que l'interprétation qu'en peut donner la société importe peu. Du reste, ce prodigieux auteur du début de la Genèse montre qu'une des premières malédictions qui suivent la bénédiction fondamentale accordée à la vie humaine, c'est l'incapacité de l'homme et de la femme de mener ensemble une vie de véritables partenaires. La première malédiction consécutive au péché originel déclare que l'homme imposera sa domination à la femme et se la soumettra. Je pense que la caricature d'amour que nous rencontrons aujourd'hui, le retournement de la confiance en angoisse par réaction contre la domination, ne font que traduire les difficultés que nous éprouvons à nous comporter de façon ouverte l'un vis-à-vis de l'autre. C'est pourquoi, dès le départ, même en présence de ces magnifiques cantiques, je ne voudrais pas qu'on renonce au point de vue psychanalytique qui insiste sur le caractère psychique de ces images. La femme, telle qu'elle est ici dépeinte, n'est pas une femme concrète. Je l'affirme avec force: c'est une figure de rêve. C'est ainsi qu'on voit la femme quand on en est amoureux, mais pour cela il faut en découvrir l'âme, soustraite au temps. D'où du reste la nécessité de se garder de voir dans ce genre de poèmes une espèce de chant romantique célébrant la première partie de la vie, la jeunesse. Il faut se rappeler que, il y a trois mille ans, la durée moyenne de la vie était de trente-cinq ou de quarante ans. En ce temps-là, on ne connaissait absolument pas le problème auquel nous nous heurtons du fait des progrès de la médecine depuis deux cents ans, le doublement de la longueur de la vie, bien au-delà des nécessités biologiques. Ne reste alors absolument rien d'autre à faire que de décliner à propos de l'âme ce qui constitue les fondements de l'amour.

Haag: Vous voulez dire que ces images impliquent aussi toujours une attente? Qu'on projette ses attentes et ses espoirs dans l'aimé?

Drewermann: Même si ces chants pouvaient s'adresser aux mille femmmes de Salomon, cela ne change rien à l'essentiel: puisqu'il est ici question de l'amour pris dans son essence, ces textes renvoient à la découverte de l'âme humaine. L'homme devient beau quand, en en touchant l'âme, on le perçoit comme digne d'amour: ce qu'exprime déjà fort bien la poésie amoureuse égyptienne. C'est aussi ce qu'on trouve traduit dans ce passage du Cantique des Cantiques où on voit surgir l'archétype de « ma sœur fiancée ». Inutile de vouloir interpréter cela sociologiquement en parlant d'une espèce de mariage incestueux. Cela veut simplement dire que l'amour permet de découvrir une espèce de parenté de l'âme. C'est comme si on avait grandi dans la même maison, avec toute une expérience passée commune; comme si l'on était parfaitement égal, avec cette seule différence que l'on a vécu cela comme homme ou comme femme. Et c'est même cette différence dans la similitude et cette polarité qui suscitent l'immense force d'attraction des sexes. « Ma fiancée, ma sœur » est la plus belle expression de tout ce qu'entend dire ce Cantique.

Lüning: Cela va venir. Ecoutons encore un passage, celui de l'attente de la venue de l'aimé, de la séparation et des menaces pesant sur l'amour.

J'entends mon chéri. Le voici: il vient! Sautant par-dessus les monts, bondissant par-dessus les collines, mon chéri est comparable à une gazelle, ou à un faon de biche. Le voici: il s'arrête derrière notre mur, il regarde par la fenêtre: il épie par le treillis. Mon chéri chante et me dit: « Debout, toi ma compagne, ma belle, et viens.Car voici que l'hiver passe, la pluie cesse et s'en va. On voit des fleurs dans le pays, la saison de la chanson arrive, et on entend dans notre pays la voix de la tourterelle. Le figuier mûrit son fruit vert, et les ceps en bouton donnent leur senteur. Debout, toi, ma compagne, ma belle, et viens. Ma colombe au creux d'un rocher, au plus caché d'une falaise, fais-moi voir ton visage, fais-moi entendre ta voix; car ta voix est agréable et ton visage est joli.

Sur mon lit, au long de la nuit, je cherche celui que j'aime. Je le cherche, mais ne le rencontre pas. Il faut que je me lève et que je fasse le tour de la ville; dans les rues et les places, que je cherche celui que j'aime. Je le cherche et ne le rencontre pas. Ils me rencontrent, les gardes qui font le tour de la ville. « Celui que j'aime, vous l'avez vu? » À peine les ai-je dépassés que je rencontre celui que j'aime. Je le saisis et ne le lâcherai pas que je ne l'aie fait entrer chez ma mère, dans la chambre de celle qui m'a conçue. Je vous en conjure, filles de Jérusalem, par la gazelles ou par les biches de la campagne, n'éveillez pas, ne réveillez pas mon amour avant son bon vouloir.

Je dormais, mais je m'éveille. J'entends mon chéri qui frappe. « Ouvre-moi, ma colombe, ma sœur, ma compagne, car ma tête est pleine de rosée, mes boucles, des gouttes de la nuit. » « J'ai enlevé ma chemise. Comment! Je la revêtirais? J'ai lavé mes pieds. Comment! Je les salirais? » Mon chéri avance la main par le trou, et mon ventre s'en émeut. Moi, je me lève pour ouvrir à mon chéri. Et mes mains distillent de la myrrhe, et mes doigts de la myrrhe fluide sur les paumelles du verrou. Moi, j'ouvre à mon chéri. Mais mon chéri s'est détourné, il a passé. Hors de moi, je sors à sa suite. Je le cherche, mais ne le rencontre pas. Je l'appelle, mais il ne répond pas. Ils me rencontrent, les gardes qui font le tour de la ville. Ils me frappent, ils me blessent. Ils enlèvent de dessus moi ma houppelande, les gardes du rempart. Je vous en conjure, filles de Jérusalem, si vous rencontrez mon chéri, que lui expliquerez-vous? Que je suis malade d'amour.

Haag: La première impression est toujours la même. Nous avons ici une expression si vraie et si humaine du désir de l'homme envers la femme et de la femme envers l'homme qu'elle montre à quel point rien d'humain n'est étranger à la Bible. Au départ, nous nous étions déjà demandé comment ces chants y avaient pris place. C'est parce qu'elle est le livre de l'être humain. Si ce que Monsieur Drewermann a écrit dans son livre est vrai, ce fait que l'homme serait destiné à trouver le bonheur dans l'amour d'un autre, il faut bien qu'elle parle aussi de désir, car il fait partie intégrante de l'amour.

Drewermann: Ces beaux textes me conduisent encore à souligner quelques détails. Prenons par exemple l'expression « ma colombe ». La littérature antique nous permet déjà de nous faire une idée de son sens, en particulier du fait que la colombe est l'oiseau de l'amour. Mais je pense que l'image prend un relief encore plus saisissant si on la voit sur son arrière-fond égyptien. Les Égyptiens s'imaginaient l'âme comme un oiseau prenant son envol vers le ciel, vers la lumière du soleil, car ils y voyaient la composante humaine liant l'homme à l'empire de la lumière. Je pense que c'est cela, l'amour. Il peut faire rayonner chaleur et espérance. Il est alors possible de reconnaître dans l'autre ce qui est en lui d'origine divine. Cette poésie qui consiste à voir en lui ce qu'il y a d'ouvert au divin, de le considérer comme une cathédrale... Tout comme au début de la Genèse, quand l'auteur dit que Dieu a fait la femme à partir d'une côte d'Adam, comme si l'homme constituait un dôme, une œuvre d'art inondée de la lumière de l'éternité. Je pense que c'est là la force de l'amour: voir l'autre sous sa forme divine. Et ce qui s'en manifeste alors extérieurement, c'est une perception vraiment marquée du signe de la ferveur, d'une ferveur semblable à celle qu'on trouve dans le poème persan où se cherchent Leila et Madjnoun. Madjnoun devient presque fou parce qu'il ne trouve pas son aimée dans le désert. Lorsque le roi apprend combien il est amoureux de Leïla, il la fait venir à son trône, car il la pense incomparablement plus belle que toutes les femmes de son harem. Mais voilà qu'il la voit telle qu'elle est, hâlée, noire, une simple fille de nomades. Il demande alors à Madjnoun comment il a pu tomber amoureux d'une telle femme. « Qu'y puis-je, Sultan, répond Madjnoun. Il faudrait que tu la voies avec mes yeux. » Je pense que tel est le mystère de l'amour.

Haag: C'est alors que les images s'éclairent, se déploient: les comparaisons surgissent, comme tout à l'heure celle de la tour de David hérissée de boucliers. L'image s'éclaire alors d'elle-même et elle n'est plus transposable. La pointe de la comparaison est la finesse de la tour, à laquelle on compare le cou de la jeune fille.

Drewermann: Je voudrais revenir un instant sur l'autre thème, car il me paraît capital d'un point de vue psychologique, mais aussi théologique: l'inaccomplissement de l'amour, l'insatisfaction de l'ardeur peuvent rendre malade, et seul le bonheur de l'amour peut venir guérir en profondeur cette maladie. La psychanalyse a mille fois confirmé ce point de vue: tout homme venu au jour peut prétendre à la rencontre de celui en qui il trouvera la justification de son existence et la certitude qu'un autre le souhaite. L'amour est le seul lieu permettant à quelqu'un de découvrir son caractère irremplaçable: biologiquement parlant, la reproduction du vivant se fait par myriades d'individus; lui, par contre, n'existe que comme exemplaire unique au sein de l'univers. On ne saurait donc le réduire à une simple donnée relevant des lois de la nature, au simple effet d'un hasard: il a une plénitude intérieure; il est nécessaire tel qu'il est. C'est ce qu'il ne peut découvrir que dans l'amour.

Lüning: Il peut aussi le découvrir à travers l'amour que lui portent ses parents.

Drewermann: Sûrement. C'est d'ailleurs bien la première découverte qui devrait être la sienne. Ce qu'on cherche ensuite à retrouver dans la rencontre homme/femme n'est initialement concevable que sur le modèle de cette expérience originaire. Il faut longtemps pour apprendre à ne plus chercher secrètement dans l'autre son père ou sa mère, pour renoncer au caractère immédiat de la relation entre l'enfant et ses parents et pour fonder l'amour et la confiance sur l'absolu. Au commencement de la rencontre d'un homme et d'une femme, il se passe d'abord toujours un moment où ils jouent à la mère et à l'enfant: on se parle avec des mots d'enfant, on se dorlote, on se fait des petits cadeaux enfantins, on recourt à des pratiques dont on trouve déjà l'amorce dans le règne animal, à des jeux amoureux marquant que l'on a trouvé le lieu où on se retrouve accepté comme un enfant. Le drame de notre existence, c'est que l'amour au sens absolu ne peut s'ancrer qu'en Dieu, au-delà des risques de la vie et de la faiblesse de celui qui nous aime. Pour en arriver à ce point de maturité, autrement dit pour accéder aux conditions de l'amour véritable, il faut la confiance. C'est à bon droit que l'Église rappelle que seule cette confiance rend capable d'aimer. C'est ce qu'elle appelle un sacrement, véritable contrepoison à la maladie de l'amour.

Lüning: Lisons encore et pour la dernière fois quelques chants du Cantique des Cantiques: ceux qui relatent l'expérience du paroxysme de l'amour.

Il me fait entrer au cabaret, mais l'enseigne, au-dessus de moi, est amour. Restaurez-moi avec des gâteaux de raisin; soutenez-moi avec des pommes: car je suis malade d'amour. Sa gauche est sous ma tête et sa droite m'enlace! Je vous en conjure, filles de Jérusalem, par les gazelles et par les lys des campagnes, n'éveillez pas, ne réveillez pas mon amour avant son bon vouloir.

Où est allé ton chéri, ô la plus belle des femmes? Où s'est dirigé ton chéri, que nous le cherchions avec toi? Mon chéri descend à son jardin, aux parterres embaumés, pour paître au jardin et pour cueillir des lys. Je suis à mon chéri et mon chéri est à moi, lui qui paît parmi les lys. Au jardin des noyers je descends pour admirer les pousses de la gorge, pour voir si le cep bourgeonne, si les grenades fleurissent. Je ne reconnais pas mon propre moi; il me rend timide, bien que fille de nobles gens.

Tu es un jardin verrouillé, ma sœur, ô fiancée; une source verrouillée, un jardin scellé. Tes surgeons sont un parc de grenades, avec des fruits de choix ; le henné avec le nard, du nard et du safran, de la canelle et du cinnamome, avec toutes sortes d'arbres à encens, de la myrrhe et de l'aloès, avec les baumes de première qualité.

Je suis une fontaine de jardin, un puits d'eaux courantes ruisselant du Liban. Eveille-toi, Aquilon! Viens, Autan! Fais respirer mon jardin, et que ses baumes ruissellent. Que mon chéri vienne à son jardin et en mange les fruits de choix.

Je viens à mon jardin, ma sœur, ô fiancée; je récolte ma myrrhe avec mon baume; je mange mon rayon avec mon miel, je bois mon vin avec mon lait. « Mangez, compagnons; buvez, enivrez-vous, chéris. »

Tu me rends fou, ma sœur, ô fiancée; tu me rends fou par une seule de tes œillades, par un seul cercle de tes colliers. Que tes caresses sont belles, ma sœur, ô fiancée, que tes caresses sont meilleures que du vin. Tes lèvres distillent du nectar, ô fiancée, du miel et du lait sont sous ta langue; et la senteur de tes vêtements est comme la senteur du Liban. Que tu es belle, que tu es gracieuse, amour, fille délicieuse. Ta stature que voici est comparable à un palmier, et tes seins à des grappes. Je dis: « Il faut que je monte au palmier, que je saisisse ses régimes. Que tes seins soient donc comme les grappes d'un cep, et la senteur de tes narines comme des pommes; et ton palais comme un vin de marque...

...allant tout droit à mon chéri, coulant aux lèvres des dormeurs. Je suis à mon chéri, et vers moi est son élan. Viens, mon chéri, sortons à la campagne. Passons la nuit au village; de bonne heure, aux vignes, allons voir si le cep bourgeonne, si le bouton s'ouvre, si les grenadiers fleurissent. Là je te donnerai mes caresses. Mets-moi comme un sceau sur ton cœur, comme un sceau sur ton bras; car fort est l'amour comme la mort; inflexible comme l'enfer est jalousie; ses flammes sont des flammes ardentes: un coup de foudre sacré. Les Grandes Eaux ne pourraient éteindre l'amour et les fleuves ne le submergeraient pas. Si quelqu'un donnait tout l'avoir de sa maison en échange de l'amour, à coup sûr on le mépriserait.

Lüning: Ce plaisir, cette fête des sens, cette joie du jeu, cette immédiateté, ce n'est pas seulement la description d'un amour conjugal: cela vaut pour tout amour marqué par cette fête, celui où deux êtres se découvrent et fusionnent. Cependant, dans l'introduction de cette traduction œcuménique de la Bible, je lis qu'il faut le comprendre comme une image de l'amour conjugal. Est-ce vraiment une donnée de l'Ancien Testament?

Haag: Il est sidérant de voir la clarté de cette glorification de l'amour consommé, et la façon dont on recourt à toutes les images capables d'en exprimer la douceur et la saveur, en fonction de l'imagination des gens de ce temps-là: le jardin, le parc, le vin, le miel. Je suis toujours surpris de voir comment, d'un côté, le texte exprime les choses sans détour: allons dans les champs, viens, donne-moi ton amour; et comment, de l'autre, on ne traduit le paroxysme de l'amour qu'en images: il y a à la fois voile et dévoilement. C'est peut-être justement ce qui est important dans l'amour: trouver la juste frontière entre cacher et révéler. Quand il est dit: « tes surgeons sont un parc de grenades », tout le monde sait ce que cela veut dire, mais c'est justement dit en image.

Mais je réponds à votre question. Il est évident qu'il ne s'agit pas ici de personnes mariées, car elles se rencontrent dehors, dans la nature; « le feuillage est notre couche », dit la jeune fille au jeune homme. Autrement dit, ils se rencontrent sous les arbres ou, comme c'est dit à plusieurs reprises, dans les vignes. La jeune fille se lève au milieu de la nuit pour chercher son amoureux dans les rues, et elle n'a de repos qu'elle ne l'ait trouvé. Nous avons manifestement à faire à deux personnes non mariées dont on chante l'amour libre — j'emploie sans retenue cette expression d'amour libre, mais nous aurons peut-être à revenir sur elle pour voir combien cet amour n'est pas encore libre. Quand la Bible décrit un comportement à ses yeux moralement fautif, elle fait toujours bien voir qu'elle le condamne: qu'on pense au meurtre commis par Caïn, à l'attitude des frères de Joseph ou à l'adultère de David. Ici, par contre, dans le Cantique des Cantiques, il n'y a aucune allusion de l'écrivain à une quelconque condamnation de ce qui se passe. On ne trouve non plus aucun texte de la Bible marquant quelque retenue que ce soit à l'égard de ce texte. Mais comme cela ne correspond évidemment pas à la morale sexuelle catholique, on n'a pas trouvé d'autre moyen de s'en tirer que de dire qu'il s'agit d'un chant d'amour conjugal. Si même on ne va pas plus loin encore, en contestant qu'il s'agisse de l'amour de l'homme et de la femme, ce qu'on n'a cessé de faire tout au long de l'histoire de l'Église, et en affirmant au contraire qu'il s'agit de l'amour de Yahvé pour son peuple, de celui du Christ pour son Église ou pour Marie, ou du Christ pour l'âme personnelle.

Lüning: Interprétations, glissements de sens, idées a priori...

Drewermann: Je ne trouve pas si mauvais que cela ces interprétations et ces glissements de sens. Je crois au contraire que le jeu laissé à l'appropriation intérieure est assez large pour autoriser ces façons de faire. Il faut d'abord bien se rendre compte des différences culturelles et voir en quel lieu nous parlons aujourd'hui. Il serait certainement difficile de transposer sans contresens à notre époque un certain nombre de données de la vie nomade du Ier millénaire avant J.C. En matière d'amour, nous avons derrière nous une expérience et une histoire, et il faut bien en tenir compte. Le flou de ce poème amoureux laisse toute latitude à toutes sortes d'appropriations en fonction du niveau où on se trouve. Je trouve que vaut ici ce que répète souvent l'hindouïsme: « Les degrés conduisant à Gangâ sont nombreux. » Chacun devra donc interpréter ce texte en fonction du niveau d'expérience qui est le sien. En Inde, on trouve ces temples célèbres dont les parois extérieures présentent des descriptions de l'amour les plus crues qui soient pensables. Le dieu Vishnou, celui qui maintient tout en vie, y joue naturellement un rôle central. Mais le souci des architectes de ces façades a sans aucun doute été de traduire leur vision des différentes formes d'amour comme une sorte de service divin qui va se décantant. Chacune d'elle n'est que l'extérieur du divin. C'est à l'intérieur, dans la cellule du sanctuaire, que l'homme rencontre Dieu sans visage, et tout ce avec quoi il a pu le confondre précédemment n'est qu'un exercice préliminaire à l'entrée dans le temple.

Dans quelle mesure est-on justifié à opérer certaines restrictions allant dans le sens d'un ordre social ou d'une vision morale donnée, pour des raisons qui peuvent fort varier en fonction des circonstances? C'est à voir en détail. Il faut en particulier examiner quelle utilité ou quelle conséquence nuisible cela peut avoir étant donné ces circonstances. Mais je n'en demande pas moins au départ qu'on considère ces images comme moralement neutres, et donc comme disponibles également pour une interprétation allégorique. Je voudrais le redire encore une fois: sous leur première forme, ces chants d'amour étaient aussi des chants religieux.

Quand on regarde l'Égypte, on s'aperçoit fort bien que c'est à la cour du Pharaon qu'on allait puiser ces visions idéalisées de l'amour. Car on voyait en ce dernier l'incarnation et la manifestation du divin sous sa forme idéale. Et la première perception que l'homme a eue de soi est née de la perception d'un au-delà mystique éternel sur la perfection duquel il devait modeler sa courte vie, plongée dans le temps, elle. Pour ma part, je trouve très saisissant le passage où il est dit que l'amour est fort comme la mort. J'espère même qu'il est encore plus fort. Je pense que c'est là le témoignage le plus valable du pressentiment et de la découverte que l'autre porte en lui une vie infinie, une vie qui échappe à la durée, tout à fait dans le sens des Égyptiens. Inutile de le momifier sous sa forme extérieure, comme le faisaient ceux-ci. Ils avaient pourtant raison en ce que l'amour est assez fort pour libérer l'âme en en manifestant l'importance et la beauté éternelles.

Haag: Mais ne devrions-nous pas nous interroger plus que nous ne l'avons fait jusqu'ici sur la signification immédiate du Cantique des Cantiques? Croyez-vous donc possible de marquer une séparation entre l'humain et le religieux, ou, si vous préférez, entre l'amour corporel et le domaine religieux?

Drewermann: Je crois que de façon générale nous ne pouvons parler qu'en opérant des césures. D'où la séparation de l'âme et du corps, de l'amour libre et du lien du mariage considéré comme donnant droit à un monopole sur l'amour. On peut par ailleurs constater l'existence de données naturelles qui nous forcent à voir combien, en matière sentimentale, nous en restons encore à un stade, disons du mésolithique, autrement dit à un niveau archaïque: nous ne cessons d'élever des prétentions les uns sur les autres. « Je t'aime » signifie habituellement: « Tu es ma femme, tu es mon mari ». Cette vision monopolistique débouche sur la jalousie, l'exploitation de l'autre et sa soumission passive.

Si je regarde le Nouveau Testament, je trouve libérateur le fait que Jésus ne parle au départ ni de mariage ni d'amour, mais avant tout du dynamisme oublié de l'amitié et de la fraternité. Dans l'Église, nous avons scindé ce qui va ensemble: nous avons créé un domaine où on vise à canaliser la sexualité dans le mariage, et un autre où religieux et célibataires doivent entièrement sublimer leur sexualité. C'est sur cette double focalisation que s'est développée la foi chrétienne, ce qui a introduit comme une double voie pour aller vers Dieu. Ce n'est pas ce que voulait Jésus. Pour lui, l'essentiel, c'était que personne n'avait le droit d'offenser l'autre, par exemple un mari sa femme, en s'appuyant sur quelque loi que ce soit. Ce qu'il souhaitait, c'était une poésie de la fraternité. C'était cela qui comptait. Il serait essentiel de le redécouvrir, et cela permettrait de parler de manière quelque peu sensée des formes de relations sexuelles.

Haag: Je considère pourtant comme important le fait de ne pas trouver une seule fois le mot « Dieu » dans tout le Cantique des Cantiques. Je ne veux pas dire par là que ces chants n'ont rien à voir avec Dieu, mais simplement que l'Israël ancien, et en particulier l'homme de l'Ancien Testament, n'a pas opéré cette séparation: pour lui, le monde était le monde de Dieu, la vie était la vie de Dieu, celle dont Dieu lui faisait don. Dans cette mesure, toute l'existence, et en premier lieu l'amour, avaient naturellement une dimension religieuse...

Drewermann: ... et en même temps non, car c'est justement l'Ancien Testament qui, par crainte des religions de la fertilité, refuse d'attribuer à la sexualité un caractère sacramentel divin. Et c'est ce que je trouve d'étonnant dans l'Église catholique: cette idée que la rencontre entre l'homme et la femme est une façon d'approcher Dieu. C'est presque une retombée dans les mythes anciens. Il y a là une valorisation extrême de l'expérience de la rencontre de deux humains. L'Ancien Testament a contourné cette idée, bien que je doive naturellement vous donner raison en ce sens qu'il est imprégné de la gratitude ressentie pour cette expérience terrestre de l'amour, même si celle-ci se trouve ensuite tiraillée entre un pôle d'angoisse et de menace et un autre pôle d'espérance et de confiance.

Haag: Qu'entendez-vous donc en parlant d'une sacramentalité de la sexualité présente dans le Nouveau Testament mais absente dans l'Ancien?

Drewermann: Je ne la trouve pas formulée dans le Nouveau Testament, mais dans l'histoire et dans la doctrine de l'Église primitive.

Haag: Et considérez-vous comme un progrès cette sacramentalisation plus tardive?

Drewermann: Oui, je la trouve extraordinaire, car elle n'est possible que sur la base d'un texte de l'Ancien Testament qu'on oublie trop souvent: le récit du péché originel en Genèse 3. En tant qu'humains marqués par l'angoisse, nous avons du mal à rencontrer l'autre en lui permettant vraiment de vivre. Le Nouveau Testament fonde une religion de salut parce qu'il a l'audace de dire que l'amour constitue une des grandes voies d'accès nous permettant de retrouver le paradis perdu. Lorsque nous sommes soulevés par la confiance primordiale en l'arrière-plan du monde, nous pouvons nous rencontrer de façon réellement humaine, et l'autre peut alors réapparaître dans la lumière et reconduire à Dieu. Oui, il devient possible de voir dans l'autre ce que les Égyptiens par exemple avaient déjà dit en conférant certains noms si magnifiques: Tout-ankh-Amon, « Image vivante de Dieu », ou Sekhem-Ka-Rê, « Il rend sublime l'âme du soleil ». Quand des humains ont appris à se décrire de telle sorte qu'ils deviennent signes de bénédiction, on voit s'accomplir à l'intérieur même des profondeurs de l'âme ce que les vieilles religions de la nature projetaient à l'extérieur; et c'est là plus que n'en savait l'Ancien Testament.

Haag: Personnellement, je ne me sens guère à l'aise devant ce discours sur le paradis perdu, car il éveille en moi l'idée d'un monde qui aurait existé ou qui aurait dû exister, mais qui n'existe plus aujourd'hui. Mais le monde que Dieu a créé est bien celui dans lequel nous nous trouvons actuellement. Cela me rappelle tellement « l'état originel » des dogmaticiens, celui qui aurait existé, mais dont l'homme serait déchu, de telle sorte que tout se passerait de manière totalement différente de celle que Dieu aurait prévue... C'est là une vision des choses contre laquelle j'ai toujours été en réaction.

Drewermann: Je voudrais cependant tenter de vous la rendre plus accessible. Telle qu'elle apparaît, cette histoire ne semble jamais se passer comme Dieu la veut. Je suis tout à fait d'accord avec vous que nous n'avons pas à croire que les choses étaient historiquement différentes. Mais, à mon avis, les souffrances que nous nous infligeons mutuellement suffisent à faire percevoir combien nous sommes conscients que les choses devraient se passer autrement. Et cette différence entre la vie effective et celle qui se mesurerait sur notre nature idéale explique la tension dont la théologie tente de rendre compte en parlant de « condition originelle » et de « condition pécheresse ».

Haag: De telle sorte que le paradis originel serait l'état vers lequel nous devrions tendre?

Drewermann: Et que nous pouvons entrevoir à travers l'amour. Je pense que se produit dans l'amour ce qui est décrit à l'origine: l'homme recommence à chanter l'ensemble de la nature, à donner un nom aux animaux, à se réaccorder poétiquement avec les créatures qui l'entourent. Toutes ces images auxquelles recourt le Cantique des Cantiques se pressent alors, car on a pratiquement besoin de toute la création, de l'arsenal de tout notre environnement, pour célébrer la valeur de chaque humain particulier. Quand nous en arrivons à ce point, Dieu est très proche.

Lüning: Monsieur Haag, quelles conclusions avez-vous donc tirées de ce Cantique des Cantiques, pour que l'Église les récuse comme non fondées?

Haag: Oui, c'est effectivement important pour moi. Je pense que nous devons tirer les conséquences du Cantique des Cantiques en actualisant notre morale sexuelle. J'ai dis au départ qu'en la matière je me croyais particulièrement obligé de tenir compte de lui. A l'exception de quelques rares personnes, tous les interprètes pensent actuellement que ce texte ne porte sur rien d'autre que sur l'amour à la fois corporel et spirituel de l'homme et de la femme. On ne peut alors que déplorer de voir l'Église le récupérer pour s'opposer à la sexualité. Les chrétiens, et en premier lieu les catholiques, ne le connaissent pas. Ceux qui ouvrent ce livre sont sidérés de voir ce qu'ils y trouvent. La plupart, quand on leur met en main une Bible, ne savent même pas où le trouver dans l'Ancien Testament.

Lüning: On ne l'utilise même pas pour les lectures du dimanche.

Haag: Il n'apparaît jamais, ni dans les lectures, ni dans les célébrations, et on ne prêche jamais dessus. Comment les chrétiens le connaîtraient-ils? Il a été pris dans le réseau de l'opposition de l'Église à la sexualité, une opposition qui existait déjà dans le judaïsme. Lors de la destruction du Temple et de la dispersion des Juifs, en 70, celui-ci s'est d'une certaine façon recroquevillé. Il en arriva à ne penser possible le maintien de ce livre dans la Bible qu'à condition de le comprendre en un sens dérivé: celui d'un cantique célébrant l'amour de Yahvé pour Israël. La jeune Église a repris cette façon de voir en en accentuant l'antisexualité, en particulier sous l'influence de l'augustinisme. On a alors considéré cette interprétation comme la seule valable, ce qui a pratiquement duré jusqu'à l'époque moderne. On ne saurait expliquer autrement le fait que sur le point d'expirer Thomas d'Aquin se soit fait relire le Cantique des Cantiques du commencement à la fin. Actuellement, une meilleure intelligence du texte nous permet d'en tirer d'autres conséquences (je dis meilleure intelligence, non pas parce que nous serions plus intelligents que nos prédécesseurs, mais parce que nous disposons de plus d'intruments qu'eux pour comprendre la Bible). Je pense que ces conséquences sont très importantes, car notre morale sexuelle traditionnelle repose sur deux piliers: primo, la sexualité n'a de légimitité que dans le cadre du mariage; secundo, ce mariage est indissoluble. Or vous ne trouvez ces piliers nulle part dans la Bible. Partant de celle-ci, nous nous trouvons alors devant l'obligation de reconstruire une nouvelle morale. Ce disant, je suis très conscient de l'impossibilité de retransposer simplement les données bibliques pour notre temps: ce que nous avons à retransposer, ce sont les perspectives ouvertes.

Drewermann: Vous posez un problème complexe. À un

premier niveau, je vous accorderais volontiers que l'Ancien Testament n'accorde plus à l'amour la place native qui lui revenait. La religion de l'Ancien Testament est patriarcale, et, socioculturellement parlant, elle est donc liée à une angoisse devant la femme, à l'abaissement de l'autre sexe. Cela peut tenir à plusieurs raisons sociales ou économiques. Tout l'Ancien Testament est donc pénétré d'une façon de voir ne permettant que rarement de reconnaître en la femme une partenaire, plus rarement encore de reconnaître en elle le complément de l'homme. D'un autre côté, quand le Cantique des Cantiques traite de l'amour en présentant le caractère vital de l'aspect extérieur de cette rencontre entre l'homme et la femme, je pense nécessaire de toujours bien marquer aussi que cet aspect est d'autant plus sublime qu'il peut également donner accès à une dimension intérieure. C'est ce qu'on peut trouver dans l'hindouisme où on célèbre comme vitales les amours du dieu Krishna, incarnation du dieu Vishnou, avec les bergères, en particulier avec Radhâ, sa bien-aimée. Dans cette religion aussi, on assiste à une intériorisation des chants d'amour de Radhâ: ils sont toujours compris comme une description de la relation de l'âme au Brahman. C'est le propre de toutes les religions de sentir qu'à travers celui qu'on aime, on se confronte à l'infini. Les yeux de l'être humain que l'on aime vraiment sont comme les fenêtres d'une cathédrale: ils ouvrent sur l'infini. Cela, les religions le savent bien, et elles ont à le rappeler. Et c'est la même et seule force qui nous pousse à nous aimer par toutes les fibres de notre être et qui meut notre cœur vers Dieu. C'est pourquoi je ne considère pas du tout d'emblée comme mauvais le fait qu'un homme comme Augustin ait conféré une valeur au sens allégorique du texte. Ce que je considère comme néfaste, c'est la destruction du sens symbolique qui appartient de droit à l'amour, et la coupure que l'on a opérée dans ce qui devrait rester un, celle entre d'un côté une allégorie spiritualisante et de l'autre une expérience sensuelle de sexualité; c'est le fait que l'on ait brisé le lien symbolique, donc la possibilité de purification à laquelle nous sommes appelés aujourd'hui — du fait que nous vivons deux fois plus longtemps que les membres des cultures primitives, et que, au cours de la seconde moitié de notre vie, nous ne pouvons vraiment intégrer l'aspect extérieur de l'amour qu'en reconnaissant la valeur de son sens symbolique. Ce que je tiens pour mauvais, c'est le fait que, comme chrétiens, nous ayons à nous aimer par charité, dans le sens de l'*agapè*, et que le mariage n'apparaisse plus alors que comme un *remedium concupiscentiae*, comme un remède à la concupiscence.

Il y a une chose sur laquelle je suis pleinement d'accord avec vous: il ne peut être bon de poser a priori que seul l'amour conjugal peut justifier un quelconque partage de tendresse, de poésie, de sensibilité envers l'autre, alors que cet amour ne se manifeste souvent qu'au terme d'un long apprentissage marquant tout le développement de la personne. On confond alors le résultat avec le moyen et on inverse tout simplement l'ordre des choses. Il y a des ukases moraux totalement absurdes, et ils ne font que susciter l'angoisse chez des êtres en pleine croissance. On détruit alors le caractère symbolique de la rencontre. On exige trop et beaucoup trop tôt. Il faut encore ajouter, et je tiens à bien le mentionner, le fait que, dans l'Église catholique, quand on parle de mariage, on rappelle toujours l'exigence de l'enfant. Parmi les causes essentielle qui le légitimeraient, il y a la fécondité, le désir d'une progéniture.

Sur ce point, l'Église doit elle-même reconnaître une contradiction à résoudre. Dès le départ, à l'encontre de l'Ancien Testament, elle a fait ressortir la valeur infinie de la vie individuelle, ce que je tiens pour méritoire: ce n'est pas le peuple qui est appelé, c'est chaque personne. Chacun est en ce sens en relation immédiate avec Dieu, et chacun a toute la dignité que l'ancienne Égypte attribuait à son Pharaon. On peut reconnaître en chacun une manifestation du divin, une réalité à découvrir pour comprendre le chemin qui mène à Dieu. Cette personnalisation de l'histoire, cette centration sur une personne qui a à choisir entre la vie et la mort, constitue vraiment un progrès extraordinaire. C'est bien pourquoi je puis me permettre de blâmer dans une certaine mesure le christianisme des premiers siècles, quand, au départ de son combat en faveur de la liberté de la personne, il s'est opposé de façon aussi cassante au dynamisme de l'instinct, donc à celui de la nature dans l'homme. Je puis trouver une certaine justification de cette attitude pendant une certaine durée de son histoire, car toute nouvelle découverte suppose toujours la rupture des liens anciens.

Mais un simplisme nécessaire au départ a fini par se montrer nocif, et le christianisme s'en est trouvé obéré de façon inconséquente. On ne peut dire que l'amour se fonde d'emblée et essentiellement sur une décision personnelle de l'homme et la femme et que ceux-ci, en se découvrant, s'aident mutuellement à découvrir Dieu, et affirmer en même temps qu'amour égale fécondité, comme au temps de l'âge de pierre. Lier une définition archaïque de la communauté de vie entre l'homme et la femme et les idées parfaitement modernes qui sont devenues les nôtres débouche sur une mixture anthropologique absolument intenable. Il nous faut aujourd'hui répondre à ce qui est la volonté du christianisme lui-même, en affirmant beaucoup plus fortement le caractère libre et personnel de l'amour, en même temps que sa dimension de tendresse, de poésie, de sensibilité. Il faut en faire ressortir la valeur unique, à l'encontre de toutes les tentatives de l'assujettir aux fins de la société et à des objectifs au fond secondaires.

Haag: Oui, c'est très important de voir le Cantique des Cantiques louer l'amour comme tel. Les deux personnes dont il y est question ne sont pas mariées. Je n'irais pas jusqu'à voir dans le texte une attaque contre le mariage: ici, on n'en parle pas, ni en pour, ni en contre. On prend l'amour et on l'apprécie pour ce qu'il est. Mais, Monsieur Drewermann, si je me rappelle bien, vous écrivez fort bien dans votre livre que pour vous il ne saurait y avoir de limite à l'amour? Trouveriez-vous justement une confirmation de ce propos ici, dans le Cantique des Cantiques?

Drewermann: Tout à fait. Et je la trouve dans les poésies de tous les temps et de toutes les langues. Je ne regrette pas vraiment notre oubli du Cantique des Cantiques: la poésie lyrique de l'Orient ancien échappe totalement à la moyenne de nos contemporains, et on ne saurait immédiatement la réactualiser. Mais l'oubli de la poésie amoureuse, la destruction de la tendresse jusqu'au cœur de notre littérature, l'exaltation de la sexualité sous ses aspects extérieurs les plus grossiers, ou à l'inverse l'oubli qu'en opère l'Église dans une espèce de culte presque mystique, sans qu'il n'y ait plus de communication entre les deux choses, voilà ce que je déplore profondément. En pratique, nous ne cessons de répéter que la question importante, c'est de savoir que faire et comment nous comporter en matière sexuelle. C'est vraiment une question idiote, j'en suis convaincu. Ce qui colle humainement: telle est la première chose à redécouvrir en apprenant à aimer. C'est pourquoi je me préoccupe tant de la dimension psychique de l'expérience, du côté psychologique de l'amour, du caractère humain de la rencontre. Là, la sexualité n'a pas de valeur particulière, mais elle va de soi quand elle s'exerce correctement.

Lüning: Mais cela va naturellement à l'encontre du caractère objectif des normes sexuelles de la morale de l'Église.

Drewermann: Là, je ne saurais nier l'ambiance de peur encore largement diffuse à l'heure actuelle. Je pense par exemple au temps de Pie XII, où on demandait aux prêtres chargés des jeunes de leur rappeler le caractère mortel, autrement dit passible de l'enfer, de toute expérience sexuelle. Si on s'en tenait à ce qui était dit, il ne devait y avoir aucun temps d'apprentissage de la sexualité. À travers mon travail de conseiller, j'ai connu nombre de gens qui ont couru le pays sans trouver aucun prêtre, aucune autorité capable de les détourner de cette vision des choses, et qui se sont eux-mêmes montrés incapables de penser par eux-mêmes, à moins de rompre avec cette Église qui prétendait les arracher sans transition à leur jeunesse en les considérant comme des adultes faits. Or cette absence de transition reste encore un élément traditionnel de l'Église. Elle peut avoir un sens dans des sociétés telles que celle de l'Ancien Testament où à treize ans, après la Bar-mitzva, on pouvait se marier: il n'y a guère à apprendre, on vit sa sexualité et il n'y a pas de problème. Chez nous, où on se marie à vingt-sept ou trente ans, il y a évidemment problème. Et il nous faut franchir des stades de maturation dont l'Ancien Testament n'avait guère idée, mais qui pour nous sont précieux. C'est là où l'enseignement chrétien concernant la maturité personnelle est extrêmement important. C'est pourquoi le christianisme devrait lui-même se soucier d'utiliser cette longue période d'apprentissage en se donnant comme objectif pédagogique un approfondissement et une intériorisation symboliques de la vie sexuelle, au lieu de continuer à recourir encore à des traditions surannées qu'on rend obligatoires, ceci en parfaite contradiction avec sa propre doctrine et sa vision des choses.

Haag: Je pense que nous ne devrions pas nous limiter à la sexualité, mais étendre notre regard à tout le domaine de l'érotique. Cette érotique, l'Église l'a chassée, éliminée, et cela peut-être justement parce qu'elle a ignoré le Cantique des Cantiques.

Drewermann: Je pense au contraire que le premier refus est celui de l'érotique, et que c'est alors qu'on n'a plus eu besoin du Cantique des Cantiques.

Haag: C'est en effet bien possible.

Lüning: Comment cela s'est-il produit? Comment a-t-on pu en arriver là?

Haag: Pour des raisons diverses. On en trouve déjà les racines dans le Nouveau Testament, je pense. Vous n'êtes pas d'accord?

Drewermann: Je dirais déjà dans l'Ancien Testament. C'est très net. Pensez au combat mené contre la religion de la Grande Mère. La Grande Mère engendre un immense lyrisme amoureux. Et on la retrouve partout: chez les anciens Indiens, chez les Égyptiens, et en bien d'autres endroits. Or cette forme de religion, qui touche aux couches les plus profondes de la psyché humaine, ouvre à l'amour. On retrouve aussi le même combat contre elle dans des cultures qui n'ont absolument aucun rapport avec l'Ancien Testament, par exemple chez les Aztèques d'Amérique centrale. Ceux-ci ont des formes d'organisation extrêmement patriarcales, avec des groupes à l'idéal presque monacal, comme dans l'Église catholique. Les deux choses sont profondément liées. Le patriarcalisme réclame les sacrifices, l'interdit des sentiments, le rétrécissement de la pensée, le recours à la terreur contre les femmes, la destruction de la poésie de la nature, et, dans l'ombre de tout cela, le crépuscule de l'amour. Tel est bien l'héritage que nous a laissé l'Ancien Testament. Ce en quoi je ne nie pas qu'il est important d'avoir arraché l'homme au cycle de la nature.

Lüning: Oui, mais je pense pourtant que non seulement l'Ancien Testament parle beaucoup plus librement de la sexualité, mais qu'il montre aussi en ce domaine un comportement beaucoup plus libre que le Nouveau Testament, et surtout que l'Église postérieure.

Drewermann: Je ne saurais le nier. Je veux simplement dire que la tendance qui s'est affirmée dans l'Église avait des précédents. Il faudrait compléter cette préhistoire en étudiant l'histoire culturelle de la Grèce et de son patriarcalisme, lequel a aussi réagi sur le judaïsme. Mais il faudrait surtout penser à tout ce que le christianisme a apporté de vraiment neuf en introduisant l'idée de l'unicité du mariage. Je crois que celle-ci est due à une influence romane, à l'idéal monastique qui a régné au début de l'Église: ce qui a provoqué de façon très ambiguë le recul de l'ouverture d'esprit relative avec laquelle l'Ancien Testament considérait encore la polygamie. N'aimer qu'une femme peut conduire à une intensification inouïe de tous les sentiments et de toutes les relations, mais peut évidemment aussi avoir un effet dévastateur catastrophique si cela débouche sur une simple nomenclature de la censure morale. Politiquement comme psychologiquement, on n'est alors plus loin de la chasse aux sorcières.

Haag: L'unicité du mariage allait certainement de soi dans le judaïsme du temps de Jésus. Nous devons bien voir qu'en cela l'Église n'a fait que prolonger les usages juifs.

Drewermann: Mais c'est aux écrits de Qumrân que nous devons la définition de cette unicité comme obligatoire: dans le judaïsme archaïque, on ne l'exprimait pas ainsi. Ce qui naît ainsi est vraiment quelque chose de neuf, sûrement très lié à l'évolution sociale. Une société aussi appauvrie que l'était le judaïsme d'après 70 avait raison de dire que ses membres masculins ne devaient désormais avoir qu'une seule femme.

Haag: Mais quelle attitude prendre aujourd'hui vis-à-vis du Cantique des Cantiques? Quelles conséquences en tirer actuellement? Nous vivons dans un temps d'insécurité totale. Personne ne sait plus que penser. Autour de nous, nous entendons continuellement des gens s'en plaindre. Les vieilles générations reprochent aux jeunes de ne plus avoir de normes, de ne plus reconnaître aucune règle. Elles reprochent aussi aux théologiens de tout laisser couler. A quoi devons-nous nous accrocher? Le Cantique des Cantiques peut-il répondre à notre désarroi? Telle est la question que nous devons nous poser, en tout cas ici, en conclusion.

Drewermann: Monsieur Haag, je vous suis très reconnaissant de redécouvrir un peu de la poésie de l'amour. Je crois que toute poésie de l'amour bien réelle nous aide nous-mêmes un peu, parce que la poésie n'est possible que là où esprit et sens retrouvent leur unité. Alors, mais alors seulement, on peut redevenir créateur. Le cancer dont nous souffrons n'est pas celui de la sexualité, même si celle-ci en constitue un symptôme et un aspect. Notre problème est celui d'une déchirure qui traverse tous les domaines de la vie. Elle détruit la personne, car elle nous dénie toute possibilité du sens dont nous aurions besoin pour vivre. C'est ce que je constate dans mes consultations, et ce que me redisent ceux avec qui j'échange: nous donnerions cher pour avoir encore plutôt affaire aux névrosés d'il y a vingt ans. C'est relativement simple d'humaniser un sur-moi draconien: l'autre vous fait pitié, et on veut l'aider. C'est beaucoup plus simple que d'avoir affaire à quelqu'un qui a perdu tout sens de l'orientation et qui en est arrivé à un état de destructuration et de dévastation totale. A ceux-là, il faut dire de se discipliner, de découvrir que l'on vit d'échange, et même en un certain sens de sacrifice et de renoncement; que les choses n'ont de valeur que dans la mesure où on s'engage.

Haag: Quand vous dites qu'il ne devrait pas y avoir de limites à l'amour, on pourrait vous objecter que le Cantique des Cantiques en connaît une: son caractère personnel. Vous direz sans doute qu'il ne s'agit pas là d'une limite, mais seulement du fait que l'amour ne devient véritable qu'en étant personnel. C'est pourtant la seule condition que le Cantique des Cantiques pose à l'amour, autrement dit à la sexualité: il faut qu'il soit personnel. Et toutes les autres conditions que l'Église ou la société ont échafaudées ne sauraient trouver aucune justification dans le Cantique des Cantiques, tout comme elles semblent impossibles à justifier par quelque autre déclaration biblique que ce soit. Le Cantique des Cantiques ne cesse de redire la nécessité du caractère personnel de l'amour: l'amoureux ne connaît que son amie, sa belle, et elle ne connaît que son aimé, son ami. Dans cette mesure, ces chants ne constituent en rien une déclaration de liberté sexuelle totale, comme notre interprétation a pu occasionnellement le laisser sous-entendre: le Cantique des Cantiques prend vraiment au sérieux ce caractère personnel.

Drewermann: Cela me paraît vraiment constituer le nœud de notre problématique. Comment sauver la personne devant le flot de la massification, de la banalisation, de la perte du sens? Je suis d'accord avec les idées et les craintes les plus sombres de Max Horkheimer: il se pourrait que, dans notre société, le concept de personne ne soit plus qu'une valeur surannée appelée à disparaître. Nous entrerions alors dans une société de masse qui ne comprendrait même plus de quoi nous voulons parler en employant ce terme. Nous pouvons constater que, sur nos scènes, on ne comprend plus Shakespeare, que Roméo et Juliette font un bide. Nous ne comprenons plus la poésie de l'amour, nous ne comprenons plus les contes, ni évidemment le Cantique des Cantiques. Mais avant tout nous ne nous comprenons plus nous-mêmes. C'est ce qui me paraît le plus effrayant dans tout cela. C'est pourquoi je crois que nous devrions cesser un moment de parler de la sexualité, du mariage, de la famille, en tout cas dans l'Église. Nous nous sommes tant brûlé les doigts sur ces thèmes qu'il nous est bien difficile d'en parler. Nous avons à parler de l'amour personnel, à cultiver les vertus de l'amitié. Nous vivons aujourd'hui dans une société si détraquée que l'on repousse à l'heure de la consultation psychanalytique le moment de la rencontre toute simple de l'autre, sans censure, sans commentaire de ses faits et gestes, sans volonté de le diriger. On recourt pour cela à l'art de médecins particulièrement formés à cette responsabilité. Et cela au lieu de saisir qu'il s'agit tout simplement là d'humanité élémentaire. Le

Nouveau Testament nous permet de découvrir comment dépasser barrières et tabous, comment s'intéresser à la misère et au malheur des autres, comment voir le monde de ses propres yeux et redécouvrir la beauté véritable de l'autre jusque sous les traits déformés d'une moricaude, comment croire en cette beauté au point de rendre à l'autre le sentiment de sa valeur, tout comme Jésus redonnait au lépreux le certitude qu'il était purifié.

Il est certain que la répression sexuelle a beaucoup contribué à rendre l'homme incapable d'accepter son corps. Les femmes n'osent plus se regarder de haut en bas dans une glace pour s'y reconnaître femmes. Et voilà qu'elles doivent déjà se marier, avoir des enfants, rester fidèles à leur partenaire, le servir en toutes choses. Il vaudrait la peine de creuser toutes ces tragédies du mariage chrétien, et l'Église en est certainement largement coupable. Cependant si nous voulons « sauver » les gens, ce n'est pas par ces symptômes qu'il nous faut commencer. Nous avons à cultiver une vertu intermédiaire, celle dont je reconnais la présence dans l'amitié. Car Jésus n'a jamais parlé systématiquement ni de la sexualité ni du mariage. Ce qu'il souhaitait vivre, c'était la fraternité: une rencontre du prochain dépouillée de toute arrière-pensée, où chacun ne se soucierait que de ce qui est bon pour l'autre, s'efforcerait de mettre cet autre en valeur et d'écarter tous les côtés ombreux de sa vie (y compris les faux-semblants remontant au jardin d'enfants) afin de lui reconférer toute sa dignité et toute sa grandeur.

Lüning: La première aide de l'Église en ce domaine consisterait d'abord à laisser tomber un certain nombre de sermons. Mais il faudrait aussi probablement en dire autant de tous ces principes rigides, qui continuent à peser si lourd sur tant de gens et les rendent incapables de devenir eux-mêmes, d'aimer...

Drewermann: L'Église doit passer aux aveux. Il n'est plus possible de prétendre encore lier la sexualité à la fois à l'amour et à la fécondité, dans un monde où, selon les estimations, il y a 150 millions de gens à mourir de faim tous les ans. On ne peut plus prétendre que la surpopulation n'est pas un problème. C'est en réalité une bombe qui nous conduira nécessairement au bord de l'abîme, à moins que nous ne nous précipitions sur des solutions violentes et dictatoriales, ainsi que c'est toujours le cas dans l'histoire quand on attend trop longtemps pour se rendre à la raison.

L'Église devrait en outre dire ce qu'elle veut: que l'important, c'est de vivre personnellement et intégralement l'amour. Mais cela exclut les dichotomies, les finalités hétérogènes, l'hétéronomie d'une morale qu'on ne saurait sans angoisse façonner de l'extérieur. La première chose à dire aux gens, c'est qu'il fait bon vivre, qu'il est bon d'avoir un corps et un esprit que l'on peut actionner et qu'on doit développer; qu'il peut y avoir continuité entre l'enfance et l'âge adulte, comme c'est encore le cas dans les cultures tribales, et que la puberté n'est ni une croix ni un péché.

Haag: Alors il nous faut bien encore en parler. L'Église s'est brûlé les doigts, ou nous nous sommes brûlé les doigts en reculant pouce à pouce; parce que nous avons bien dû reculer pouce à pouce sous la pression de l'opinion publique ou sous celle de la vie pratique, laquelle nous a tout simplement blackboulés. Mais nous n'avons pas cherché à construire une morale sexuelle d'orientation biblique. Pensez-vous que la Bible puisse de façon générale nous fournir quelques indications ou quelques lignes de conduite en ce domaine?

Drewermann: En tant que théologien, je ne devrais pas dire ce que je vais vous dire: je crois que la Bible est un livre qu'on lit de façon différente à chaque époque. Cela dépend de ce que nous vivons et de ce que nous faisons d'elle. Le temps est depuis longtemps mûr, et il n'est que trop justifié d'en redécouvrir les aspects lyriques. Mais, en tant qu'exégète ou que théologien, je ne crois plus que nous puissions façonner l'existence sur ce qu'on pourrait appeler le principe du scribe. Je pense que les choses se passent en sens inverse: nous lisons la Bible en fonction de ce que nous sommes, et elle peut alors marquer notre vie en venant la confirmer, la remettre en cause ou la censurer. Impossible de nous appuyer sur le Livre pour nous ruer sur la société en criant: « Voilà ce qu'il faut faire! » Cela n'impressionne plus. C'est pourquoi je trouve bonne la possibilité actuelle d'écrire des livres comme les vôtres.

Haag: Je pense qu'en tout cas cette façon de faire nous permettra de remédier un peu à l'appauvrissement...

Drewermann: A l'appauvrissement et à l'abrutissement généralisés: tel est bien le problème. La catastrophe que provoquent en matière sexuelle la censure et, en retour, les réactions contre elle n'en est qu'un exemple. Mais ce qu'il faut chercher à tous les niveaux, c'est comment réatteindre la couche du sentiment; et pour cela nous avons besoin d'une société permettant à nouveau aux enfants de vivre, aux gens de rêver; d'une société qui fasse appel à la créativité des personnes, et qui propose une forme de sacrement, de rituel, rendant à nouveau perceptibles les valeurs sensibles de la poésie, de la musique, de l'art. C'est dans la mesure où nous pourrons puiser dans cette richesse de la société et de l'Église que nous pourrons redécouvrir l'ordre de l'amour. Je ne pense pas que ce soit là une performance dont les individus soient capables à eux seuls, même si chacun a dans sa vie la chance de rencontrer au moins une fois sur son chemin la personne qui le mettra en relation avec l'infini. Je n'ai jamais renoncé à cette espérance.

Lünning: Ne pensez-vous pas que nous nous heurtons à des difficultés particulières, du fait que, dans l'Église catholique, les dispensateurs de sacrements, les prédicateurs, les chefs de communautés, sont encore essentiellement des prêtres célibataires auxquels la loi ecclésiastique interdit fondamen-talement de vivre l'amour en plénitude.

Drewermann: Oui, à coup sûr.

Haag: Il y a sûrement une relation entre la dévaluation de la sexualité dans l'Église et la loi du célibat. Cela me paraît incontestable.

Drewermann: C'est là que la déchirure me paraît la pire. On se console en construisant en idée deux ordres, celui qui sublime la sexualité et celui qui la canalise. On ne voit pas que les deux ne font qu'un. Impossible Église, que celle où on chercherait à fonder une forme de vie répondant à la fin des temps, et une autre où on prendrait en charge le présent.

La tension entre les deux se retrouve au cœur de tout homme, et l'amour est le lieu de l'unité; il nous reconduit à un paradis où on se retrouve près de Dieu. Il est la véritable réalisation de la fin des temps, si on le veut tel, et c'est bien ainsi qu'on doit le cultiver.

13

La Bible, livre de songes[1]?

Peter Hertel présente Eugen Drewermann:

— Ce n'est évidemment pas un hasard si je vois actuellement paraître presque en série articles et livres contre moi. Cela répond très manifestement à la demande de la Commission de la foi de la Conférence catholique des évêques de la République fédérale allemande. Puis cela s'est étendu aux pays germanophones, Autriche et Suisse.

Il est certain que le point de vue que je défends a provoqué toutes sortes d'inquiétudes, ce qui est inévitable et nécessaire. Depuis que cette campagne s'est déclenchée, il y a deux ans, je puis presque dire qu'il m'est devenu indifférent de savoir si je serai condamné. Ce que je désire, c'est défendre une cause précise, pour moi essentielle: la volonté de Jésus, c'était de s'ouvrir à la misère de tous, sous le signe de la miséricorde d'un Dieu qu'il appelait son père et qui, je le crois, était aussi mère.

— *Celui qui parle ainsi se trouve depuis quelques temps soumis à un tir nourri. Il s'appelle Eugen Drewermann, a quarante-sept ans (en 1988, NdT), est prêtre catholique et psychologue. Il est maître de conférences à la Faculté théologique de Paderborn, où il exerce aussi un ministère*

1. Émission du 18.6.1986 de la Norddeutschen Rundfunk, deuxième programme.

dans une paroisse catholique de la ville. Il n'existe actuellement aucun théologien allemand — de l'Église catholique, mais aussi des Églises protestantes — aussi discuté qu'Eugen Drewermann. Ce prêtre a déjà écrit 24 livres, 7 000 pages, et son 25ᵉ ouvrage est sous presse. C'est un auteur fort apprécié de best-sellers, et ses lecteurs constituent une véritable paroissse. Ses livres ne traitent pas seulement de problèmes théologiques, mais aussi du rôle essentiel que jouent dans la vie contes, mythes et rêves. C'est ainsi qu'un de ses derniers ouvrages s'intitule: Interprétation psychanalytique des contes de Grimm.

En l'espace de deux mois, on a vu paraître deux livres sur Eugen Drewermann: le premier, comme il vient de le dire, sur ordre de la Commission de la foi de la Conférence catholique des évêques de la République fédérale allemande. C'est ainsi que, il y a des années, commencèrent les attaques contre le théologien de Tübingen, Hans Küng, ce qui valut à celui-ci la perte de son poste d'enseignement ecclésiastique. Cependant les deux théologiens diffèrent profondément l'un de l'autre. Non seulement parce que Hans Küng était professeur de théologie et que Drewermann se veut avant tout pasteur; mais aussi parce que celui-ci s'engage sur un chemin entièrement neuf, qui déborde de beaucoup celui de la théologie d'école. Sa pastorale promeut manifestement la nouvelle alliance entre théologie et psychologie qu'on pouvait déjà entrevoir depuis longtemps.

— Dans l'idée que je me fais de moi-même et dans mon évolution, je suis essentiellement un pasteur. Comme pasteur, j'entends répondre à la lettre, mais aussi en tenant compte de la situation actuelle des gens, à la mission que Jésus nous a confiée dans le Nouveau Testament. Dans le Discours sur la montagne, il a dit: « Si quelqu'un te demande de faire un mille avec lui, fais-en deux. » Je comprends cela comme un appel à s'ouvrir à la souffrance des gens encore plus qu'ils ne le demandent, donc à trouver une façon de les accompagner correspondant à ce que voulait Jésus, de percevoir leurs besoins profonds derrière les attitudes et les expressions qui les traduisent. Il ne s'agit donc pas du tout de vouloir les diriger ou les censurer en fonction des normes et des idées ecclésiastiques; mais bien de marcher avec eux en leur permettant d'échapper à leur angoisse et de se retrouver ainsi chez soi. Dans cette mesure, je ne puis dissocier pastorale, au sens chrétien du terme, et guérison des conflits et des maladies psychiques. En fait, je rêve d'un avenir où nous redécouvririons l'identité des deux choses. Ce qu'il nous faut retrouver, c'est un christianisme nous permettant d'échapper à toutes les maladies dues à l'étroitesse et à la stérilité de notre vie religieuse.

— *Dans ses manières extérieures, Eugen Drewermann ne donne pas l'impression d'être un grand de notre époque. Il vit en simple locataire d'un appartement situé au troisième étage d'un immeuble genre caserne, dans une rue passante: un style certainement inhabituel chez les professeurs d'université. Quand on l'interroge sur cette forme de vie, on est quelque peu surpris de sa réponse: compte tenu de son poste de maître de conférences, il ne vit pas si mal que cela, surtout si on pense à la pauvreté qui fut celle de Jésus et qui devrait être celle de ses témoins.*

En allant lui rendre visite à Paderborn, je souhaitais avant tout m'informer des raisons profondes du conflit qui s'est allumé depuis quelques temps autour de sa personne et de son œuvre littéraire. La recherche essentielle de Drewermann est centrée sur une interprétation psychanalytique de la Bible au sens de C.G. Jung. Ce qui le conduit aussi à s'intéresser aux mythes, aux légendes, aux rêves. Il ne limite pas son étude au monde culturel chrétien, mais s'appuie aussi sur les expériences non chrétiennes. A quoi voudrait-il parvenir?

— Il nous faudrait réapprendre à redonner leur valeur à toutes ces expressions symboliques dont nous avons tant besoin dans la vie quotidienne. Pour résumer les choses, je dirais ceci: quand ils viennent chez le psychanalyste, les gens cherchent à lui expliquer ce dont ils souffrent. Pour cela, ils disent ce dont ils ont conscience. Mais il est manifeste que cela ne suffit jamais à livrer le véritable arrière-plan de leur mal. Au lieu de cela, il suffit souvent d'un seul rêve pour faire apparaître clairement le conflit qui les taraude à longueur de jour, mais qu'ils refoulent, dans la nécessité où ils se trouvent de s'adapter au fonctionnement qu'on attend d'eux. Les songes peuvent nous dire beaucoup plus de choses vraies que nous ne le permet notre pensée consciente. Cela vaut aussi de discours religieux: pour nous transmettre des vérités qui ne sont pas de nature objectives, comme le sont un verre d'eau ou une tasse de café, il recourt à un langage symbolique proche de celui des rêves. Utilisés comme symboles, les objets peuvent servir à se communiquer des vérités d'un autre ordre que leur réalité matérielle. De même, les récits bibliques de faits ne font rien d'autre que nous transmettre de tels messages symboliques. Ils ne visent pas à nous faire savoir ce qui a existé objectivement, mais à témoigner des expériences qu'ont vécues certaines personnes. C'est pourquoi ce qu'ils décrivent vaut pour tous les temps. La religion se maintient justement parce qu'elle confère une valeur intemporelle à ce qui s'est passé une fois pour toutes dans le temps. C'est pourquoi la Bible nous touche encore au bout de deux millénaires, et continuera encore à nous atteindre dans deux mille ans, je l'espère.

— *Pour les chrétiens, il est cependant important de savoir que Jésus est le Fils de Dieu fait homme; que, sur la croix, il a sauvé les hommes; qu'il est ressuscité. Ce ne sont pourtant pas des contes? Ou bien pensez-vous que cela appartiendrait au trésor des légendes ou des mythes que vous lisez dans la Bible?*

— Voyez-vous, celui qui déclare: « Je crois en Jésus, Fils de Dieu », utilise un langage symbolique préexistant. Et nombre de nos auditeurs, proches du christianisme, saisiront aussi ce que cela veut dire. Mais j'aimerais rappeler que, tout au long de l'histoire millénaire de l'Église, et jusqu'à aujourd'hui encore, l'explication étroitement rationnelle donnée de ce symbole de la filiation divine appliqué à Jésus n'a pas seulement suscité des confusions logiques et des artifices d'interprétation de tout genre, mais qu'elle n'a cessé de susciter hérésies et dissidences que l'Église a dû combattre par la force, alors que leurs représentants étaient subjectivement fort croyants.

Ces jours-ci, quelqu'un — un étudiant — me déclarait: « Je ne puis absolument pas croire en Jésus Fils de Dieu. Mais quand j'ai très peur, je m'imagine transporté en esprit sur le lac de Gennesareth; Jésus vient à moi et je lui parle. » Je crois que cet étudiant ne fait ainsi qu'exprimer à sa façon ce que nous affirmons dans notre dogmatique. Mais il le dit de façon telle qu'il traduit en même temps son trouble, son existence concrète. Ce en quoi il ne peut pas croire, c'est en quelque chose de fantasmagorique. Mais ce qu'il entend affirmer, c'est qu'il existe pour lui un point de référence absolu qui lui permet de s'orienter, un quelque chose qui lui donne de se sentir à l'abri, un lieu où il trouve abri contre le malheur.

— *Comment prenez-vous donc vous-même la Bible? La lisez-vous à la manière d'un conte, d'un mythe; ou l'expliquez-vous comme un songe?*

— Autant je reconnais qu'il est important d'interpréter les textes en fonction de leur temps et de leur genre particulier, autant je considère comme infiniment plus important de me les approprier religieusement en me demandant en quoi ils me concernent et me touchent, en tant que j'en suis moi-même auditeur contemporain. Et c'est pourquoi, quand je lis un texte biblique, je m'efforce le plus souvent de commencer par me demander quels en sont, à première lecture, les nœuds essentiels, les mots qui éveillent en moi le plus de résonances, les points qui me concernent le plus. En procédant ainsi, je découvre que la distance me séparant de la Bible se réduit instantanément.

Dans mes cercles bibliques, j'ai à faire à des étudiants, à des auditeurs qui parlent tout de suite d'eux-mêmes. Je ne me heurte alors plus du tout au problème de l'ancienneté des textes. On découvre immédiatement ceux-ci comme parlant au présent. Sous le couvert des symboles de la Bible, les membres du cercle peuvent alors se parler de choses extrêmement privées. Pas besoin de se livrer plus qu'ils ne le voudraient. Mais leurs propos ne sont pas pour autant détachés au point de les laisser en touche. Le reproche qu'on m'adresse de procéder de la même façon pour les contes et les rêves ne saurait donc constituer pour moi une objection valable. Je me dis que ce serait déjà pas si mal que cela, si nos théologiens réapprenaient à interpréter la Bible, au moins au niveau de l'interprétation des contes, tel que le permet actuellement la psychanalyse. Je donnerais cher pour voir la Bible retrouver la force d'évocation qu'on peut aujourd'hui reconnaître à un conte de Grimm. Je ne veux pas dire que la Bible n'est qu'un livre de contes. Mais la moindre des choses à faire, ce serait de commencer par valoriser ses formes d'expression symboliques liées à l'inconscient et proches du rêve; donc de nous préoccuper plus des sentiments que des idées, plus des hommes que des contenus.

— *Mais si la Bible n'est pas un livre de contes, si elle est plus que cela, en quoi consiste ce plus?*

— Quand une religion meurt, elle lègue des récits que seuls les vieillards continuent encore à raconter aux petites gens. Alors la vieille sagesse se transforme en contes. Quelle absurdité de dire que c'est ce que je ferais! Si les contes parlent de Dieu, ils le font en tout cas sous forme chiffrée, non directement. Ils ne parlent pas non plus directement des problèmes tragiques de l'existence humaine, de la mort, de la souffrance. Les vérités qu'ils expriment sont en un certain sens tout autres que celles de la religion, ce qui ne veut pas dire pour autant qu'elles sont dépourvues d'importance.

Il s'agit d'abord de comprendre que, de façon générale, on ne peut retransmettre certains domaines de la réalité intérieure qu'à travers des formes d'expression propres à les traduire. Pour parler en exemple: aujourd'hui, celui qui lit le journal n'ignore pas que ce qu'il lit en première colonne de la première page constitue un éditorial. Il sait donc qu'il n'y trouve que l'opinion du commentateur. A côté, il y a les nouvelles, ou tout au moins ce qu'il doit considérer comme tel. Quelques pages plus loin, des publicités. Plus loin encore, la rubrique « pour rire ». Chacun sait bien comment prendre ce qu'il lit. Mais supposons que dans deux mille ans des gens tombent sur nos journaux sans savoir quelle est la page des plaisanteries et confondent donc celles-ci et les nouvelles politiques — et les occasions pour de telles confusions ne manquent pas —, ils seront complètement perdus.

Il en va exactement de même pour les lecteurs qui parcourent aujourd'hui la Bible. Normalement, celle-ci n'offre aucun point de repère permettant de distinguer ses différentes formes de narration. C'est donc ce que l'exégèse historico-critique a dû commencer par réapprendre à faire. Mais maintenant, mon problème, c'est que la plupart des gens sont tout de suite perdus quand on leur dit que la Bible comporte des formes littéraires du genre légendes, sagas, mythes, récits de miracles, récits d'apparitions, visions apocalyptiques: ils en concluent que tout ne serait plus que fantasmagorie et invention. La difficulté, c'est que nous n'avons plus accès aux couches profondes de notre psyché; nous méconnaissons alors la valeur des formes de récits qu'elles engendrent et qui en coulent de source.

— *Je crois qu'on peut désormais déceler l'intention essentielle d'Eugen Drewermann. Il s'agit pour lui d'élargir la compréhension de la Bible et de la foi chrétienne en les rapprochant de ceux qui ne s'intéressent guère à la théologie. Cela ne veut pas dire du tout qu'il veuille faire de cette Bible ce qu'on lui reproche de vouloir en faire: un simple livre de contes ou de rêves. Ce théologien psychologue entend plutôt ouvrir un chemin neuf: à la façon dont les chrétiens en usaient jusqu'à présent, il entend en ajouter une autre: celle de la psychanalyse.*

Au cours de notre entretien, on sonne à la porte. Eugen Drewermann invite son visiteur à entrer dans la salle d'attente. Il reçoit environ vingt-cinq consultants par semaine. Il appelle cela de la « pastorale personnalisée ». Ces conversations consistent le plus souvent à aider des gens angoissés. L'angoisse est peut-être le problème le plus grave auquel ce prêtre psychologue doit faire face. Car l'angoisse est la condition fondamentale de l'homme, explique-t-il lui-même. Et il ajoute: « La rédemption chrétienne délivre de l'angoisse. Sa vision de Dieu est celle du père aimant de l'Évangile, d'un père auquel on peut faire totalement confiance. » En disant cela, il répond manifestement à l'attente et à l'expérience religieuse de ses lecteurs et ses auditeurs. Il touche à une fibre profonde que d'autres pasteurs ne semblent que rarement, ou pas du tout, atteindre.

— Dans les lettres que je reçois, je suis souvent très ému de lire les réactions des gens à mes livres et à mes conférences, de voir combien cela les touche profondément et correspond vraiment à leur vie. C'est bien ce que je souhaite.

Le refrain qui revient le plus souvent, c'est celui qui me redit la richesse d'une réflexion libre et d'une confrontation ouverte avec les conflits vécus, et le soulagement éprouvé à voir reconnus et même justifiés comme légitimes les tâtonnements, souvent douloureux, par lesquels on a dû passer dans sa vie. Bref: je m'aperçois que cela crée un climat permettant aux gens de croire que ce qu'ils ont vécu n'est pas complètement cinglé. C'est vraiment là la vérité que je cherche à transmettre. Je pense que Jésus s'est essentiellement intéressé à la centième brebis, non aux quatre-vingt-dix-neuf autres. Les plus proches de lui, ce sont le plus souvent ceux qui étaient vraiment perdus, ceux qui ont souffert, ceux qui ne voyaient plus clair du tout. Et c'est ce que nous devons faire dans l'Église. Nous devrions apprendre à considérer comme notre tâche la plus importante ces personnes qui se sentent trop souvent marginalisées par rapport à la société, parfois même par rapport à l'Église.

Depuis ma jeunesse, je souffre du conflit que le Danois Sören Kierkegaard, ce philosophe de la religion, avait déjà conjuré voici plus de cent-cinquante ans: il considérait comme une trahison du christianisme le fait de monter en chaire pour en laisser tomber l'enseignement de la foi, et de se parer de titres et d'honneurs pour discuter de la pauvreté et des souffrances de Jésus. Dans son essence, le christianisme n'est pas doctrine, mais retransmission de vie. Si on en fait quelque chose à retransmettre aux autres de façon purement intellectuelle, quelque chose qu'on ne pourrait s'approprier qu'à travers un enseignement, on constate immédiatement deux conséquences: on se met à avoir peur des gens simples, de ceux qui ne se retrouvent pas dans ces jeux de discours, de telle sorte que le christianisme devient dans une certaine mesure l'affaire des gens instruits, de la couche moyenne de la population; et on ne touche plus les questions qui sont réellement celles des gens, celles auxquelles ni la logique ni la raison ne peuvent fournir de réponses.

La psychanalyse doit nous apprendre qu'il est impossible de prétendre comprendre les gens sans entrer nous-mêmes dans le jeu. Entre humains, on ne peut songer à prétendre connaître l'autre en le réduisant à un objet qu'on pourrait fixer de façon neutre. La connaissance de la personne est toujours liée à un échange entre un « moi » et un « tu ». Il ne saurait en être autrement dans la religion. Et le pire, me semble-t-il, c'est que, en théologie, nous avons emmagasiné tout un fourbi de formules objectives qui ne servent à rien, sinon à nous assurer de bonnes notes aux examens, donc puissance et influence, mais tout cela sans grand rapport avec l'imitation du Christ.

— On voit ici se profiler la critique de l'Église, inéluctable, étant donné la résidence du pasteur de Paderborn; et aussi une critique de la théologie d'école. Elle n'épargne même pas les attaques provocantes contre les théologiens dits progressistes. Aussi Eugen Drewermann est-il lui-même attaqué de tous les côtés. Ce en quoi il me semble qu'on méconnaît presque totalement la pointe de sa contestation théologico-psychologique paderbornoise, ou qu'on n'en discute en tout cas guère publiquement. Je veux dire qu'en introduisant la psychologie en pastorale, Eugen Drewermann pose un problème fondamental à une Église avant tout masculine, et qui en est marquée: il s'oppose à l'idée que les impulsions viennent de la tête. En y joignant le cœur, il entend vaincre cette « étroitesse névrotique », comme il l'appelle. Tête/raison: c'est ce qu'on prête traditionnellement aux hommes; cœur/sentiment: le propre des femmes! On peut alors comprendre que théologiens et hommes d'Église se sentent menacés, et ce n'est certainement pas un hasard si les dix auteurs des deux livres publiés contre lui sont exclusivement des hommes.

Qu'allèguent-ils exactement contre lui?

Le reproche essentiel est qu'il opérerait une réduction psychologique de notions telles que celles de péché, de faute, de rédemption, évacuant ainsi les contenus de la doctrine chrétienne. En tant que psychothérapeute, il nierait la liberté humaine de choisir entre le bien et le mal. Pour lui, l'art de vivre demanderait qu'on cesse d'opposer de la résistance au mal, parce qu'il n'y aurait plus en réalité ni mal ni méchant, mais seulement des malades. Pour lui, il faudrait tout laisser pousser ensemble, bon grain comme ivraie: la santé ne saurait s'imposer. Or, rappelle-t-on, la Bonne Nouvelle de Jésus ne parle pas seulement d'une mauvaise herbe qu'on devrait laisser grandir jusqu'à la moisson. Elle dénonce aussi un mal qu'il faut extirper: mauvaises pensées, vol, meurtres, adultères, cupidité, envie — tout cela venant de l'intérieur de l'homme, disait Jésus — péchés auxquels nous devons nous refuser de succomber. Drewermann, au contraire, voudrait tout laisser pousser. Ce qui reviendrait à dire que l'homme peut finalement rester tel qu'il est, sans avoir à s'améliorer, sans avoir à changer.

Que répond Drewermann à ce reproche?

— Quand je dis qu'il s'agit d'accepter les gens, on entend que je les appelle à se réaliser tout seuls, à tourner en rond, ou même à se sauver tout seuls. Ce qui revient à les figer et à les empêcher de changer. Or c'est exactement l'inverse. Il faut avoir vu comment quelques heures d'analyse peuvent transformer certaines situations. Des dizaines d'années de bombardement de phrases morales n'avaient fait que les exaspérer. Alors qu'il suffit d'un peu de compréhension, d'ouverture et d'acceptation pour tout faire bouger, tout comme il suffit d'un vent du sud pour faire fondre tout d'un coup des blocs de glace. Cette force incroyable, capable de dégeler ce que ni pic ni explosifs ne pouvaient dégager, c'est la puissance de la douceur, pour reprendre le mot de Dostoïevski. Car il s'agit bien de faire fondre des glaciers et de refaire couler l'eau. Évidemment, quand les fleuves se mettent à déborder, cela fait peur, car voilà que le bloc bien solide, à la blancheur de cadavre, se mue soudain en bourbier. Comment ne pas craindre alors de voir l'Église venir balayer ces fantastiques nouveautés: elles apportent la vie, là où elle-même ne procède plus que de façon administrative, fonctionnarisée, institutionnalisée.

— *Eugen Drewermann sera-t-il, lui, balayé par la vague de scepticisme théologique et par la réaction ecclésiastique officielle? Je ne le sais. Les autorités de l'Église n'ont en tout cas pas de prise aussi forte sur lui que sur Hans Küng, par exemple. Il n'est pas de ces professeurs d'université attachés à leur chaire d'enseignement. Si on devait lui refuser le droit d'enseigner, il pourrait se retirer dans une paroisse comme simple pasteur. Et là, il ne serait pas si facile de lui interdire de continuer à écrire, de tenir des conférences et de se consacrer à la pastorale personnalisée.*

14

Guérir de la peur [1]

Entretien entre Eugen Drewermann, Jürgen Jeziorowski et Friedrich Johannsen.

— *Monsieur Drewermann, jusqu'à présent l'Église n'a pas réussi à résoudre le problème des Lumières. En quoi pensez-vous que la théologie n'a pas accompli sa tâche ?*

— Les Lumières nous ont laissé un héritage extrêmement contradictoire. La première difficulté, celle à laquelle se heurte encore l'Église catholique romaine dans sa confrontation avec elles, c'est l'irruption de la nature et de la société, sans oublier cette exigence de liberté que l'État démocratique idéal reconnaît à tous ses membres, exigence qui présuppose fondamentalement le droit des gens à se présenter aux élections ou à déléguer leurs pouvoirs, mais qui va à l'encontre de la structure hiérarchique de l'Église catholique. Par ailleurs, il faut bien reconnaître aussi que la théologie peut difficilement tirer son chapeau à cette nouvelle façon de considérer les choses. Car, en admettant de voir dans les catégories de la pensée rationnelle le moyen privilégié de comprendre la nature et l'homme, elle s'est laissé enfermer dans un rationalisme étroit et borné. Ce faisant, elle a trop négligé le monde du sentiment, des images, des symboles, alors que celui-ci me semble essentiel en matière de religion.

Il y a déjà cent trente ans que le romantisme a formulé sa protestation contre les Lumières. Il me semble qu'en

1. Esquisse du 22.3.1988 publiée dans *Lutherische Monatschefte* 27 (1988), cahier 5 p. 217-223.

s'opposant jusqu'à présent de front à elles, l'Église catholique n'a guère réussi à brider un équipage qui tirait lui-même à hue et à dia. Elle est ainsi restée en arrière du courant d'évolution intellectuelle et, de ce fait, elle n'a pas répondu à sa mission.

D'un côté, nous avons besoin de prendre un tournant anthropologique, pour reprendre l'expression de Karl Rahner dans sa réflexion sur la philosophie des Lumières: autrement dit d'opérer une réflexion transcendantale sur les conditions de possibilité d'une révélation. Mais, par ailleurs, il importe de fournir à cette réflexion son complément nécessaire. Pour comprendre aussi bien la nature de l'homme que la révélation divine, il faut recourir à la partie droite du cerveau, celle où se localise notre imagination, tout autant qu'à sa partie gauche, celle où se situe le centre de la parole. D'où la nécessité de faire appel, non seulement aux principes de la philosophie transcendantale, mais aussi aux perspectives nouvelles que nous ouvre la psychanalyse sur la structure de l'imaginaire, la sensibilité et le symbolisme. Et je tiens même ce second type de réflexion pour plus essentiel que le premier, car les idées ne sont que secondes: elles sont relatives à tout ce qui peut surgir dans le domaine de la sensibilité: angoisse, sentiment de détresse, désespoir.

— *Vous dites que les questions et les réponses essentielles se situent au niveau des couches profondes de la psyché humaine. Par ailleurs, selon la tradition théologique, on ne peut disposer de Dieu: c'est de l'extérieur qu'il parle aux hommes. Vous, vous dites considérer en priorité les sentiments immanents parce qu'ils vont plus profond. C'est bien le fond du reproche qu'on vous adresse de sombrer dans la gnosticisme. Comment arrivez-vous à lier ces deux niveaux, celui d'un Dieu extérieur et celui des couches profondes de l'homme ?*

— Je ratifie tout à fait l'héritage de la théologie dialectique: Dieu n'est pas un élément de la psyché humaine, et si c'est ce qu'on entend par gnose, je suis entièrement antignostique. Sören Kierkegaard m'a appris à voir dans l'angoisse le problème fondamental de l'existence humaine. J'utilise essentiellement la psychanalyse pour déceler concrètement les formes que peut prendre cette angoisse, ceci sur fond d'une existence où on a perdu de vue Dieu. Car, si l'angoisse constitue le problème essentiel de l'homme, elle ne peut s'apaiser que par la rencontre d'une volonté absolue désireuse de nous voir être. Pour le croyant et le théologien, cette volonté, c'est Dieu. Mais par ailleurs, le signe que Dieu nous parle, c'est bien le fait qu'il nous ouvre des chemins nous permettant d'atteindre notre plein épanouissement. La Bible a parfaitement raison: Dieu tel qu'il existe en lui-même, nous ne pouvons le voir, sinon de dos. Nous ne pouvons supporter de le rencontrer face à face. La façon dont il s'adresse à nous est similaire à la révélation du soleil aux fleurs: c'est sa chaleur et sa clarté qui les font s'ouvrir à sa lumière. De même, c'est en trouvant autour de nous présence, bonté, confiance, que nous percevons Dieu; à l'arrière-plan de chacune de ces attitudes humaines positives, il se révèle comme personne. Et quand nous sommes plongés dans l'angoisse, ce sont des rencontres de ce genre qui nous permettent de reprendre confiance et qui, en dépit des dangers et des abîmes, nous rendent capables de croire en une bonté universelle essentielle qui a d'elle-même forme de personne.

— *Dans vos énormes ouvrages, vous parlez souvent de l'unité qui existe entre découverte de soi et découverte de Dieu. Mais la foi ne se dissout-elle pas alors en psychologie ?*

— Je crois que découverte de soi et découverte de Dieu ne sont que les deux faces d'un seul et même processus: nous ne trouvons Dieu que dans la mesure où nous cherchons à être homme dans les conditions qui sont les nôtres; ce qui signifie assez souvent à travers la contradiction, la souffrance et la douleur. Quand je dis découverte de soi, je n'entends pas parler de la réussite subjective d'une vie menée à son terme; je considère cependant comme un aspect important de la foi le fait de ne jamais renoncer à viser ce terme. Il me semble que plus quelqu'un réussit ostensiblement à mettre en œuvre les talents qui lui sont confiés, ceux qui constituent sa nature, plus il joue le rôle d'une fenêtre à travers laquelle la lumière divine peut tomber sur lui et sur ceux qui vivent à ses côtés. Nous ne voyons jamais Dieu qu'à travers l'humanité des autres.

— *Pour vous, Jésus-Christ est là, au milieu du chemin conduisant de l'angoisse à la confiance. Comment répondez-vous au reproche qu'on adresse à votre théologie de rendre Jésus-Christ interchangeable, ou même totalement inutile ?*

— En partant de ce point d'appui central qu'est le besoin de l'homme d'être délivré de l'angoisse, je crois au contraire pouvoir montrer que le christianisme tente de répondre à un problème qu'aucune religion n'a su voir de cette manière.

Le bouddhisme cherche à délivrer l'homme de la souffrance du monde fini, à le libérer de son insertion dans une nature qui ne peut fondamentalement que le décevoir et qui lui paraît donc vide et vaine. Cette vision des choses comporte beaucoup de vrai. Selon le propos de Guardini, si on veut trouver dans l'histoire des religions une figure à rapprocher de Jésus, c'est sûrement chez le Gautama Bouddha qu'il faut la chercher. Mais la différence entre les deux reste pourtant grande. Bouddha enseigne une religion de libération par soi-même, en ce sens qu'on doit arriver à descendre jusqu'au fond de soi pour découvrir sa vérité, en s'apercevant que notre nature ne saurait être identique au monde.

Le problème de Jésus de Nazareth est tout autre: pour lui, nous devons descendre au fond de nous-mêmes, de notre angoisse, d'une angoisse à laquelle nous ne pouvons échapper que par une confiance totale en ce Dieu qu'il appelle son père. Sa préoccupation n'est donc pas celle de la souffrance de la nature ou de la finitude du monde, mais, beaucoup plus concrètement, la peur qui nous assaille devant la nécessité d'avoir à vivre dans un univers qui ne répond vraiment à aucune des questions que nous lui posons; devant le fait d'être livré à une mort dont nous ne cessons de faire pratiquement l'expérience à travers l'angoisse d'être une personne. Nulle religion plus que le christianisme des trois premiers siècles n'a su formuler dans cette clarté la peur que provoque en nous le fait d'être un individu. Cette tension entre Dieu et l'âme immortelle était bien celle que formulaient les premiers Pères de l'Église.

Les premiers siècles n'ont pas eu besoin de plus pour comprendre Jésus. Ce point de départ me paraît important, car il montre que le christianisme ne répond pas à tous les problèmes: pour nous comprendre nous-mêmes, nous avons donc aussi besoin de la tradition et de la réflexion des autres religions. Mais la question à laquelle le christianisme répond de façon spécifique et donc exclusive, c'est celle de l'angoisse humaine. Je comprends alors Gesthsemani et le Golgotha comme les moments extrêmes de cette angoisse et du besoin de salut. Pour Bouddha, il suffit de méditer sous un arbre. Mais il ne saurait y avoir qu'une réponse à l'angoisse humaine: la découverte que l'angoisse, même poussée à son intensité maximale, comme ce fut le cas chez Jésus, ne peut empêcher de croire en Dieu, fût-ce contre le monde entier.

— *Comment voyez-vous le rapport du christianisme aux autres religions? On vous reproche aussi votre syncrétisme.*

— Je suis d'accord avec Adolf Harnack pour voir dans le développement dogmatique du christianisme des quatre premiers siècles un syncrétisme. Je considère cela comme inévitable, du fait que la délivrance de l'angoisse ne survient jamais de manière abstraite, qu'elle ne relève pas de la volonté éthique: elle est le fruit d'une rencontre avec une personne absolue qui catalyse la confiance. Or ce cheminement dans la confiance va de pair avec le recours à des images déjà présentes dans les couches profondes de la psyché et disponibles pour le formuler; autrement dit avec le recours au monde des grands symboles, aux archétypes. C'est sur cette imagerie que s'appuient toutes les religions de l'humanité, à l'exception du judaïsme et de l'Islam au sujet desquels il faudrait nuancer. Mais toutes les autres religions font preuve d'une étonnante conformité dans cet emploi d'images. Il ne s'agit alors sûrement pas de voir dans ce syncrétisme une pure contingence historique, en essayant par exemple d'analyser les documents anciens pour voir dans quelle mesure les Pères de l'Église auraient intégré du matériau hellénistique, gnostique ou irano-mazdéen dans leur première expression théologique sur Jésus; mais bien de montrer psychanalytiquement que certaines images sont indispensables pour faire percevoir ce qu'est une existence sauvée, pour fournir à celle-ci une expression rituelle et pour pouvoir la retransmettre symboliquement. Ce qui conduit à affirmer une certaine unité des religions: elles sont toutes produites par des hommes qui, à leur niveau profond, disposent d'une âme similaire. Ce n'est qu'ainsi que je puis comprendre la mission du christianisme: « Allez dans toutes les nations et baptisez-les au nom de Jésus. » Il ne s'agit pas de soumettre les gens par la force, mais de les libérer de l'intérieur.

Il faut cependant insister sur le caractère unique de Jésus de Nazareth, ceci à l'encontre de toutes les formes de gnose ou de syncrétisme. Je le considère comme la condition nécessaire pour résoudre l'ambivalence des archétypes et des symboles en leur permettant de déboucher sur une véritable histoire de confiance. Et c'est bien la fin de tous les syncrétismes. Pour parler par paradoxe, c'est le caractère exclusif du Christ qui rend possible le syncrétisme, qui permet le symbolisme.

— *Venons-en à votre rapport à la Bible. Vous dites qu'il n'est pas possible de fonder le message de la foi sur des faits. Vous mettez l'accent sur la signification des faits en recourant aux récits symboliques. La psychanalyse reste-t-elle donc le seul mode d'accès valable à la Bible? Pour vous, l'arrière-plan politique bien réel des textes n'a-t-il pas d'importance?*

— Il ne serait pas exact de vouloir opposer l'interprétation psychanalytique des textes religieux à la réalité historique. Bien au contraire: le symbolisme ouvre l'accès au « véritable » historique. Si la tradition évangélique du Nouveau Testament ne nous permet pas de reconstituer l'histoire objective de Jésus de Nazareth et si nous restons coincés dans le fossé bultmannien entre le Jésus de Nazareth et le Jésus de la foi, le problème de la crédibilité du message chrétien devient insoluble. Cependant pour comprendre la signification de Jésus de Nazareth, la Bible a bien raison de se refuser à nous donner le reflet objectif de son histoire extérieure, mais de ne nous proposer que ce qu'on en a compris, donc de ne nous en parler qu'en langage symbolique, en mettant comme une mandorle autour de sa personne. Le chemin ne remonte jamais du symbole à la réalité extérieure, mais toujours au monde vécu des témoins. C'est bien pourquoi il est comme une arche de pont avançant sur le vide, ce qui nous oblige aujourd'hui encore à le prolonger en intervenant en témoins de Jésus de Nazareth. Ce langage qui garde toute sa valeur en surplombant le temps est typique du monde religieux. Je ne dis pas cela pour nier l'historicité de Jésus, de Moïse ou de l'Exode d'Israël, mais pour montrer quel sens y chercher.

Il peut très bien arriver qu'on rêve de son père ou de sa mère alors qu'ils sont peut-être morts depuis des années. Ce n'est pas que l'on dispose d'aucun matériau historique nouveau, et il se peut même que leur souvenir se soit estompé. Le rêve symbolique de la nuit précédente peut cependant en dire plus sur eux que si on avait feuilleté un vieil agenda de leur époque. En ce sens, les symboles constituent une voie d'accès à la réalité historique; ils ne nient pas l'histoire, mais ils la rendent enfin visible.

Pour illustrer tout cela, je prendrai un exemple. Voici le rêve que m'a raconté une religieuse, voici déjà plusieurs années: petite fille de quatre ans, elle était montée dans le tramway d'une petite ville. Saisie d'angoisse, elle avait voulu empêcher son père, qui l'accompagnait, de monter avec elle. Peu après, le tramway avait eu un accident en heurtant une voiture.

La psychanalyse nous a conduit à découvrir que cette petite histoire recouvrait la peur que, des années durant, elle avait éprouvée devant son père: celui-ci était alcoolique, et, petite fille, elle devait l'accompagner en ville pour l'empêcher d'entrer dans un bar. Psychanalytiquement, l'accident de la circulation était le symbole des disputes entre le père et la mère quand le mari rentrait saoul chez lui et que sa femme devait se défendre contre ses désirs sexuels. Bref, il s'agissait d'un cauchemar que cette femme avait vécu tout au long de son enfance.

Nous serions actuellement en mesure de vérifier dans les archives municipales s'il y a vraiment eu à cette époque un accident de la circulation entre un tram et une voiture légère. De même, nous pouvons comparer les sources de l'Ancien et du Nouveau Testament, interroger les archéologues, faire appel à des commentaires extrabibliques. L'essentiel, c'est de savoir quelle sorte de réalité historique nous voulons découvrir. La couche symbolique du souvenir, en l'occurrence le récit de cette femme, ne nous permet pas à elle seule de savoir si elle a vraiment vécu dans cette ville, si elle est vraiment montée dans ce tramway, s'il y a vraiment eu collision avec une voiture. Tout cela est symbole. Il se peut que ce soit historique, mais ce n'est pas nécessaire. C'est exactement la même chose en exégèse.

Quand j'interprète psychanalytiquement le texte, mon désir est le même que celui des mystiques médiévaux, quand ils disaient que Dieu parle à la petite étincelle de l'âme et s'y fait lumière. Quand par exemple maître Eckart dit à propos de la purification du Temple, en Marc 11, que « le Temple est notre cœur », cela n'a rien à voir avec les intrigues du parti d'Anne ni avec les tables de changeur du parvis des gentils, mais bien avec la rapacité et la volonté de pouvoir existant chez tous les hommes de tous les temps. J'aimerais que nous puissions retraduire au XXe siècle ce point de vue des mystiques, et cela en tenant compte des conditions de notre connaissance moderne des structures de la psyché humaine, de l'ethnologie, de la psychanalyse, de l'éthologie, bref, de tout le savoir dont nous disposons.

— *Est-ce que vous n'oubliez pas l'héritage historico-critique? Ou même la dimension politique de la tradition?*

— Je n'élimine pas la méthode historico-critique, je la présuppose même. Je ne lui ai jamais reproché son apport, mais seulement le fait de succomber constamment au danger de se satisfaire d'elle-même. Ce faisant, son discours sur Dieu, sur le Fils de l'homme, sur le Messie, ne parvient jamais à sortir de catégories historiques dont la signification actuelle reste des plus vagues, dans la mesure où on n'y retrouve plus le reflet des formes symboliques employées par la Bible. On ne voit plus alors dans les symboles que des façons de parler liées à une époque donnée, et on méconnaît les structures anthropologiques qui les rendent nécessaires pour tous les temps.

La transposition du message religieux dans le domaine politique me pose problème. Non que je veuille nier que les archétypes et le symbolisme religieux puissent avoir un sens collectif et social, mais parce qu'à mon avis ils en ont trop au contraire. La difficulté, c'est que l'interprétation politique de symboles religieux et de chiffres archétypiques suppose nécessairement l'intervention d'une collectivité relisant sa propre histoire. On tombe alors sur les problèmes posés par la psychologie de masse, avec tous les dangers qu'elle implique. Il faut aussi tenir compte de la griserie qui peut résulter de l'usage de chiffres archétypiques. Prenons par exemple l'image du prophète avec l'épée, dans l'Ancien Testament. Elle constitue un bloc massif qui est loin d'être inoffensif. On peut en découvrir certains effets pernicieux, par exemple dans le monde musulman d'un Khomeyni. Je crois par ailleurs que, pris isolément, les symboles peuvent fournir des signes de ralliement de groupe, mais qu'ils ne peuvent permettre d'analyse réfléchie des processus sociaux, politiques, historiques. Ce qui me paraît bien le plus existentiel dans le christianisme, c'est l'affirmation qu'il n'y a de salut qu'à travers une conversion, une inversion, une transformation du paradigme habituel, donc le fait qu'il conduit l'individu à passer de la mort à la vie. Tel est aussi le voile de séparation entre le judaïsme et le christianisme.Le judaïsme est la religion d'un peuple. Pour les chrétiens, le peuple d'Israël, les peuples, et toute une grandeur temporelle apparaissent toujours comme des réalités douteuses tant qu'on ne les a pas creusées à fond au point de pouvoir leur donner un sens neuf. On n'entre dans le christianisme qu'à titre personnel. On peut alors reconnaître que la vision de la guérison propre à la psychanalyse implique aussi la société.

— *Vous disiez que jusqu'à soixante-dix pour cent de la population de nos grandes villes est psychiquement malade. Quel pourcentage de ces névroses attribuez-vous à l'Église et à la théologie? Quel rôle a pu jouer en ce domaine un moralisme générateur d'angoisse?*

— Une part considérable, dans la mesure où nous avons affirmé que le salut était chose achevée dès le baptême, et que nous nous sommes alors contentés de formuler les conditions nécessaires pour appartenir à l'Église. Nous avons fait du christianisme — qui est une religion de salut — un moralisme auquel nous nous sommes satisfaits d'ajouter quelques phrases tirées du Sermon sur la montagne, donc une éthique qui permettait aux chrétiens de ne se distinguer de la masse des citoyens que par quelques points précis. C'est ainsi que les catholiques s'identifient par le refus du remariage des divorcés, alors qu'en République fédérale d'Allemagne la moyenne nationale des divorcés est de plus de cent mille par an. Je pense que l'Église rend les gens névrosés en exigeant trop d'eux. A des postulats consistant à libérer les gens de leur angoisse et à les accompagner avec compréhension dans leur effort pour trouver leur chemin dans cette tragédie qu'est leur vie, elle oppose immédiatement des principes qui correspondent à un état de bonne santé, leur conférant ainsi un caractère d'obligation. Elle ne laisse pas assez de jeu pour comprendre qu'en pressant les gens de régler trop tôt leurs problèmes, nous engendrons ce qu'on appelle des névroses obsessionnelles; des gens qui n'ont jamais le droit d'être vraiment enfants avant de devenir adultes, hommes et femmes, pères et mères. Nous renversons partout l'ordre des choses.

Il faut ajouter à cela cette dichotomie entre pensée et sensibilité, que je considère comme un mal structurel de notre christianisme occidental, dans la mesure où l'histoire de notre théologie a essentiellement traduit la révélation en catégories rationnelles. On s'est attaqué au mythe, mais en même temps aux couches créatrices de mythe de la psyché humaine. On a traduit les manifestations divines en commandements et en doctrines à répéter de manière intellectuelle, ne faisant ainsi qu'étaler notre peur de cet espace psychique intérieur qu'est celui du rêve et de l'impulsion. En ce domaine, Origène en dit déjà long. Il est troublant de voir la façon dont le christianisme réactualise huit siècles plus tard la psychologie grecque, les Lumières ioniques du ve siècle avant J.-C., pour recommencer encore lors de la Renaissance, après huit nouveaux siècles de jachère. Tels sont les handicaps spirituels que le christianisme a infligés à l'Occident, et on ne saurait le déclarer non coupable. Ajoutons encore la morale sexuelle, sujet dans lequel je pense superflu d'entrer tant il me paraît évident.

— *Vous avez écrit que Dieu a le droit de ne pas voir sa création saccagée et qu'il n'est donc pas permis de capituler devant la puissance du mal. Situeriez-vous votre apport dans la ligne de celui des médecins-prêtres?*

— La question est de savoir ce qu'on entend par mal. Il y

a cinquante ans déjà, Paul Tillich déclarait qu'il n'était apparemment plus possible de sauver la notion de « péché originel » tant elle provoquait de contresens et de fausses associations d'idées. Cela vaut de façon générale pour l'idée de « péché », celle à travers laquelle la théologie chrétienne a traduit l'idée de mal. Car, par péché, on entend la transgression de certains commandements qui auraient été promulgués par Dieu et auxquels nous, les hommes, refusons de nous soumettre par mauvaise volonté. S'il en est ainsi, le christianisme reste en réalité en retard par rapport à ses présupposés éthiques. On peut être bon quand on le veut, et on est mauvais dans le cas contraire. Pour sa part, Dieu apparaît alors comme un législateur survenant de l'extérieur, et les commandements constituent des lois positives. Aujourd'hui, nous avons à apprendre de la psychologie et de la sociologie que l'idée de péché sert essentiellement à décrire un état d'aliénation. La philosophie existentielle nous parle de vie « inauthentique »; la psychanalyse d'intériorisation d'une série de formes infantiles de domination proliférant à la façon d'esprits étrangers ou de puissances démoniaques sur le terrain du moi; la sociologie de pouvoir structurel. Psychanalyse et critique sociale se rejoindraient donc ici. Cela nous permettrait alors de formuler de façon plus concrète, plus actuelle, plus existentielle, ce que l'on désignait autrefois comme péché. J'aimerais effectivement recourir à la psychanalyse pour suivre les multiples tragédies que révèle la vie quotidienne.

— *Vous avez mentionné Tillich, et beaucoup de choses que vous dites rappellent sa théologie. Lui était théologien protestant. Pouvez-vous accepter ses orientations fondamentales?*

— Oui, car je retrouve en arrière-plan Sören Kierkegaard, qui pour moi est extrêmement important.

— *Kierkegaard est-il le dernier prophète du XIXe siècle, pour vous le plus grand des prophètes?*

— Pour moi, sans aucun doute. Je le considère comme le précurseur génial de la philosophie existentielle. Il ne se contente pas d'annoncer cent vingt ans à l'avance toutes ses formes de désespoir, ce retournement heideggerien de la perspective psychanalytique que nous dénommons aujourd'hui analyse existentiale du Dasein: il montre non seulement comment les idées dérivent des sentiments et des affects, mais aussi, en reprenant par l'autre bout la psychanalyse, comment les sentiments et les affects sont déterminés par l'esprit, par la pensée, par le « projet existentiel ». Il me semble extraordinairement actuel. C'est en cela que mes réflexions sur la soif de salut et sur l'impossibilité de se sauver soi-même se situent dans le cadre de la théologie dialectique. En ce qui concerne Tillich, je sais apprécier son intelligence de la psychanalyse et de la philosophie de l'existence, et la façon dont il leur fait accueil égal. Il est un des rares théologiens à avoir compris et accepté le projet psychanalytique de Sartre. Un autre auteur que je considère comme important, à côté des exégètes, c'est Bonhoeffer. Je le cite rarement, presque par reconnaissance, pour ne pas le dévaluer.

— *A la fin de votre premier tome de* Psychanalyse et exégèse, *vous proposez une interprétation très passionnante de Matthieu 1 et 2 (de la naissance de Jésus). Vous parlez de « la naissance virginale comme symbole mystique, miracle de l'âme et non du corps, mutation et rajeunissement de la conscience ». N'entrez-vous pas par là en conflit avec l'exégèse traditionnelle de votre Église?*

— Si. Mais c'est là un domaine difficile, car, du fait de la mariologie et sous l'influence du magistère, l'exégèse catholique a tenté de maintenir sur ces passages de la Bible des positions qui reposent sur une fausse alternative. C'est une fort bonne chose de recourir à cet exemple, car il montre comment comprendre la réalité du symbole et où on en arrive quand on ne reconnaît plus comme vérité authentique que ce qui se passe au niveau de l'histoire extérieure. Si on dissocie les deux choses, la virginité de Marie devient un pur problème de biologie ou de gynécologie. Aujourd'hui vous ne trouveriez que difficilement un exégète ou un théologien à être encore d'accord. Inversement, celui qui dirait que la virginité de Marie n'est qu'un symbole susciterait chez la majorité de ses auditeurs l'idée qu'il ne s'agit là que de quelque chose d'imaginaire, de subjectif, donc d'irréel. Nous devons réapprendre que les symboles transmettent une réalité qu'on ne saurait traduire dans un autre langage que le leur, qu'il y a des vérités inexprimables sinon sous forme de mythes, de sagas, de contes. Aussi longtemps que nous ne nous serons pas réexercés à cela en reprenant au sérieux les messages oniriques et en réintégrant dans la théologie l'héritage psychanalytique concernant la parole symbolique, nous nous heurterons toujours à la même fausse alternative. Pour l'exégèse, il est à peu près certain que les récits d'enfance de Luc et de Matthieu ont été introduits relativement tard dans le Nouveau Testament, qu'il ne s'agit pas de comptes rendus historiques, de mémoires biographiques conservés dans la tradition familiale de Jésus, mais d'un message de foi. Si c'est exact, on doit pouvoir dire que la façon dont le Nouveau Testament a décrit l'incarnation du Fils de Dieu est liée à l'expérience qu'on a eue de Jésus de Nazareth. Seul celui qui l'a faite et qui sait comment elle lui a insufflé une vie nouvelle peut parler de la façon dont le Fils de Dieu a pris chair. Seul celui qui est lui-même rené en voyant son existence, d'elle-même vouée à la mort, échapper au ghetto du désespoir et déboucher sur un espace grand ouvert, pourra dire que l'homme grâce auquel il a pu faire cette expérience ne saurait être lui-même le fruit d'une œuvre humaine. En psychanalyse, quand des gens passent par une phase de renouveau de ce genre, on voit qu'ils ont des songes similaires de renaissance: des femmes racontent avoir trouvé un enfant, ou l'avoir mis au monde. Psychanalytiquement parlant, ces images sont celles de son propre moi. On doit alors dire que seul celui qui a appris dans la proximité de Jésus à réengendrer l'enfant en soi comprendra le sens des récits de Noël.

— *Et, dans le conflit que suscite cette idée, pouvez-vous tenir?*

— Le catholicisme a raison quand il insiste sur l'objectivité du contenu de la foi, mais il doit cesser de chercher cette objectivité dans la réalité extérieure, car ce n'est pas là qu'elle est. C'est pourquoi je voudrais faire appel à la psychanalyse en disant: il existe une objectivité du psychique dans les couches profondes des structures de l'inconscient.

— La psychanalyse semble pour vous une méthode sans laquelle il serait aujourd'hui impossible de pratiquer la théologie. Ce que beaucoup de gens trouvent aujourd'hui passionnant en vous, c'est la façon dont vous maintenez dans vos œuvres la tension entre les écoles de Jung et de Freud. Voyez-vous une chance de tirer profit des deux à la fois?

— La psychanalyse n'a rien d'une recette miracle en théologie. En cette fin du xxe siècle, dans notre espace culturel où tant de gens sont psychiquement malades, aliénés, handicapés, elle constitue la meilleure réponse à la misère psychique. Il faut donc la prendre très au sérieux, en tant que thérapie de la souffrance et des tragédies. Théologiens, nous avons donc besoin du savoir et de l'expérience humaine que l'on peut en tirer. Je vois dans la psychanalyse un instrument nous permettant de comprendre la souffrance de l'âme et son aliénation. Sur ce point, les deux écoles, celle de Jung et celle de Freud, se rejoignent. Au départ, pendant la première partie de sa vie, on pourra recourir à la psychanalyse freudienne pour des raisons purement pratiques. Puis, au bout d'un certain temps, on la quittera; car on ne saurait prétendre changer quelqu'un qui a pu vivre trente, quarante, cinquante ans en se supportant tel qu'il était. Dans la seconde partie de la vie, on recourra plutôt à Jung, car c'est lui qui permet de reconnaître le caractère symbolique de ce qu'on a vécu au cours de ses premières années. Avoir un métier ne signifie pas encore avoir une vocation. Avoir de l'argent ne signifie pas richesse. Avoir épousé une femme ne signifie pas avoir appris l'amour. Construire une maison ne signifie pas avoir un chez-soi. Au tournant de la vie, tout ce que l'homme a fait avant quarante ans commence soudain à ressurgir une fois de plus sous forme de tâche à accomplir, mais cette fois intérieurement.

En matière de religion, on gagnera à utiliser Freud pour analyser et déconstruire tout ce qu'il peut y avoir aujourd'hui d'oppressif, de répressif, d'autoritaire, de structurellement violent, d'aliénant, de rigide, d'inauthentique, de bizarre et d'hypocrite dans l'Église. A travers Jung, on découvrira la justification objective qu'acquièrent les images religieuses une fois qu'on les a purifiées. Par exemple on commencera par demander à Freud de nous aider à critiquer une morale sexuelle chrétienne souvent complètement faussée du fait de son interférence avec le dogme de la naissance virginale mal compris; puis, par la suite, Jung pourra nous aider à éclairer le sens de ce dogme. Sa difficulté reste cependant que celui-ci ne s'est pas libéré d'un discours gnostique sur Dieu. D'où le malentendu immédiat, quand nous le lisons en théologiens: il emploie le langage de la religion, et on croit alors qu'il parle comme nous. Cela ne nous aide guère de savoir qu'il ne s'est présenté que comme un empiriste, un praticien: il n'entend absolument pas parler du Dieu des théologiens, mais uniquement d'une instance psychique, d'une réalité centrale d'où le psychisme tire son énergie. C'est ce que lui appelle Dieu. Chez les théologiens, ce langage a provoqué des confusions infinies que l'on aurait pu éviter si on avait vraiment su distinguer l'« empirique » et le « métaphysique ». J'ai besoin de Freud pour analyser l'importance que revêt la confrontation avec une personne bien réelle dans le processus dialogal de guérison. Sur ce point, Jung n'est pas aussi bon.

— *Dans votre récit polémique* Vous les reconnaîtrez à leurs fruits, *vous dites que le christianisme n'est pas une doctrine: phrase provocatrice, de la part d'un théologien, prêtre de l'Église catholique romaine. Que voulez-vous dire ainsi? Le christianisme peut-il se passer de connaissances?*

— Non. Mais, par connaissance, je n'entends pas récitation de formules apprises par cœur. « Le christianisme n'est pas une doctrine » est une citation mot à mot de Kierkegaard dans *L'École du christianisme.* La relation du chrétien à son sauveur, à Jésus de Nazareth, est personnelle et non pas intellectuelle. Il s'agit donc de rendre possibles et d'articuler des expériences. Il peut y avoir telle ou telle chose qu'on peut formuler de manière abstraite, comme une vérité universelle. Mais on doit personnellement toujours se rapporter à l'expérience concrète. Les notions théologiques n'ont à mes yeux de valeur que si elles renvoient à celle-ci. Il me semble que nous, théologiens, nous en sommes depuis longtemps arrivés à ne plus faire que discuter entre nous de problèmes notionnels. Notre parole, même nos notions les plus importantes, ne disent plus rien à nos proches. Pour moi, catholique croyant, l'affirmation « Jésus est le Fils de

Dieu » est pleine de sens, mais il y a longtemps que j'hésite à l'employer dans les entretiens que je peux avoir avec les gens qui viennent me consulter: je ne ferais que les faire se rétracter. Je vois que les enseignants ne peuvent plus le dire non plus à l'école. La seule chose qu'ils peuvent faire, c'est de rendre possibles certaines expériences montrant que la personne de Jésus mérite de prendre une place centrale dans la vie. Il vaut la peine de noter que les mots que nous avons empruntés à la Bible ou à l'hellénisme à travers la scolastique ne sont en soi que relatifs. Comme les notions rationnelles sont incapables d'engendrer une conviction, l'intellectualisation de la foi n'a conduit qu'à une diminution de la croyance. Prétendant parler intellectuellement de Jésus, l'Église a suscité vis-à-vis d'elle-même une méfiance qu'elle ne peut tenter de compenser qu'en s'imposant par la force.

— *C'est à la messe que nous avons découvert en Drewermann le prêtre. Vous dites que la pratique culturelle actuelle est gangrenée par tout un attirail de formules surannées qui ont perdu leur âme. Or vous officiez vous-même régulièrement et vous prêchez de façon exigeante. Peut-on encore redonner vie à une pratique devenue malade?*

— Question difficile à laquelle mon expérience ne me permet guère de répondre. Je ne fais que donner un coup de main à la paroisse d'ici, et je m'en tiens donc à ses coutumes sans rien y changer. Bien sûr, dans des petits groupes, je vois qu'on peut faire les mêmes choses sous une tout autre forme. Je constate que ce n'est pas tant à la messe ou à la Cène qu'on peut changer quelque chose, mais à la confession. Cela m'est plus facile, à travers ce substitut qu'est la psychanalyse que je pratique tous les jours. J'y vois le modèle de ce que l'Église catholique pourrait faire pour redonner vie de l'intérieur à un important sacrement traditionnel, mais maintenant complètement tombé en désuétude: là où on a peu à peu glissé dans un ritualisme qui n'a fait qu'écraser les gens, il suffirait de reprendre ce qu'on faisait en lui redonnant l'intensité d'un dialogue vivant et ouvert.

On pourrait imaginer quelque chose de semblable pour les célébrations eucharistiques. Je ne saurais dire si c'est possible quand on a régulièrement quatre cents ou huit cents personnes tous les dimanches. Mais je suis persuadé que, en faisant des petits pas, nous pourrions nous entraîner à retrouver le sens de la communauté, de la lecture des textes, de la contemplation d'images poétiques.

— Vous écrivez que ni le catholicisme ni le protestantisme ne sauraient traduire la vérité tout entière, mais qu'ils ne font tous deux qu'en transmettre une part. Vous associez souvent Église catholique et soumission, servilité, mentalité d'adaptation forcée, toutes notions négatives, tandis que vous reprochez avant tout au protestantisme son opposition aux images. Pour vous, quels sont les apports positifs des deux traditions?

— La séparation confessionnelle entre catholicisme et protestantisme ne tient pas seulement à la différence culturelle entre une aire germanique et une aire romaine de pensée et de vie, bien que cette thèse ne soit pas sans valeur. Entre les deux, il existe une opposition beaucoup plus forte qui traverse chacun de nous, une déchirure intérieure.

A travers son héritage médiéval, le catholicisme nous a appris à nous conformer à ce qui existe, aux structures objectives, et à croire en une vérité qui existe en soi. C'est une chose importante à maintenir, car, du fait des secousses de la vie, il arrive souvent qu'on perde de vue certaines vérités. Il est alors utile de pouvoir se dire qu'au-delà de la nuée, derrière les nuages, il existe un autre monde qui est stable, lui. On ne le voit pas. Mais on croit qu'il est là. Je crois également que le catholicisme, en tant que religion sacerdotale, incarne quelque chose d'important: au-delà de l'angoisse individuelle et des troubles personnels liés à la biographie de chacun, il existe des zones où continuent à régner sécurité, vérité, révélation.

Pour sa part, le protestantisme, religion de la modernité, a essentiellement perçu et mis en valeur la crise existentielle, les ruptures, la souffrance, et il a tenté de répondre au problème posé à l'homme lorsqu'il cesse de trouver appui sur un ordre existant et qu'il doit affronter seul son angoisse. Ce sentiment propre à la modernité n'est pas mort; et je vois dans le protestantisme la forme de religion qui me paraît l'avoir compris et articulé.

Il en ressort que nous avons quelque chose à apprendre réciproquement les uns des autres, et nous devons en tout cas reconnaître qu'aucune des deux confessions ne saurait être vraie aussi longtemps qu'elle exclut et combat l'autre. Ce qui est en jeu à travers leur nécessaire complémentarité, c'est l'échange entre le conscient et l'inconscient, entre le sujet et l'objet, entre le contenu de la foi et sa mise en œuvre. Le catholicisme doit apprendre du protestantisme qu'il n'y a pas de foi là où fait défaut la personne, avec le risque, le courage, les drames, les erreurs et les échecs que cela suppose; il n'y a pas de foi dès là qu'on cesse de faire place à la recherche et à la découverte, ce qui implique que, en cas d'urgence, la centième brebis est plus importante que les quatre-vingt-dix-neuf autres, autrement dit que Jésus est plus présent chez ceux qui souffrent que chez ceux qui n'ont pas besoin de conversion. Si tel est bien le sens du protestantisme, il a quelque chose à dire aux catholiques. Mais je voudrais aussi marquer l'inverse: le protestantisme aurait tout à gagner à reconnaître que la foi ne peut vivre de la philosophie idéaliste allemande, pour laquelle la pointe du moi se trouve au cœur de la conscience personnelle. Or le vrai moi suppose un processus d'intégration de la psyché tout entière, et la conscience n'acquiert sa plénitude réelle qu'en s'appuyant sur la multitude d'images sises dans les couches profondes de l'homme. C'est de ces images que l'homme peut tirer sa confiance. Le protestantisme devrait admettre qu'il ne suffit pas de dire: « Seigneur, viens en aide à mon incroyance », ou d'implorer désespérément le don de la foi, mais qu'il faut surmonter ces obstacles dirimants que constituent les transferts d'angoisse, les compulsions répétitives et les cauchemars nocturnes, avant de pouvoir parvenir intérieurement à sa vérité.

— *La justification du pécheur comme libération de l'angoisse... vous dites beaucoup de choses qui rappellent la pensée des réformateurs, même quand vous les critiquez: vous traitez de la relation péché/angoisse, justification/liberté, confiance/liberté, rédemption/liberté, et vous insistez sur la personne. Vous réclameriez-vous d'une parenté avec Martin Luther?*

— Oui, depuis ma jeunesse. Mais en fait, pour moi, celui qui m'a essentiellement donné accès à la théologie, c'est Sören Kierkegaard, lequel serait incompréhensible sans l'arrière-plan de Martin Luther. Pour ma part, je n'ai pas eu directement recours aux ouvrages de ce dernier. Ce n'est qu'à travers certains titres de Kierkegaard, *Le Concept d'angoisse*, ou *La Maladie mortelle*, que j'ai découvert certains de ses mots d'ordre. Je puis dire qu'actuellement les grandes questions des réformateurs sont les clefs qui me permettent de formuler la doctrine chrétienne du salut. Sans doute aujourd'hui nous faut-il parler de façon un peu plus « détournée ». La question présente explicite n'est sûrement plus de savoir comment rencontrer un Dieu qui me fasse grâce, mais c'est bien le problème urgent auquel nous confronte notre vie. Nous ne commençons pas par nous interroger explicitement sur Dieu. Nous nous demandons ce qui justifie notre existence: c'est la question que nous rencontrons chez tous ceux qui désespèrent. Derrière les complexes d'infériorité, il a toujours l'interrogation sur le sens de la vie, le sentiment d'être de trop, de ne servir à rien, de n'être qu'un marginal, de ne pas savoir où on va. Dans les maisons de vieillards, mais aussi chez les jeunes immergés dans le monde d'une culture de masse où l'individu ne joue plus aucun rôle, on se heurte sans cesse au désespoir. Le problème de la justification de l'existence est bien le problème central de notre temps. Nous ne pouvons lui apporter de réponse qu'existentielle. Mais cette réponse est aussi importante que la doctrine de la justification au temps de Luther pour comprendre la misère de notre temps et lui fournir une réponse. En posant le problème, nous ne parlons pas explicitement de Dieu et de son commandement, mais, en nous écartant de ce que nous pourrions être, nous faisons intérieurement l'expérience de ce qu'il veut. Dans l'Église catholique, quatre siècles après Martin Luther, je trouve scandaleux de devoir encore lutter pour faire comprendre la commotion existentielle que constitue l'angoisse.

Table des matières

Cet ouvrage a été composé
par A. Hadi et achevé d'imprimer
par Corlet, Imprimeur, S.A.
14110 Condé-sur-Noireau (France)
pour les Éditions du Cerf
en mars 1993

N° d'Éditeur : 9142
N° d'Imprimeur : 8619
Dépôt légal : juillet 1992

Imprimé en C.E.E.